Le cœur des vivants

BERNARD CLAVEL	*ŒUVRES*
Romans	
LE TONNERRE DE DIEU (QUI M'EMPORTE)	*J'ai Lu* 290*
L'OUVRIER DE LA NUIT	
L'ESPAGNOL	*J'ai Lu* 309****
MALATAVERNE	*J'ai Lu* 324*
LE VOYAGE DU PÈRE	*J'ai Lu* 300*
L'HERCULE SUR LA PLACE	*J'ai Lu* 333***
L'ESPION AUX YEUX VERTS	*J'ai Lu* 499***
LE TAMBOUR DU BIEF	*J'ai Lu* 457**
LE SEIGNEUR DU FLEUVE	*J'ai Lu* 590***
LE SILENCE DES ARMES	*J'ai Lu* 742***
LA BOURRELLE *suivi de* L'IROQUOISE	*J'ai Lu* 1164**
L'HOMME DU LABRADOR	*J'ai Lu* 1566**
HARRICANA	
L'OR DES DIEUX	
MISÉRÉRÉ	
LA GRANDE PATIENCE	
I. LA MAISON DES AUTRES	*J'ai Lu* 522****
II. CELUI QUI VOULAIT VOIR LA MER	*J'ai Lu* 523****
III. LE CŒUR DES VIVANTS	*J'ai Lu* 524****
IV. LES FRUITS DE L'HIVER *(Prix Goncourt 1968)*	*J'ai Lu* 525****
LES COLONNES DU CIEL	
I. LA SAISON DES LOUPS	*J'ai Lu* 1235***
II. LA LUMIÈRE DU LAC	*J'ai Lu* 1306****
III. LA FEMME DE GUERRE	*J'ai Lu* 1356***
IV. MARIE BON PAIN	*J'ai Lu* 1422***
V. COMPAGNONS DU NOUVEAU-MONDE	*J'ai Lu* 1503***
Divers	
LE MASSACRE DES INNOCENTS	*J'ai Lu* 474*
PIRATES DU RHÔNE	*J'ai Lu* 658**
PAUL GAUGUIN	
LÉONARD DE VINCI	
L'ARBRE QUI CHANTE	
VICTOIRE AU MANS	*J'ai Lu* 611**
LETTRE À UN KÉPI BLANC	*J'ai Lu* D 100*
LE VOYAGE DE LA BOULE DE NEIGE	
ÉCRIT SUR LA NEIGE	*J'ai Lu* 916***
LE RHÔNE	
TIENNOT	*J'ai Lu* 1099**
L'AMI PIERRE	
LA MAISON DU CANARD BLEU	
BONLIEU OU LE SILENCE DES NYMPHES	
LÉGENDES DES LACS ET DES RIVIÈRES	
LÉGENDES DE LA MER	
LÉGENDES DES MONTAGNES ET DES FORÊTS	
TERRES DE MÉMOIRE	*J'ai Lu* 1729**
BERNARD CLAVEL, QUI ÊTES-VOUS ?	*J'ai Lu* 1895**

Bernard Clavel

La grande patience

3

Le cœur des vivants

Éditions J'ai lu

A tous ceux
qui m'ont permis d'écrire ce livre.

B. C.

J'ai trop peiné et la fatigue a gagné ma mémoire, qui n'a retenu que l'essentiel de ceux que j'ai trouvés sur ma route : leur mort et ce qui l'annonçait.

JEAN REVERZY.

La mort, cet inconnu où vivent les absents.

A. D. SERTILLANGES.

PREMIÈRE PARTIE

1

Francis Carento et Julien Dubois descendirent du train à Castres, un peu avant midi. Les soldats restés dans le wagon leur tendirent leur sac et leur fusil. L'un d'eux, qui était savoyard comme Carento, lui cria :

— Si tu vas en perme avant moi, monte chez mes parents!

— Et va consoler sa petite! lança une voix.

Il y eut des rires dans le compartiment. Un employé passa, claquant les portières.

— Vous avez de la veine, dit encore un homme, vous êtes arrivés. Dans un quart d'heure vous aurez bouffé...

Le sifflet de la locomotive l'interrompit. Il y eut un grondement sourd des chaudières, les áttelages des wagons grincèrent et le train démarra lentement. L'ami de Carento resta penché à la portière, agitant son calot kaki. Lorsque le train eut disparu, Carento et Dubois se regardèrent. Ils étaient seuls sur le quai. De l'autre côté des voies, un employé tirait un chariot à bagages.

— Faut y aller, dit Carento.

Ils s'aidèrent mutuellement à charger et boucler leur équipement. En plus des sacs, des musettes et des armes, ils portaient chacun une caisse à paquetage.

— Si seulement on savait ce qui nous attend, soupira Julien Dubois.

— Je m'en fous, dit Carento. Bouffer et dormir, c'est tout ce que je demande.

En sortant de la gare, ils demandèrent au contrôleur où se trouvait le poste de guet. Tout d'abord, l'homme parut surpris. Enfin, ayant examiné l'une des feuilles de route, il dit :

— Ah, la D.C.A.?

— Oui, c'est ça.

L'homme leur indiqua le chemin.

— C'est loin? demanda Carento.

— Encore assez. Et ça grimpe bigrement.

Ils suivirent une longue avenue bordée de maisons irrégulières et tristes. Le vent était moins fort qu'à Port-Vendres, mais le ciel gris de novembre pesait sur les collines. Au bout de l'avenue, les arbres d'un jardin public achevaient de se dépouiller. Des tourbillons de feuilles rousses filaient, traversant la rue ou longeant les trottoirs.

— Ça doit être ce que le cheminot a appelé « le jardin de l'Evêché », dit Carento.

Ils questionnèrent un passant. C'était bien

cela, et le Pont-Biais se trouvait devant eux. Ils s'arrêtèrent un moment sur ce pont, appuyés à la pierre du parapet. L'eau de la rivière était sale, plus grise encore que le ciel. Vers l'aval il y avait des arbres rouillés, des toits rouges et, au loin, une ligne de montagnes d'un bleu sombre et très dense. Vers l'amont, par-delà un barrage en triangle qui dessinait un grand V d'écume, d'autres ponts semblaient relier directement entre elles les maisons des deux rives. Ces maisons bariolées portaient presque toutes des balcons qui avançaient sur la rivière.

Les deux soldats reprirent leur marche.

— Si j'ai bien compris, dit Julien, c'est là-haut qu'il faut grimper.

Devant eux, sur la rive gauche, les maisons s'étageaient au flanc d'une colline. Au sommet, quatre tourelles pointues émergeaient d'un bouquet de cèdres.

— Oui, fit Carento, c'est encore plus loin que ce château.

Le Savoyard paraissait épuisé. Cassé en avant, il allongeait le cou, et la sueur qui coulait de sa nuque avait déjà marqué le col de sa capote. Il regarda la petite place qui s'ouvrait à l'autre bout du pont.

— On boit un verre? demanda-t-il.

— Si tu veux, mais après, on aura du mal à repartir.

— Tant pis, j'ai trop soif.

Ils entrèrent dans un café où il y avait peu de monde. La bière était fraîche. Ils vidèrent très vite un premier verre puis, ayant commandé une autre tournée, ils s'adossèrent plus confortablement.

— Après tout, dit le Savoyard, s'ils connaissaient l'heure de notre arrivée, ils n'avaient qu'à venir nous attendre à la gare. Ils nous auraient aidés à porter nos sacs.

Il but encore une gorgée. Son visage mince s'était détendu. Il regarda Julien Dubois et demanda :

— Ça ne t'a pas emmerdé, de quitter Port-Vendres?

Julien revit le camp de la Mauresque où ils avaient passé deux mois dans des bâtiments dominant le golfe. Le vent, qui soufflait souvent, soulevait du sable et de petits cailloux. Des vagues énormes venaient se fracasser contre les rochers. Les nuits de garde étaient très belles, avec la lune et la course du vent sur la mer. Les canons, dans leurs trous, ne tiraient jamais et demeuraient pointés vers le ciel.

— Aubergines à l'eau tous les jours et la viande réservée aux officiers, je crois qu'on ne peut guère tomber plus mal, dit Julien.

Carento parut hésiter. Julien qui pressentait sa question ajouta :

— D'ailleurs, tous les chefs qu'il y a là-bas sont des salauds. Et moi...

Carento l'interrompit.

— Ce n'est pas ce que je veux dire... Avec ton copain Berthier, est-ce que vous n'aviez pas une idée derrière la tête?

Son front s'était plissé sous ses cheveux

noirs qui portaient encore, comme un cran, la marque du calot. Julien le regarda.

— Et alors?

— Nous aussi, avec les copains, on comptait passer en Espagne. Tu penses bien qu'autrement, on n'aurait pas demandé à venir si loin de chez nous. A la Mauresque, on était trop nombreux pour pouvoir parler; et puis, les Catalans ne m'inspiraient pas confiance. Mais je me suis toujours douté que vous cherchiez aussi à gagner Londres.

— Oui, soupira Julien. Mais à présent, pour nous deux, c'est foutu.

Le regard de Carento se fit plus ironique, il ébaucha un sourire pour dire :

— Tu me prends pour une bille? Tu crois que j'ai pas entendu ce que Berthier t'a dit quand on est partis? (Il baissa le ton.) Ecoute-moi, Dubois. Je sais qu'on ne passe pas facilement. Je ne te demande pas de m'indiquer votre combine dès que Berthier t'écrira, mais quand vous partirez, au moment de passer, tu me mettras seulement un mot à la poste pour me donner les points de chute. Je ne t'en demande pas plus.

Le cafetier sortit sur sa terrasse pour leur indiquer leur chemin. Ils traversèrent la place, passèrent encore un petit pont sur un ruisseau d'où s'élevait une odeur fétide, et s'engagèrent dans la rue des Porches. Il n'y avait personne et la rue étroite montait entre des murs très hauts. Après cette ruelle, ils prirent encore à droite et trouvèrent enfin le chemin des Fourches. Ils eurent tous les deux un soupir de soulagement, mais il leur fallut monter longtemps encore, entre les haies, les murs, les jardins déserts.

— Un poste militaire, dit Julien, ça doit se voir, il me semble!

— Surtout s'il y a des batteries.

— Il ne doit pas y avoir de canons dans un poste de guet, et puis, s'ils sont derrière un mur, on est marron.

Ils grimpèrent jusqu'à un replat. Les maisons étaient plus rares et le chemin semblait continuer à travers champs. Depuis leur départ, la veille au soir, ils n'avaient mangé que quelques biscuits. Julien Dubois sentait la fatigue gagner tout son corps. La faim lui tordait l'estomac, et la rage aussi. Un rire mauvais lui venait, un rire dirigé contre lui seul. Il revoyait la caserne Miche, à Lons-le-Saunier, le jour de leur engagement; le jeune lieutenant qui les avait reçus, Berthier et lui, et qui s'indignait en lisant le questionnaire qu'ils venaient de remplir :

— Quoi? Vous avez fait tous les deux les championnats de France de poids et haltères, vous pratiquez l'athlétisme, la gymnastique, la boxe, la lutte, et vous demandez à servir dans la D.C.A.? Vous voulez aller à Port-Vendres pendant que vous pouvez rester ici, au 151e, qui est le régiment le plus sportif de France!

Ils avaient tenu bon, ils y étaient allés, à Port-Vendres. Berthier y était encore, mais lui, Dubois, il allait se trouver bouclé ici, en pays inconnu. Un sale bled, sans même un type pour vous indiquer un poste introuvable!

— J'en ai marre, ragea Carento. Je pose mon bordel et je me couche dans l'herbe pour roupiller. Quand ils auront besoin de nous, ils nous chercheront.

Ils s'arrêtèrent. A leur gauche, une haie s'ouvrait sur un pré. Ils avancèrent pour mieux dominer la ville. En bas, les rues et les pâtés de maisons s'étalaient comme sur un plan. Il y avait une caserne. Dans la cour, des hommes s'affairaient autour d'un camion. Tout cela était lointain et minuscule.

— On serait seulement dans cette caserne, observa Carento, on boufferait peut-être.

Julien allait déboucler son sac, lorsque son camarade lui toucha le bras en disant :

— Regarde.

Il se retourna. Derrière eux, au milieu des jardins clos de murs, une terrasse de ciment dominait le vitrage luisant d'une serre. Sur la terrasse se dressait une guérite militaire.

— C'est sûrement là, mais comment y aller?

— Merde alors! On a dû passer devant sans rien voir.

Carento porta ses doigts à ses lèvres et siffla longuement. Aussitôt, une tête jaillit de la terrasse.

— Héo! cria Julien en agitant la main. C'est le poste de guet?

L'homme se dressa et ils comprirent que cette terrasse était entourée d'une murette derrière laquelle il avait dû s'allonger.

— C'est vous, les nouveaux?

— Oui!

— Reprenez le chemin, des copains vont sortir.

Ils l'entendirent encore crier et revinrent sur leurs pas. Julien ne sentait plus le poids de son sac, et il remarqua que son camarade souriait, moins cassé en avant. Deux soldats, tête nue et en corps de chemise, ouvrirent une grille aveuglée par un volet de fer et qui donnait sur un jardin. De la grille, une allée bordée de gros buis montait vers une petite maison entourée d'arbres.

— C'est le poste?

— Oui, dit l'un des hommes. On vous attendait ce soir seulement.

— Vous pourriez inscrire le nom sur la porte, observa Julien.

Les deux soldats se mirent à rire. L'un d'eux expliqua :

— Figure-toi qu'on a une belle pancarte pour accrocher à la grille, seulement on est en train de la repeindre.

— Vous auriez pu choisir un autre jour, grogna le Savoyard, on est crevés.

Les deux autres, qui avaient pris leurs mousquetons pour les décharger, riaient encore.

— On choisit pas, dit l'un d'eux. Ça fait six mois que je suis là, six mois qu'on repeint cette pancarte. (Il fit une pause.) Et ça nous a déjà rendu pas mal de services.

— Je ne comprends pas.

— Eh bien, figure-toi, mon vieux, que ce qui vient de vous arriver, arrive à tous les officiers un peu curieux qui passent ici pour la première fois. Et j'aime mieux te dire que c'est rudement pratique, les pancartes à repeindre, pour des gens qui n'aiment pas qu'on les emmerde.

2

Le rire des deux soldats les accompagna tandis qu'ils pénétraient dans la villa. Il y avait deux marches à descendre pour accéder à une vaste pièce où se trouvaient deux lits, une grande table ronde placée au centre, et un petit bureau de bois blanc appuyé au mur devant une fenêtre. La fenêtre donnait sur le jardin, au pied de la terrasse qu'ils avaient vue de loin. Ils posèrent leur matériel et quittèrent leur vareuse. Les deux hommes qui les avaient accueillis s'empressaient déjà autour du fourneau, dans une petite cuisine attenante.

— Tisserand, mets réchauffer la soupe, dit l'un d'eux, je vais leur faire des biftecks.

— Il reste de la purée, je la fais chauffer aussi?

— Fais chauffer, ils boufferont tout.

L'homme revint vers eux pour demander :

— Vous mangerez bien tout, n'est-ce pas?
— Bien sûr, on crève de faim.
Tout en travaillant au repas, l'homme reprit :
— Faut être fumier, pour faire partir des types sans casse-croûte. Ah les vaches!
Julien regardait Carento. Carento souriait, détendu, presque reposé et ses yeux semblaient dire :
— Est-ce que je rêve? Est-ce qu'on ne s'est pas trompé?
Comme le soldat qui avait coupé sur une planche deux larges tranches de viande revenait près d'eux, Julien lui demanda :
— Tu es le cuisinier, toi?
— Non, dit l'homme. Je suis le chef de poste.
— Excusez-moi, dit Julien.
L'homme, qui était grand et mince, portait de grosses lunettes à monture noire. Il se remit à rire en expliquant :
— T'excuse pas. Je suis sergent, mais ici, nous ne sommes pas en batterie. On est tous des copains. Je m'appelle Verpillat.
Le soldat qui avait préparé la soupe l'apporta sur la table. Les deux garçons se mirent à manger, écoutant Tisserand et le sergent Verpillat expliquer comment ils vivaient dans ce poste. Tisserand, qui était de Toulon, riait sans cesse et disait « putain » à peu près tous les dix mots.
— Putain, vous avez eu du pot d'être mutés ici. Avec Verpillat, on est peinard. Pourvu

qu'il y ait un mec de garde, les autres peuvent sortir. Pas en tenue, évidemment. Mais, putain, en civil, à cause des cavaliers qui sont au quartier Drouot. Des mecs qui en bavent, tiens! Et, putain, ils sont jaloux. Et leurs patrouilles nous ramasseraient. Nous, notre pitaine est à Carcassonne, et quand il vient, son chauffeur nous prévient la veille.

Carento et Julien avaient vidé les plats et bu chacun deux quarts de vin. Ils écoutaient sans mot dire. Julien sentait le sommeil le gagner. Verpillat interrompit bientôt Tisserand.

— Ils sont crevés, dit-il. Je les vois qui sonnent les cloches. Faut qu'ils montent se coucher, on les appellera ce soir, pour la soupe.

Avant de les conduire au premier étage, Tisserand leur fit faire le tour du jardin. Ils grimpèrent aussi sur la terrasse où se trouvait la guérite. Le factionnaire qu'ils avaient hélé s'y tenait toujours, allongé sur une paillasse; il lisait un roman policier. Il s'appelait Laurencin. C'était un gars du Nord, un peu boulot, au visage rond sous des cheveux blonds et frisés.

— Vous voyez, la garde ici, c'est la gâche. Quand il passe un avion, on le signale.

Une fois dans son lit, Julien resta longtemps sans trouver le sommeil. Il pensait au poste, à cette nouvelle vie, à Berthier qui continuait de manger des aubergines à l'eau. Allongé sur le lit voisin, Carento non plus ne dormait pas. Comme Julien se tournait sur le côté, il lui dit :

— Tu parles d'un coup de veine.

Ils dormirent jusqu'au moment où le sergent vint les appeler.

— Le couvert est mis, dit-il en souriant.

Ils descendirent. Une bonne odeur de cuisine montait à leur rencontre.

Six assiettes étaient installées sur la grande table ronde. A part les quarts de métal, c'était un couvert de civils. Il y avait là un soldat qu'ils n'avaient pas encore vu.

— C'est Riter, dit le sergent. Il est parisien.

Riter leur serra la main. C'était un garçon de taille moyenne, mince et légèrement voûté. Il penchait un peu, sur son épaule gauche, sa tête qui semblait trop petite pour ses cheveux noirs, ondulés et touffus, aux pattes épaisses. Son nez était long et mince, sa bouche avait quelque chose de désabusé. En le voyant, Julien pensa à un portrait de Lamartine figurant sur la couverture des deux volumes de *Jocelyn.* Riter parla très peu. Les autres, en revanche, racontèrent un grand nombre d'histoires de soldats qui alternaient avec des nouvelles de la guerre ou des remarques sur les filles de la ville. Lorsque le repas fut achevé, ils débarrassèrent la table et Riter dit :

— Laissez la vaisselle, je suis de garde jusqu'à minuit, je la ferai.

— On la fera demain.

— Non, je vais la faire.

— Demain soir, dit le sergent, un des deux nouveaux restera avec l'homme de garde pour voir comment on rédige les messages et de quelle façon tout se passe la nuit.

— Je peux rester ce soir, proposa Julien, j'ai dormi tantôt, je n'ai pas sommeil.

— Comme tu veux, fit le sergent, mais tu n'es pas obligé.

Les autres montèrent dans la pièce du premier étage, et Julien installa son sac et ses couvertures sur l'un des lits du bas. Lorsqu'il eut terminé, il essuya les assiettes que Riter finissait de laver, puis ils revinrent tous deux dans la grande pièce.

— Tu peux te coucher, dit Riter.

— J'ai pas sommeil.

— Alors, tu fais ce que tu veux. Quand il passera un avion, je te dirai ce qu'on fait.

— Mais, on prend la garde ici?

— La nuit, bien sûr. Que voudrais-tu faire dehors? Les avions, tu les entendras fort bien d'ici. D'ailleurs, ils sont toujours sans feu et non identifiables. Et si tu en entendais un qui passe vraiment très bas, tu aurais toujours le temps de sortir si tu tenais à savoir où il se dirige.

Julien eût aimé poser d'autres questions, mais Riter répondait d'un ton bourru, sans complaisance bien que fort posément. Tout en parlant, il avait bourré une grosse pipe courte qu'il alluma en inclinant la tête. Il en tira quelques bouffées de fumée grise et s'en alla chercher un livre dans une valise qui se trouvait sous l'un des lits. S'étant assis devant la table-bureau, il feuilleta son livre un moment, s'accouda sur le bois taché d'encre, et se mit à lire. Il avait posé son front sur sa main gauche et, de la droite, il tenait sa pipe qu'il retirait parfois de sa bouche. Il fut bientôt tout environné d'un nuage de fumée où tournaient de lourds remous.

Julien demeura un moment immobile avant de passer lentement derrière Riter, se penchant pour tenter de voir ce qu'il lisait. Le soldat se retourna brusquement pour demander :

— Tu veux quelque chose à lire? Va voir à la cuisine, il y a des journaux sur le rayon, au-dessus de la pile de bois. Il doit y avoir aussi quelques romans policiers.

Julien désigna du doigt le livre ouvert devant Riter.

— Ce sont des poèmes, que tu lis? dit-il.

— Oui, ça se voit, grogna l'autre en reprenant sa position, la tête dans ses mains.

Julien fit un pas pour s'éloigner, hésita, mais finit par demander :

— Tu n'aurais pas un autre livre à me passer? J'ai bien *Les Fleurs du Mal* dans ma caisse, mais je ne veux pas remonter déranger les autres. Et puis, je n'ai lu que ça depuis deux mois, je commence à le savoir par cœur.

Riter s'était retourné, comme touché par une décharge électrique. Il examina Julien un instant avant de dire :

— Tu es sérieux, ou tu veux te payer ma tête?

— Mais non, pourquoi?

— Avant d'être ici, j'ai été en caserne; ce

qu'ils ont pu m'emmerder parce que je lisais des poètes!

— Je sais, dit Julien, vaut mieux se planquer pour les lire. J'ai connu cette vie-là à Port-Vendres.

Riter se leva.

— Mais alors, c'est vrai? dit-il, tu t'intéresses à la littérature? Qu'est-ce que tu fais dans le civil?

— J'ai appris le métier de pâtissier, dit Julien, mais j'aurais aimé faire les Beaux-Arts.

— Ça alors, c'est pas possible! Tu sais que tu tombes bien? Je t'emmènerai au musée Briguiboul. Il y a des Goya remarquables. Castres, c'est une ville pour les gens qui aiment la peinture.

A présent, Riter ne s'arrêtait plus de parler. Il avait de nouveau sorti sa valise qui contenait uniquement des livres. Il expliqua qu'il avait étudié jusqu'à la débâcle.

— Ensuite, dit-il, je n'ai pas voulu rester en zone occupée, et je me suis engueulé avec mon père qui m'a coupé les vivres. Alors, je me suis engagé.

Il n'était plus le même. Tout son visage souriait tandis qu'il feuilletait les recueils de poèmes.

— Tu verras, je t'emmènerai à la librairie Henri-IV. Ils ont des choses excellentes et pas trop chères. Tu sais, ce n'est pas dans toutes les villes qu'on trouve de bons livres d'occasion. Tu as eu de la veine de venir ici.

En expliquant cela, Riter passait sa main

dans sa toison noire. De profil, lorsqu'il souriait, il avait un peu l'air d'une fille avec, cependant, quelque chose de dur dans les traits. Il expliqua encore qu'il avait, à Paris, connu de nombreux peintres, puis, revenant à sa valise, il se remit à parler de ses livres.

— Tu verras, tu trouveras de bonnes choses dans cette librairie, dit-il. J'y ai trouvé trois Verlaine la semaine dernière. Tu aimes, Verlaine?

— Bien sûr.

— Ce Rimbaud aussi, je l'ai eu chez eux... Est-ce que tu as fait du latin?

— Non.

— Dommage, c'est passionnant. Mais ça ne fait rien... Le libraire m'a promis de me trouver des biographies et des recueils de lettres. Les lettres des poètes et des peintres sont d'un grand intérêt. J'ai les lettres de Van Gogh, je te les passerai. Tiens, si tu veux les lire à présent...

Riter sortit plusieurs livres avant d'atteindre le fond de sa valise. Soudain, il leva la tête et regarda Julien en fronçant les sourcils.

— Est-ce que tu aimes Trénet? demanda-t-il.

— Bien sûr.

— Ce type est le plus grand des poètes vivants, et peut-être bien le plus vivant de tous les poètes. Tu ne crois pas?

— C'est possible.

— Est-ce que tu l'as déjà vu sur scène?

— Non. J'ai vu un film et je l'ai souvent entendu.

— Bon Dieu, tu as une veine terrible. Il sera ici jeudi soir, à l'Odéon. J'ai loué ma place aujourd'hui, mais il en restait pas mal. Demain nous descendrons en louer une pour toi.

Il se mit à fredonner :

Les sanglots longs — Des violons de l'automne... Puis s'arrêtant, il chanta : *Ficelle qui m'a sauvé de la vie, ficelle sois donc bénie, car grâce à toi j'ai rendu l'esprit et je me suis pendu cette nuit.*

Tout son corps semblait habité par le rythme syncopé de la chanson. Ses cheveux tremblaient sur son front. Au refrain, Julien se mit à chanter avec lui :

— *Je chante, mais la faim qui me poursuit, tourmente mon appétit.*

— Bonsoir! dit Riter, ce type! Le rythme, la fantaisie, des milliers de trouvailles et la poésie partout. Un grand bonhomme, je te dis. C'est bigrement rare, tu sais, un poète de cette classe qui ait un tel sens de l'humour.

Riter se remit à chantonner. Marquant des doigts la mesure sur le bois du bureau, il piquait çà et là, parmi les chansons de Charles Trénet, quelques vers qu'il analysait ensuite.

— C'est ça, notre époque, dit-il. Ça et la guerre.

Son visage était soudain devenu grave. Il ferma à demi les yeux, parut réfléchir un instant puis, presque à mi-voix, il ajouta :

— Oui, c'est ça. C'est la vie. Une vie merveilleuse et folle. Une espèce de folie de vivre et d'aimer. Et, de l'autre côté, comme pour rétablir l'équilibre : la guerre. C'est-à-dire la mort en face de la vie. L'absurdité. Un autre genre de folie : la rage de détruire, l'ivresse de tuer des hommes et des femmes faits pour l'amour.

3

Personne au poste de guet n'était assez grand pour pouvoir prêter des vêtements civils à Julien Dubois. Pourtant, Riter tenait à sortir avec lui.

— Tu vas lui faire un ordre de mission, dit-il au sergent Verpillat.

— Un ordre de mission, c'est bien beau, mais quel motif veux-tu que je mette?

— Je m'en fous. Démerde-toi. C'est ton travail.

Julien se demandait si Riter parlait sérieusement ou s'il plaisantait. Le sergent cligna ses paupières derrière ses grosses lunettes, se gratta la tête un moment et rédigea son ordre de mission.

— Voilà, tu es censé passer une visite à l'hôpital.

— Tu vois, dit Riter, les sous-offs, il faut les mener dur.

Le petit poète parisien avait revêtu un complet civil bleu marine à fines rayures blanches. Il portait une chemise blanche et une cravate sombre. Il avait, dans l'allure, quelque chose d'un peu raide qui lui donnait l'air timide. Ils sortirent tous les deux. Riter marchait à petits pas et se tordait souvent les pieds sur les cailloux du chemin. Julien remarqua qu'il était chaussé de souliers vernis noirs très pointus.

— Tu as fait une lettre à tes parents pour avoir un costume civil?

— Oui, dit Julien. Je la posterai en ville.

Julien avait également écrit à Berthier pour lui donner son adresse, mais il n'en parla pas à Riter.

Ils allèrent à l'Odéon où ils purent obtenir deux places côte à côte pour le récital de Trénet. Comme la personne qui se trouvait au guichet hésitait à changer le billet que Riter avait pris la veille, le Parisien lui parla d'un ton dur, comme il avait fait avec Verpillat.

Lorsqu'ils sortirent, Julien dit :

— Tu as une façon de parler aux gens!

Riter haussa les épaules.

— Toi, dit-il, tu fais le poids, tu es sportif et tu sais te battre, les gens doivent te respecter. Quand on est petit et taillé en bouteille d'eau minérale, il faut faire preuve d'autorité. Sur cette terre, il y a 90 % de cons qui sont faits pour être engueulés et pour obéir.

— Verpillat me paraît être un brave gars.

— Oui, brave, mais con. La preuve : il est gradé.

Ils entrèrent à la poste qui était sombre et sale. Julien acheta des timbres et posta ses lettres.

Tout en marchant, Riter montrait à Julien quelques vieilles maisons, une tourelle d'angle, un porche. Il parla de l'origine romaine de la ville et de Jaurès. Soudain, il s'interrompit pour demander :

— Est-ce que tu as beaucoup d'argent?

— Non, dit Julien, pas tellement.

— Alors, nous irons boire où on ne paye pas.

— Mais j'ai assez pour te payer un verre.

— Oui, mais un verre ne me suffit pas. Viens, c'est loin, il faut y subir la présence de quelques imbéciles, mais on boit à l'œil.

Comme Julien s'étonnait, Riter expliqua :

— Mon père est industriel. Il a des relations un peu partout. Tous les gens qu'il connaît sont plus ou moins des commerçants et je déteste les commerçants. Seulement, je n'ai pas le choix. J'ai rencontré ici un tisseur qui connaît mon père. Ce type fait travailler les autres et passe ses journées au bistrot.

Ils traversèrent le centre de la ville et suivirent une longue avenue jusqu'à un petit café à devanture jaune. Dans la salle aux tables de marbre, il n'y avait que trois consommateurs. A leur entrée, l'un d'eux dit à la patronne.

— Voilà mon meilleur client. Et il m'amène du monde.

Riter serra la main aux trois hommes.

— Je vous présente Dubois. Un nouveau à notre poste.

Les hommes buvaient du vin blanc dans de petits verres à pied. Sans rien demander, la femme apporta deux autres verres et les emplit également de vin blanc. Julien n'osa pas refuser. L'un des hommes avait le visage rouge et violacé, avec des yeux injectés de sang et larmoyants. Riter lui demanda :

— Alors, père Cornut, qu'est-ce qu'on fait?

L'homme leva son verre d'une main qui tremblait considérablement. Du vin coula sur la table et il s'empressa de boire. Puis, s'étant essuyé les lèvres, il dit :

— Tu vois, pour le moment on ne fait pas grand-chose, mais tout à l'heure, on va faire pitié.

Les deux autres se mirent à rire.

Le tisseur ami de Riter avait lui aussi la face très rouge, mais son regard demeurait cependant plus proche du regard humain. Le troisième était plus âgé. Tassé et voûté, il restait l'œil mi-clos, silencieux et comme hébété. Dès que les verres étaient vides, le père Cornut ou le tisseur levait la main et faisait claquer ses doigts. Aussitôt, la patronne approchait avec son litre et remplissait les verres. Au deuxième verre, Julien dit :

— Non merci, je n'ai pas l'habitude de boire du vin comme ça. Et surtout le matin.

— L'habitude, dit le tisseur, elle se prend vite.

— Laisse remplir ton verre, fit Riter, je le boirai.

Julien laissa la patronne verser le vin, et, à partir de ce moment-là, Riter vida deux fois plus de verres que les trois civils. Il ne disait rien. Il buvait, fumait méthodiquement sa grosse pipe et attendait la tournée suivante.

Le téléphone sonna. La patronne décrocha le récepteur, écouta et appela le père Cornut. Cornut alla lentement jusqu'au comptoir où il s'accouda. Il répéta « oui » quatre fois avec, entre chaque fois, un intervalle de quelques secondes. Ensuite, toujours aussi lentement, il raccrocha l'appareil et revint à sa place. Une fois assis, il dit :

— Essence.

A midi, Riter se leva. Julien chercha son portefeuille, mais le tisseur arrêta son geste.

— Non, non, fit-il, pas les militaires. Pas avec Riter.

Riter tira Julien par la manche en lançant :

— Tu n'es pas maboul, non?

Julien remercia, et ils sortirent après avoir serré la main des trois hommes et de la patronne. Une fois dehors, Riter expliqua :

— Faut pas les remercier, ils ne savent pas quoi faire de leur pognon. Cornut ne vit que du marché noir. Il passe sa vie dans ce bistrot à attendre les coups de téléphone. Si tu as besoin de quoi que ce soit, il te le trouve dans les vingt-quatre heures. Il te trouverait aussi bien un ballon dirigeable qu'un transatlantique ou une douzaine d'œufs.

— Et le troisième qui ne dit pas un mot?
— C'est un clochard. C'est leur copain. Il est comme moi, il boit à leur compte, et il ne dit rien.
— Et tu viens souvent?
— Chaque fois que j'ai soif.
Riter marchait convenablement, mais il ne parlait plus avec la même facilité.
— Tu tiens le coup, dit Julien.
Riter le regarda.
— Avec la carcasse que tu as, tu pourrais m'enterrer vingt fois, si tu avais un peu d'entraînement.
A mesure que Riter parlait, le vin devait faire son effet car il s'excitait, gesticulant et criant plus fort. Trois ou quatre fois il répéta :
— *Quand mon verre est plein je le vide, quand mon verre est vide je le plains...* Est-ce que tu connais Raoul Ponchon?
— Non.
— Un bel ivrogne. Un ivrogne splendide. Je te ferai lire *La Muse Gaillarde*... C'est excellent... C'est gaulois.
Le petit poète chevelu se redressait de toute sa taille et fonçait tout droit. Il bouscula plusieurs personnes. Comme une femme se retournait pour lui parler, il s'arrêta le temps de lancer :
— Ponchon, n'est-ce pas vrai que c'est gaulois?
Julien l'empoigna par le bras et le tira en disant :

— Excusez-le, madame, il est malade.

Il obligea Riter à marcher vite, le secouant lorsqu'il trébuchait ou voulait s'arrêter. A présent, Riter riait sans cesse. Il était vraiment ivre et Julien avait hâte de quitter le centre de la ville. Comme ils arrivaient sur le quai, ils croisèrent un homme de forte taille. Riter lui cria :

— Alors, petit, toujours aussi con? Dubois, occupe-toi de ce petit-là.

L'homme s'arrêta.

— Qu'est-ce qui vous prend? fit-il.

Il paraissait furieux. Julien tira son camarade qui criait, invitant l'homme à se battre. L'homme avança vers eux, fermant déjà les poings. Comme Riter se débattait en lançant des insultes, Julien le gifla deux fois, à toute volée. Le Parisien se tut, éberlué, les bras ballants, oscillant légèrement au milieu de la rue. L'inconnu les regardait toujours.

— Excusez-le, dit Julien. Des imbéciles l'ont fait boire et il ne supporte pas le vin.

L'homme haussa les épaules et s'éloigna.

— Qu'est-ce que tu as dit? grogna Riter, je tiens pas le coup moi?

Sans ménagement, Julien l'empoigna par le bras et se hâta de rentrer.

Arrivé au pied du chemin des Fourches, Riter refusa d'aller plus loin. Il voulait boire encore. Comme Julien s'y opposait, il se laissa tomber sur le talus. Julien, à grand-peine, réussit à le charger sur ses épaules et à le remonter. Au poste, les autres étaient à table.

— Putain, lança Tisserand, la belle biture!

— Moi, je l'aurais laissé crever au milieu du chemin.

Chacun exprima son sentiment, et Julien comprit que ces hommes éprouvaient peu de sympathie pour cet amateur de poésie dont les parents étaient très riches.

Aussitôt sur son lit, Riter s'endormit. Après le repas, Julien monta dans la chambre et se mit à lire les *Lettres de Van Gogh.* De temps à autre il s'interrompait pour regarder son camarade qui dormait, le nez au mur, tout habillé. Son costume était froissé et poussiéreux. Il avait un sommeil irrégulier, agité de soubresauts. Quand il ne ronflait pas, sa respiration était sifflante.

A 5 heures du soir il s'éveilla. Il eut d'abord un long grognement puis, se soulevant sur un coude, il regarda autour de lui, clignant des yeux.

— C'est toi, Dubois? fit-il. Ah bon!

Il retomba sur le dos et Julien pensa qu'il allait se rendormir. Pourtant, il demeura les yeux ouverts, fixant le plafond craquelé. Après un long silence il dit :

— Mon cher Gauguin, j'ai le souvenir de vous avoir offensé.

— Qu'est-ce que tu racontes? demanda Julien.

— Tu n'as pas lu la vie de Van Gogh, dont tu lis les *Lettres*?

— Non.

— C'est un tort. A un certain moment, à

Arles, il dit cela. Et moi je te dis : Mon cher Dubois, j'ai le souvenir d'avoir fait des conneries.

Julien regrettait les gifles qu'il avait dû lui administrer.

— Tais-toi donc, fit-il.

— Je n'ai pas à me taire. Tu sais, moi je suis comme Villon : toute honte bue. La seule chose qui me contrarie, c'est de t'avoir fait une vacherie le premier jour que je sors avec toi.

— Ça n'a pas d'importance, mais ce qui est idiot, c'est de boire autant.

— Tous les poètes boivent.

— Ce n'est pas une raison.

— Je bois pour trouver l'inspiration. (Il se mit à rire soudain et continua :) Quand j'ai bu, je suis trop saoul pour écrire. Ce qui est délicat, c'est de savoir s'arrêter juste au moment propice. C'est une question de dosage.

— Ça t'arrive souvent de réussir?

— Non. Mais chaque fois que j'ai pu le faire, j'ai écrit un poème.

— Un jour que tu t'attaqueras à des gens dans la rue, tu te feras mettre une bonne trempe.

— Je ne m'attaque jamais à personne.

— Tu ne te souviens de rien, mais tu l'as fait.

— Je m'en souviens. Un grand type costaud. Au moins aussi grand que toi.

— Largement, oui. Et...

Riter l'interrompit.

— Et tu m'as calotté et tu as bien fait.

— Si tu avais été seul...

— Je ne l'aurais pas fait. J'ai voulu voir si tu étais vraiment aussi costaud que le dit Carento. Une idée d'ivrogne, quoi.

Il s'assit sur le bord de son lit, pria encore Julien de l'excuser; le visage tendu, presque triste, il ajouta :

— Je pense que c'est une attitude qui s'explique fort bien. J'ai toujours souffert d'être petit et faible. Quand on a bu, on retrouve parfois des choses qui vous viennent de l'enfance. Les choses les plus douloureuses.

Riter se leva, chercha sa pipe qu'il bourra minutieusement. L'ayant allumée, il quitta son costume et enfila un bourgeron militaire.

— A présent, dit-il, je n'ai plus qu'à le nettoyer.

Il prit une brosse et se dirigea vers la porte. Avant de sortir, il se retourna.

— Qu'est-ce que tu penses des femmes? demanda-t-il.

Julien, surpris par cette question, ébaucha un geste vague.

— Tu as bien une opinion, tout de même, dit Riter.

— Je ne vois pas ce que tu veux dire.

— C'est pourtant simple. Je prends mon costume pour le brosser et l'idée me vient que ce n'est pas un travail digne de moi. Chez mes parents, il y a une bonniche pour ces corvées. Ici, personne. Je sais, c'est naturel dans l'armée. Mais je ne vais ni retourner chez mes parents ni rester dans l'armée. Alors? Eh bien, il faudra que je trouve une femme pour brosser mes habits quand j'aurai pris une cuite. Ça ne te paraît pas naturel?

Julien se mit à rire.

— Je ne plaisante pas, Dubois. Pas du tout. Je trouverai une femme idéale. Bouche cousue et beaucoup de travail. C'est ça, de nos jours, qu'il faut rêver. La fille fortunée, la riche héritière, zéro. Ça existe, mais ça veut jouer les intellectuelles, les femmes savantes. Ce qu'il faut, c'est une bonne gagneuse, le plus con possible, mais avec son côté bœuf de travail. Pour le reste, on a le monde à soi.

De la main gauche, il tenait son costume un peu comme un toréador sa cape; il leva sa main droite armée de la brosse, et il eut un geste large et souverain, le front haut, le regard dur, sa grosse pipe très droite entre ses lèvres pincées.

4

En quatre jours, Julien avait déjà pris l'habitude de ce poste. La vie était facile et agréable. A cause de son métier de pâtissier, le sergent lui avait proposé d'être responsable de la cuisine.

— Bien entendu, avait-il dit, nous t'aiderons tous. Et quand tu voudras sortir, un autre fera la tambouille.

La vie était réglée d'heure en heure par la sonnerie du téléphone. C'était le Relais de transmissions qui appelait pour une vérification de ligne. L'homme qui se trouvait près de l'appareil répondait :

— Ici, poste de Castres; rien à signaler.

Les avions étaient assez rares et il arrivait au guetteur de passer ses quatre heures de garde sans avoir un seul message à rédiger. Chaque matin, le sergent, Carento et Julien faisaient une séance de culture physique. Carento avait beaucoup joué au rugby et il voulait demander son inscription au club local.

— Tout le monde devrait faire de la gym', disait le sergent, mais moi, je ne veux pas emmerder les gars avec ça. S'ils en ont envie, ils en font. Sinon ils roupillent. Mais je suis bien content que vous soyez là. Tout seul, c'était moins amusant.

Les hommes revêtaient leur tenue civile et descendaient en ville. Riter lisait, en fumant d'innombrables pipes.

Le jeudi soir, il passa son costume bleu à rayures blanches et brossa ses souliers pointus. Le sergent signa pour le soldat Dubois, une permission de spectacle.

Riter et Julien descendirent en même temps que Carento et Tisserand qui se rendaient au cinéma. Ils se quittèrent devant le jardin de l'Evêché. Julien et Riter étaient en avance.

— On va boire un verre, dit le Parisien.

— Non.

— Juste un, au café de la Poste, c'est à deux pas.

Julien but de la bière et son camarade du vin blanc. La salle était toute petite et il y avait beaucoup de monde. En sortant, ils croisèrent un homme grand et large d'épaules. Riter se retourna pour le regarder, puis il dit :

— Dubois, occupe-toi de ce petit gars-là.

Julien lui serra le bras très fort en disant :

— Tu le fais en rigolant, mais je te préviens, si jamais tu recommences, je te fous une raclée dont tu te souviendras.

— Je ne recommencerai pas, sois tranquille.

En disant cela, le Parisien regardait Julien intensément. Ils étaient dans la lumière du café, debout l'un en face de l'autre, sur le trottoir où des gens passaient sans cesse. Riter parut hésiter, puis il ajouta :

— J'ai beaucoup de sympathie pour toi.

— Moi aussi, fit Julien. Je pense que nous pouvons être de bons copains, mais...

Il se tut.

— Allons, parle, dit Riter.

— Mais je n'aime pas te voir te saouler de la sorte.

— Tu ne m'en empêcheras pas. Mais si je fais le con une fois saoul et que tu me casses la gueule, je te donne ma parole que je ne t'en voudrai pas.

Ils entrèrent à l'Odéon. Leurs places étaient au parterre, dans le milieu de la salle. Le public était surtout composé de jeunes gens et de jeunes filles.

— Les vieux ne comprennent pas, expliqua Riter. C'est une question de rythme, de tempérament, c'est lié à notre génération.

— Il y a quelques personnes âgées, pourtant.

— Des curieux. Ou bien des papas qui ont accompagné leur fille. Et encore, parmi les jeunes, je me demande combien il y en a qui ont vraiment senti de quoi il s'agit.

Pour commencer, l'orchestre interpréta un pot-pourri des principales chansons de Charles Trénet.

— Il n'y a même pas *Verlaine,* remarqua Riter. Je suis sûr qu'il ne la chante pas, dans son récital. Faudra gueuler pour qu'il la chante.

Le rideau se leva sur la scène vide. Le décor représentait une maison dans un jardin. La maison n'avait qu'une fenêtre dont les volets étaient clos. L'orchestre préluda et, d'un coup, les volets s'ouvrirent. Trénet jaillit de la fenêtre comme un ressort libéré. Il bondit en chantant :

« *Ouvre ta fenêtre au jour. Dis bonjour à l'amour...* »

Et tout de suite, ce fut un tonnerre d'applaudissements. Riter semblait un autre homme. Il paraissait électrisé par le spectacle. Toute la salle vibrait, et Julien fut rapidement gagné par cette chaleur qu'il n'avait jamais encore éprouvée.

Dans la lumière des projecteurs, le Fou Chantant bondissait d'un bord à l'autre de la scène, martyrisant de ses mains démentes un minuscule chapeau.

Après chaque chanson, le public trépignait, hurlant des titres, réclamant toujours d'autres chansons, Riter et Julien criaient :

— « *Verlaine!* » « *Verlaine!* »

Mais ils avaient le sentiment d'être les seuls, et leurs voix étaient étouffées par des centaines d'autres. Profitant d'un silence, Riter murmura :

— A la prochaine, on attend que les gens se soient arrêtés de gueuler et que l'orchestre prélude. Et là, on gueule « *Verlaine* » tous les deux en même temps.

— Si tu veux.

— Faut le faire, sinon il ne la chantera pas.

Ils firent ainsi. Cette fois-là, le public avait tellement crié, que Trénet, prenant un pot de fleurs qui se trouvait près du trou du souffleur, avait fait mine de le jeter dans la salle. Les gens avaient ri, puis s'étaient tus. Le chanteur annonça un titre. Il y eut des « Ah! » et l'orchestre joua quelques mesures. Julien sentit le coude de Riter cogner son bras.

— « *Verlaine!* » crièrent-ils tous les deux.

Aussitôt, trois rangs devant eux, comme un écho, une voix de femme répéta :

— « *Verlaine!* » « *Verlaine!* »

D'un geste l'artiste arrêta l'orchestre. Il sourit dans leur direction et annonça :

— « *Verlaine.* »

Il y eut quelques « Oh! » de déception et même un timide coup de sifflet, mais, dès que la chanson fut terminée, les applaudissements crépitèrent, aussi nourris que pour les autres pièces.

— Tu vois, dit Riter. Ils ne savent rien. Ce sont des cons.

— Il y a une fille qui a gueulé comme nous.

— Oui, je l'ai repérée. Trois rangs devant. Regarde, c'est celle qui a des cheveux longs sur les épaules.

De temps à autre, Julien cessait de regarder

le chanteur pour observer cette tête aux cheveux flous qui s'animait au rythme de la musique. Dès que la lumière de la salle s'alluma pour l'entracte, la tête aux cheveux flous se retourna. Le regard de Julien croisa celui de la jeune fille, qui sourit. Il ne vit rien d'elle que ses yeux et son sourire, mais, durant quelques instants, il eut peur de ne plus pouvoir respirer. Riter lui toucha l'épaule.

— Héo, tu te réveilles? Après ce qu'on a braillé, on va boire un verre.

Julien se leva. La jeune fille se retourna de nouveau et lui sourit encore. Malgré lui, Julien fit un mouvement de la tête comme pour l'appeler. Le sourire de la jeune fille se figea, une ombre passa sur son regard, et elle se pencha pour parler à une femme assise à sa gauche.

— Alors, dit Riter, tu bouges, oui!

Julien avança, talonné par son camarade. Lorsqu'ils furent sur la terrasse du théâtre, Riter dit encore :

— Nom d'un chien, je ne sais pas comment tu es foutu pour n'avoir jamais soif!

Julien le suivit. Il but sans savoir ce qu'il buvait. Il n'avait plus en lui que ce regard de jeune fille. Uniquement ce regard et ce sourire. Des chansons entendues, une seule lui restait en mémoire, revenant et revenant sans cesse.

« *Les sanglots longs, — des violons, — de l'automne, — blessent mon cœur — d'une langueur — monotone.* »

Riter parlait. Il analysait le spectacle. La mise en scène, la musique, les paroles, les réactions du public. Il ne s'arrêtait que pour dire :

— Tu ne penses pas?

— Bien sûr, répondait Julien. Bien sûr.

Mais il n'avait rien entendu. Riter pouvait parler, ses paroles n'étaient rien de plus que le vent sur la place.

De retour dans la salle, il chercha immédiatement le regard de la jeune fille. Il avait à peine fait quelques pas qu'elle se retournait. Il vit qu'elle cherchait aussi et lorsqu'elle l'eut trouvé, elle sourit. Entre cet instant-là et la reprise du spectacle, elle se retourna ainsi plus de vingt fois. Et jamais Julien n'avait aussi intensément éprouvé le poids d'un regard.

A la fin du spectacle, il retrouva ce regard et ce sourire. Il les retrouva aussitôt la salle éclairée, comme à un rendez-vous. Le public, debout, piétinait, s'écoulant lentement. Julien sentait son camarade le pousser dans le dos, mais il résistait. Il voulait attendre que la jeune fille se trouvât à sa hauteur pour avancer. Il y parvint malgré la bousculade. De son côté, la jeune fille souriante semblait faire l'impossible pour le rejoindre. Comme elle arrivait près d'eux, Julien se coula dans l'allée, à côté d'elle. Il avait préparé ce qu'il voulait lui dire, mais aucun son ne pouvait franchir sa gorge serrée. Derrière lui, il entendit Riter qui disait :

— Alors, vous êtes contente? On l'a eu, notre « *Verlaine.* »

— Oui, fit-elle. Je suis contente.

Et ce fut tout. La femme avait rejoint la jeune fille qui partit avec elle vers le jardin de l'Evêché, tandis que Riter entraînait Julien au café de la Poste.

Avant d'atteindre l'angle du bâtiment, Julien regarda encore dans la direction du jardin. Loin, dans l'ombre des arbres, il crut deviner une forme mince et claire, dansant légèrement à côté d'une autre plus lourde et plus sombre.

— Alors, fit Riter, tu te décides? Ça va fermer, on a juste le temps de s'en jeter un.

5

Julien Dubois se leva très tôt. Il s'habilla dans l'obscurité et quitta sans bruit la grande chambre du premier étage où les autres dormaient encore. Le ciel était clair, mais l'aube pointait à peine. Il y avait un frisson de vent dans le cèdre et les buis de l'allée. Julien descendit. Il eût aimé passer sa tête sous l'eau froide du robinet, mais il voulait éviter les questions de l'homme de garde dans la pièce du rez-de-chaussée. Il alla seulement jusqu'au bassin, à droite de la maison, s'agenouilla sur le rebord de ciment et, prenant de l'eau dans ses mains, il se mouilla le visage. Lorsqu'il se redressa, le vent lui parut glacé. Il en respira une longue bouffée et se dirigea vers le chemin. Tout était encore sans couleur, gris de crépuscule sur gris de nuit : un moutonnement lent de formes indistinctes.

Il marcha un moment. La fraîcheur soudaine l'avait vidé.

Il avait à peine dormi, réveillé sans cesse par ce regard de fille qui était entré en lui; tenace, persistant, étonnamment vivant malgré sa fixité. Il s'était levé pour tenter de lui échapper, de le chasser de lui au moins le temps de raisonner, mais le froid du vent sur son visage mouillé ne l'en avait libéré qu'un instant. Déjà le regard s'était réinstallé en lui, aussi présent, plus présent peut-être qu'au cours de cette nuit.

Il avait usé de tout pour se prouver que rien de cela n'était important. Est-ce qu'on tombe amoureux d'une fille pour un regard? D'ailleurs, il n'était pas amoureux. Il ne voulait tomber amoureux ni de cette fille ni d'aucune autre. Ce n'était pas la première fois qu'il croyait aimer une fille. On croit toujours, sur le moment, et puis ça ne tient pas. Il suffit d'en rencontrer une autre... Lorsqu'il était à Dole, apprenti pâtissier, pendant près d'un an il avait épié chaque jour le passage d'une fille sans jamais oser l'aborder. Vingt fois, de mémoire, il avait crayonné son portrait. Ce visage émacié, ces cheveux flous... A ce moment-là, il avait quinze ans. Depuis, il avait cru souvent être amoureux. Pas de cette façon. D'ailleurs, la fille de Dole ne l'avait jamais regardé. Celle du concert Trénet, c'était autre chose. Il y avait ce choc, ce contact, cet échange par le regard. Seulement le regard.

Il s'efforça de fixer sa pensée sur la fille de

Dole pour s'éloigner de l'autre. Il refit le trajet qu'il avait accompli maintes fois pour la suivre jusque dans la rue Pasteur où elle demeurait. Rue Pasteur, c'était là aussi qu'habitait son chef, André Voisin. André Voisin que les Allemands avaient tué l'an dernier, en juillet, alors qu'il tentait de passer la ligne de démarcation pour rejoindre sa femme. Le 17 juillet 40. La mort d'un copain tué presque sous vos yeux, c'est toujours une date dont on se souvient. Un an le 17 juillet. Il compta : quatorze novembre. Dans trois jours il y aurait un an et quatre mois. Il s'arrêta soudain. Depuis la mort du chef, il avait souvent pensé à lui, à sa femme, la petite blonde un peu timide et souriante qui avait dû l'attendre; mais il n'y avait jamais pensé comme aujourd'hui. Il s'aperçut soudain qu'il venait de penser à cette mort presque par accident, et qu'il s'était accroché à cette pensée par... intérêt. Le mot lui fit mal. C'était pourtant cela. Il calculait des dates qui ne voulaient rien dire, uniquement parce qu'il espérait se débarrasser du regard obsédant de cette fille rencontrée la veille. Il avait souvent revu malgré lui la mort d'André Voisin; d'autres fois il s'était efforcé d'y penser, de rester seul un moment avec son souvenir parce que son ancien chef était un garçon à qui il devait sa première véritable amitié. Ce matin, il repoussa son souvenir, s'effrayant de ce qui lui apparaissait comme une injure à sa mémoire.

Le jour se levait sur les champs. Julien s'arrêta pour regarder autour de lui. Dans le flou presque incolore de l'aube, les dernières maisons se devinaient à peine, très loin derrière lui. Il fit demi-tour. Cette lutte, cette nuit sans sommeil l'avaient épuisé.

Etait-il vraiment possible de dire tant de choses par un regard? Imagination. Mirage que tout cela. Mais pourtant, elle aussi l'avait regardé. C'était elle qui s'était retournée, qui avait cherché ses yeux. Avait-elle éprouvé le même choc que lui? Il y avait une réponse dans ses yeux.

Mais qui était-elle? Des gens avaient pu venir de loin, pour voir Trénet. En réalité, il n'avait de souvenir précis que du seul regard de cette fille. Deux yeux bruns. Un regard indescriptible. On peut essayer de décrire un visage, des yeux, mais pas ce qu'ils expriment; pas ce courant, cette chose sans nom qui vient à vous; qui vous traverse. On ne décrit pas un appel, un langage secret.

Elle était assez grande, mince et portait un manteau clair. Gris clair... Non, beige clair...

Il se souvenait aussi de ses cheveux châtains et flous, tombant sur ses épaules. Comme la fille inconnue de la rue Pasteur. Des millions de filles portent des cheveux châtains et flous. Avait-elle le visage mince? Il ne savait pas. Il eût pu peindre ses yeux. Rien que ses yeux, mais il s'apercevait qu'il n'avait même pas regardé le reste de son visage.

Il revint au poste. Pour ne plus être seul

avec ce regard de fille, il fit tout ce qu'il put pour prolonger la séance de culture physique et rester avec le sergent et Carento.

Après le déjeuner, il accompagna Riter qui prenait la garde à 8 heures sur la terrasse.

— Tu n'as même pas apporté un livre, remarqua le Parisien.

— Non.

— Tu as l'air crevé. Trénet ne te vaut rien; mais n'empêche que c'était remarquable.

— Oui.

— Tu n'es pas contrariant.

— Qu'est-ce que tu veux que je te dise?

Riter s'assit sur le rebord de ciment. Le soleil était déjà chaud. Tout le jardin rouillé luisait de rosée devant les collines bleues du Sidobre.

Julien fit plusieurs fois le tour de la terrasse. Riter parlait encore de Trénet, mais il ne l'écoutait pas. Soudain, n'y tenant plus, il vint se planter devant lui et demanda :

— La fille, tu la connais?

Le Parisien fronça les sourcils.

— La fille? Quelle fille?

— Celle qui a crié « *Verlaine* » avec nous. Quand nous sortions, tu lui as parlé.

— Je la connais de vue. Elle doit travailler en ville et habiter avenue de Villeneuve, je l'ai vue souvent passer à vélo.

— C'est tout?

— Bien sûr, que veux-tu de plus?

Julien réfléchit un moment et demanda :

— Elle est longue, cette avenue?

Riter le regarda soupçonneux, durant un moment, puis il se mit à rire.

— Oh, dis donc, fit-il, tu files un mauvais coton, toi.

— Quoi donc?

— Tu as envie de cette fille.

— Et alors?

— Je n'aime pas ça. Pas ce genre-là.

— Qu'est-ce que tu veux dire?

— Primo, la fille qui connaît « *Verlaine* », très peu pour nous. Le genre intellectuel, ça n'est pas ce qu'il nous faut. Et puis, faire une gueule pareille pour une fille qu'on a vue quelques minutes... J'avoue qu'elle vaut son coup, mais sans plus. D'ailleurs, tu as remarqué qu'elle était avec sa mère. Ce n'est pas le genre de poupée qu'il faut aux pauvres soldats...

— Je m'en balance, je veux la revoir.

— Tu veux, tu veux... Si ce n'est pas celle-là, ce sera une autre. Un vagin en vaut un autre, le tout...

— Tais-toi!

Julien avait presque crié. Riter se leva et, plantant dans ses yeux un regard ironique, il siffla longuement avant de dire :

— Oh, mais, ce serait plus sérieux que je ne croyais!

Julien s'éloigna, marcha jusqu'à l'autre bord de la terrasse et revint pour demander, presque implorant.

— Riter, bon Dieu, est-ce que tu crois au coup de foudre?

L'autre éclata de rire. Julien avait envie de l'étrangler.

— Tais-toi, lança-t-il. Tu es un salaud. Tu te moques de moi et tu rigoles quand je te demande de m'éclairer.

— Non, je suis un type sensé. Je ne crois pas être un salaud. Pas avec toi, du moins.

Il réfléchit quelques secondes, ralluma sa pipe et, levant la main, se mit à déclamer :

— « *Pour avoir, dans un regard, lu des possibilités.* »

— Qu'est-ce que tu veux dire, par là?

— Rien. Je cite Géraldy. Et pourtant, ce n'est pas un poète que j'aime, mais pour les amoureux transis de ton acabit, l'eau de rose convient parfaitement.

Julien allait parler, mais Riter éleva la voix et poursuivit :

— C'est ce qui convient. Mais attention : « des possibilités ». Tu sais ce que ça veut dire? Même Géraldy est moins à l'eau de rose que toi. Il entrevoit le libertinage possible. Toi, comme un gros naïf, tu prends immédiatement des airs tremblants.

Julien était décontenancé. Le regard brun et chaud demeurait en lui, plus présent que jamais. Il avait espéré de Riter un tout autre conseil. Un encouragement surtout.

— Si j'avais ta carrure et toi la mienne, dit le petit poète, je ferais ce que tu m'as fait l'autre jour, quand j'étais rond. Parce que, toi aussi, tu débloques à pleins tubes, et tu as besoin qu'on te secoue.

Julien s'éloigna en direction de l'échelle de fer qui donnait accès à la terrasse. Il allait enjamber le rebord lorsque son camarade lança :

— Si j'ai bonne mémoire, c'est un peu avant 2 heures qu'elle passe le pont, cette tombeuse. Mais tu es tout de même un sacré couillon, si tu t'en vas courir après sa jupe!

6

A 1 heure de l'après-midi, Julien passait le Pont-Biais. Arrivé devant le jardin de l'Evêché, il s'arrêta. Si la jeune fille habitait réellement avenue de Villeneuve et travaillait dans le centre de la ville, elle ne pouvait emprunter un autre chemin.

L'angoisse qui était en lui depuis le matin ne cessait d'augmenter. Ses mains moites torturaient sans relâche son ceinturon de cuir. Il entra plusieurs fois dans le jardin. De là aussi il découvrait parfaitement le pont, mais il redoutait de n'avoir pas le temps de regagner la rue. Il imaginait la jeune fille passant très vite. Il se voyait courir en vain. Il retournait donc sur le trottoir, faisait les cent pas un moment, puis, redoutant soudain l'arrivée d'une patrouille du quartier Drouot, il regagnait le couvert des arbres.

Le temps s'éternisait. Julien consultait sa

montre, regardait la trotteuse, écoutait le mouvement, se raidissait pour lutter contre l'envie de demander l'heure aux passants. De nombreux cyclistes venaient de la direction où il avait fixé son regard. A mesure que coulaient les minutes, l'animation de la rue augmentait.

Julien pensa soudain que c'était vendredi. Et si elle ne travaillait pas le vendredi? Absurde. Tout le monde travaille le vendredi. Et si elle était malade? Ou partie? Ou déjà passée? Et si Riter s'était trompé? Pourtant, hier soir, avec sa mère, elle était partie dans cette direction... C'était une certitude. Mais la maladie?

Cette idée de maladie lui revenait souvent. Il s'y attardait. Il voulait bien admettre que l'inconnue aux yeux bruns tombât malade, mais plus tard. Lorsqu'ils se connaîtraient. Il l'imaginait couchée, il voyait parfaitement ses yeux bruns luisants de fièvre, et il cherchait les mots qu'il lui dirait. Un flot de tendresse l'emplissait.

Mais, d'un coup, sa pensée s'est arrêtée. Son cœur va peut-être s'ouvrir. Est-ce qu'un homme peut tomber sur le trottoir, comme frappé par la foudre, à la vue d'une jeune fille?

L'inconnue est là-bas, à l'autre bout du pont. Elle avance très vite sur sa bicyclette. Elle se penche à gauche pour tourner. Elle se redresse, se remet à pédaler. Le vent soulève sa jupe qu'elle maintient d'une main. Mon Dieu, si elle tombait!

D'abord paralysé, Julien vient de bondir hors du jardin. Il fait deux pas et se plante sur le bord du trottoir. Il n'y a plus qu'elle sur ce pont, dans cette ville et peut-être même sur le reste du globe! A présent, un escadron de cavaliers pourrait arriver, Julien ne broncherait pas. Va-t-il oser l'appeler? Pourra-t-il articuler un son?

Elle l'a vu. Il vient de retrouver son regard. Exactement ce regard qui électrise. Elle sourit. Déjà elle s'est arrêtée de pédaler et oblique vers le trottoir. Les freins de sa machine pleurent un peu. Elle est là, à un mètre à peine de lui.

Julien ne sait que faire. D'un geste dont il perçoit immédiatement le ridicule, il enlève son calot. L'envie lui vient de s'enfuir. Il bredouille :

— Je... Mademoiselle... Je... J'attendais...

La jeune fille soulève sa bicyclette pour la monter sur le trottoir. Il voudrait l'aider, mais il ne peut que lever ses mains et faire passer deux fois, de l'une dans l'autre, son calot froissé. Déjà la jeune fille traverse le trottoir et appuie sa machine contre la murette du jardin.

— Je n'ai pas beaucoup de temps, dit-elle.

Elle sourit, sa voix est claire, elle paraît absolument calme.

Ils sont entrés dans le jardin. Il n'y a plus d'arbres, plus de buis taillés en cônes, en boules, en cylindres. Il n'y a plus qu'une seule allée qui longe la balustrade. Une allée qu'ils suivent en silence, côte à côte, sans se regarder; une allée dont le gravier crisse très fort sous leurs pas.

Ils vont atteindre le mur qui ferme l'allée. Ils s'arrêtent. Leurs regards se retrouvent.

— Je n'ai pas beaucoup de temps, répète la jeune fille.

— Pourtant, murmure Julien, je voudrais vous dire...

Mais il ne dit rien. Il ne peut rien dire. La peur le paralyse et il se répète très vite qu'il ne pourra jamais rien lui dire tant son regard le trouble profondément.

— Ce soir, à 5 heures, demande-t-elle, est-ce que vous pourrez sortir?

— Bien sûr.

— Vous connaissez le parc Briguiboul?

— Non, mais je trouverai.

— Attendez-moi près de l'entrée qui donne rue de Laden. J'y serai vers 5 h 5.

Julien fait « oui » de la tête. De nouveau le souffle lui manque pour parler. Il lève ses mains comme s'il voulait tenter de la prendre dans ses bras, mais, légère, elle se dérobe d'un pas. Elle sourit encore et le mouvement de sa tête fait voler ses cheveux châtains.

— A ce soir, dit-elle.

Elle court. Julien ne voit qu'elle. Il n'entend que son pas dont le bruit décroît. Ses cheveux dansent. Tout le soleil de cet après-midi est là, sur cette forme souple qui s'éloigne dans ce jardin. Sa taille mince donne l'élan à de longues vagues qui déferlent jusqu'en bas de son ample jupe bleu marine en toile plissée. Le haut de son corps est vêtu de laine blanche.

Elle quitte la zone de soleil pour pénétrer dans le semis d'ombre et de lumière des tilleuls qui portent encore quelques feuilles.

Julien se penche. Il avance. Il court presque pour la voir plus longtemps et il suit sa tête, qui, à présent, file au ras de la balustrade de pierre entourant le jardin.

En passant à hauteur du jet d'eau, elle regarde dans sa direction et lève la main. Julien répond à son au revoir.

Elle disparaît.

Il regarde encore longtemps l'angle de la maison qui vient de la dérober à sa vue, puis il se met à marcher. Il ne sait pas où il est. Il ne sait pas où il va. Autour de lui il n'y a qu'une féerie de lumière rousse et blonde. Et, dans cette lumière, passent des inconnus qu'il voudrait embrasser.

7

Julien arriva au poste sans avoir rien vu du chemin parcouru. Il savait à présent ce qu'on appelle marcher dans un rêve. Il éprouvait réellement le désir de se pincer pour s'assurer qu'il ne dormait pas; mais il ne le faisait pas, de crainte de se réveiller et de tuer son rêve.

Lorsqu'il entra dans la grande salle, Riter, qui s'apprêtait à partir, lui demanda s'il voulait sortir avec lui. Le sergent intervint.

— Dubois, tu as tort de traîner si souvent en ville tant que tu n'as pas de costume civil.

— Je vais rester, dit Julien, mais il faudra pourtant que je redescende à 5 heures.

— A 5 heures, c'est normal que tu aies quartier libre, mais pas tout l'après-midi.

— Viens toujours avec moi jusqu'en bas du chemin des Fourches, dit Riter, tu ne risques pas d'y rencontrer une patrouille.

Ils sortirent. Arrivés sur le chemin, Riter demanda :

— Alors?

Julien sourit.

— Pas la peine d'insister, dit son camarade, suffit de regarder ta tête. Vraiment, tu files un sale coton.

— Où se trouve le parc Briguiboul?

— C'est là-bas qu'il y a des Goya, expliqua Riter, mais ce n'est ouvert que le dimanche.

— Mais c'est un musée, ou un parc?

Riter éclata de rire.

— Si tu voyais ta tête, fit-il... Non, t'inquiète pas, elle ne t'a pas monté un bateau. Le musée est dans le parc. Mais le parc est ouvert tous les jours.

Il expliqua quel chemin il fallait prendre pour s'y rendre. Ensuite, il dit qui était Briguiboul — parla de sa peinture, de sa collection, du musée, mais Julien n'écoutait plus. Il avait enregistré l'itinéraire à suivre; à partir de là son cerveau avait cessé de fonctionner. Sa mémoire s'était fixée sur l'image de la jeune fille s'éloignant en courant, sur son sourire, sur son au revoir, sur son regard.

Au pied du chemin il quitta Riter et remonta. Déjà il commençait de regarder sa montre. Il sentit qu'il devait trouver à s'occuper s'il voulait éviter de devenir fou.

Est-ce qu'on peut vraiment devenir fou

comme ça? A cause d'un visage, d'un regard, d'un sourire, d'un bras levé pour un geste d'adieu?

Au poste, il demanda s'il y avait du travail pour lui.

— Non, fit le sergent, mais si tu as un moment, tu devrais bien jeter un coup d'œil aux bouquins de repérage. Tu ne connais pas un seul avion; s'il venait un inspecteur et qu'il t'interroge, tu es bon pour trois mois au cours de guet à Carcassonne.

La perspective de ce départ l'effraya.

Le sergent apporta deux gros volumes qu'il posa sur le bureau en ajoutant :

— Installe-toi ici. S'il y a quelque chose que tu ne comprends pas, je t'expliquerai.

Julien ouvrit le premier volume. Devant lui, à côté de l'appareil téléphonique, une petite pendulette d'avion carrée et noire était fixée au mur. C'était « l'heure officielle » celle qui permettait de rédiger les messages. A chaque instant il la regardait. Il y avait une aiguille trotteuse longue et fine qui courait, mais les deux autres ne bougeaient pas. Julien suivait des yeux la trotteuse, comptait les tours. Il restait deux heures quarante-sept à attendre. Il se mit à calculer : une heure, soixante minutes. Cent vingt plus quarante-cinq, cent soixante-cinq. Quand cette trotteuse aurait fait cent soixante fois le tour du cadran...

— Non, je partirai d'ici à moins le quart.

— Qu'est-ce que tu dis?

Julien avait parlé haut sans même s'en rendre compte. Il se retourna vers le sergent qui reprisait une chaussette, assis sur un des lits.

— J'apprends... Ça m'arrive de lire à haute voix un nom difficile.

Il s'efforça de revenir au livre. *Messerschmit 109 - Henkel III - Spitfire - Potez - Bréguet - Sunderland - Dornier 109 - III - 217 - Chasse - Observation - Bombardement...* Il soupira. Entre ces pages et lui, entre ces photographies, ces coupes, ces profils d'avions et son cerveau, il y avait une large jupe bleu marine et une veste de laine blanche. Des cheveux flous, un sourire, un geste d'une main levée.

Il prit sa tête dans ses mains, ferma les yeux, et s'imposa de ne plus bouger, de ne plus regarder la montre. Pour le reste, il ne pouvait rien ordonner. Les images étaient là, incrustées en lui, collées derrière ses paupières closes aussi bien que sur le fond de ciel, sur les pages du livre ou le bois de la table.

Il sursauta. Une main s'était posée sur son épaule. Il ouvrit les yeux et se retourna.

— Tu dois le connaître ce *Focke-Wulf*, ça fait bien dix minutes que tu le regardes.

Le sergent souriait. Julien tourna la page.

— Faut pas t'obstiner sur un modèle, expliqua Verpillat, faut regarder assez vite et revenir souvent en arrière. Il n'y a que cette méthode pour y arriver.

A 4 heures, Julien quitta la grande salle pour gagner le premier étage. Dans sa tête, vingt noms d'avions se mêlaient sans que nul d'entre eux n'évoquât une forme précise. Il se rasa pour la deuxième fois de la journée, se regarda longuement dans une petite glace fendue en trois et qui pendait à l'espagnolette de la fenêtre, puis il sortit.

— Te fais pas poisser avant 5 heures, lui lança Verpillat.

— Non, sois tranquille.

Il prit à gauche, en sortant de l'allée, tournant le dos à la ville, et marcha cinq minutes à travers prés et champs avant de faire demitour. Il faisait encore chaud. Au loin les montagnes étaient sombres sous le ciel où le soleil déclinait. Devant tout cela, il y avait toujours le même visage, le même sourire, le même geste. Lorsque son ombre s'étirait devant lui sur l'herbe d'un pré, il en imaginait une autre, soudée à la sienne, plus petite et plus frêle, qui se blottissait contre lui.

— Si seulement je lui avais demandé son prénom, répétait-il sans cesse.

Il imaginait mille prénoms, mais aucun ne convenait à ce visage, à ce regard surtout.

Bien avant 5 heures, il arriva rue de Laden. Le soleil avait déjà disparu, mais le ciel demeurait lumineux. Il trouva sans peine l'entrée du parc. Il contourna un gros pavillon. La végétation était touffue entre les allées désertes. Des tas de feuilles mortes s'alignaient en bordure des pelouses. Sous les cèdres énormes, il faisait déjà sombre. Julien fit le tour du parc et revint près de l'entrée.

Debout à l'angle du mur, il continua d'attendre, toujours en proie à la peur, fixant obstinément la rue en direction de la ville.

8

Il était à peine plus de 5 heures lorsque la jeune fille arriva.

— J'ai pu me libérer de bonne heure, dit-elle.

Pour la première fois, Julien trouvait agréable l'accent méridional.

Ils entrèrent dans le parc et la jeune fille prit à gauche.

Dans ce début de crépuscule, des taches d'or trouaient le ciel.

— L'arbre à kakis, dit-elle. Vous connaissez? Personne ne les cueille.

De gros fruits jaunes s'étaient écrasés sur l'allée. La fille se mit à rire en disant :

— Ne restons pas dessous, il peut en tomber d'autres.

Son rire sonnait clair. Elle appuya sa bicyclette contre un banc de bois et ils se trouvèrent face à face. Elle baissa légèrement la tête mais, le regard levé, elle continua de fixer Julien dans les yeux. Il la trouva encore plus belle ainsi, avec cet éclair de ses yeux qui vivait seul dans l'ombre de son visage incliné.

— Je savais que vous viendriez, dit-elle.

— Bien sûr, puisque je vous l'avais promis.

— Je ne parle pas de ce soir, mais à midi.

— Comment?

Cette fois, elle baissa les paupières. A mi-voix, elle ajouta :

— Je savais que vous chercheriez à me revoir.

Julien allait répondre mais elle dit encore, très vite, comme si elle eût été contrainte de parler malgré sa gêne.

— Si vous n'étiez pas venu, je vous aurais téléphoné, j'avais déjà cherché le numéro.

Il avait levé lentement ses mains, et ses bras se fermèrent autour des épaules de la fille. Il la sentit frémir. Elle eut seulement un semblant de résistance, mais leurs bouches se trouvèrent aussitôt. Leur premier baiser dura une éternité. Ensuite, ils demeurèrent immobiles, longtemps encore, enlacés, n'osant ni parler ni se regarder. Julien respirait le parfum de ses cheveux et de son cou. A travers ses cheveux, il voyait le parc où la nuit longtemps accroupie sous les arbres gagnait lentement d'allée en allée.

— Quel est votre nom? souffla-t-il.

— Sylvie... Sylvie Garuel. Et vous?

— Julien Dubois.

Ils s'embrassèrent encore, puis Julien demanda :

— Vous vouliez me téléphoner? Mais vous ne me connaissez pas.

La nuit était presque là, mais il devina son sourire.

— Mon petit doigt me raconte tout, fit-elle.

— On m'a toujours dépeint les voyantes comme de vieilles femmes très laides.

— Il y a des gitanes qui sont très belles.

— Vous n'êtes pas gitane.

— Peut-être.

— Sylvie, dites-moi comment vous avez su. Et d'abord, dites-moi où vous auriez téléphoné.

— Vous doutez déjà de moi?

— Sylvie!

Il aurait répété ce prénom sans se lasser.

— J'aurais appelé le poste de guet, chemin des Fourches. Est-ce que c'est bien cela?

— Oui. Mais ça ne m'apprend pas comment...

— J'habite en bas. Rue de Villeneuve. Je sais que les soldats habillés comme vous sont ceux du poste. Et je sais aussi que le civil qui était avec vous est un soldat du poste. Je l'ai vu deux ou trois fois en tenue.

Ils marchaient lentement. Julien tenait Sylvie par la taille. Sa taille souple et fine.

— Et qui auriez-vous demandé?

Elle se mit à rire.

— J'avais tout préparé, vous savez. J'aurais

demandé le grand blond qui était au concert Trénet avec le petit brun.

Elle cessa de rire, tourna les yeux vers lui puis, d'un ton faussement irrité, grossissant sa voix, elle reprit :

— J'aurais demandé le grand qui a les cheveux un peu courts, et qui était avec le petit qui les a beaucoup trop longs.

Ils se mirent à rire tous les deux et s'embrassèrent encore. Puis Julien demanda :

— C'est vrai, qu'ils sont trop courts?

— Un tout petit peu, oui.

— Alors, je les laisserai pousser.

— Pas trop.

— Comme Riter.

— Qui est Riter?

— Celui qui était avec moi.

— Non, c'est trop long. Vous serez affreux. Riter a l'air d'un vieux poète romantique échappé d'une bibliothèque pleine de poussière.

— Vous êtes méchante. (Il l'embrassa.) Riter est un poète, dit-il. Mais il n'est pas vieux et certainement moins romantique que vous ne le pensez.

— Je me moque de ce garçon. Je veux que vous me parliez de vous.

— Non, de vous.

— Après.

— En même temps.

— On ne s'entendra pas.

Ils riaient. Le parc obscur à présent était un bain de joie.

— Le jardin ferme à 6 heures, dit-elle.

— Laissons-nous enfermer.

— Vous êtes fou!

Il hésita, s'arrêta pour l'attirer contre lui, puis il dit :

— Depuis hier, oui. Je suis complètement fou.

Il s'embrassèrent encore et ce fut elle qui demanda :

— Est-ce que c'est possible, aussi vite que ça?

— Oui, Sylvie. Je l'ai senti tout de suite.

— Je n'aurais jamais supposé, murmura-t-elle, qu'on puisse comprendre tant de choses dans un seul regard.

Il prit de nouveau sa bouche. Il la garda longtemps et lorsqu'il la quitta, à bout de souffle, plongeant son visage dans ses cheveux, il répéta très vite :

— Je t'aime. Je t'aime. Je t'aime. Je suis sûr que je t'aime.

— Moi aussi, répondit-elle, j'ai peur de t'aimer.

— Peur, mais pourquoi? C'est merveilleux, au contraire.

Elle soupira.

— Parle, dit-il. Je veux tout savoir de toi. Tout.

Elle se sépara de lui et fit quelques pas en courant. Julien la rattrapa, l'embrassa encore et demanda :

— Qu'est-ce qu'il y a donc que tu ne veux pas me dire?

— Rien. Rien. Je suis un peu folle ce soir, c'est tout. Viens, sinon nous serons prisonniers du parc.

Ils sortirent par la rue Briguiboul et empruntèrent de petites rues mal éclairées, jusqu'au jardin de l'Evêché. Avant le pont, Sylvie s'arrêta.

— Il vaut mieux nous séparer ici.

— Tu as peur qu'on nous voie?

Elle regarda en direction du pont, puis du Monument aux Morts.

— Est-ce que vous ne pouvez pas vous mettre en civil? demanda-t-elle.

— Tu ne me tutoies plus?

— Répondez-moi.

— J'ai écrit chez moi, on doit m'expédier des vêtements.

— J'aime mieux.

— Quand pouvons-nous nous revoir?

— Demain après-midi, je ne travaille pas.

— Je suis de garde, mais je me débrouillerai. Riter me remplacera.

Elle se mit à rire.

— Je vois bien ce petit poète avec un gros fusil dans les mains. Est-ce qu'il met ses souliers vernis, pour la garde?

— On ne prend pas la garde avec un fusil, mais avec des jumelles. Et Riter est un brave garçon.

— Il doit être amusant avec un casque sur ses longs cheveux.

Julien voulut l'embrasser.

— Pas ici, dit-elle.

— Alors, à demain. Mais où nous verrons-nous?

— A 2 heures, je monterai le chemin des Fourches. Nous irons plus loin, dans la campagne. Comme ça, on ne nous verra pas.

Il voulait garder sa main, mais il la sentit trop frêle dans la sienne pour oser la serrer très fort.

Elle quitta le trottoir, monta sur sa bicyclette et partit en direction du pont. Julien suivit des yeux la tache blanche de sa veste de laine. Arrivée à l'autre bout, sans se retourner, elle leva la main. Elle ne pouvait le voir, mais il lui adressa pourtant un signe en murmurant :

« Sylvie. Je t'aime. Sylvie. »

9

Lorsque Julien arriva, Verpillat et Carento avaient commencé de préparer le repas du soir.

— Bon Dieu, dit Carento, viens voir, tu vas te marrer.

Julien entra dans la cuisine. Sur l'évier de pierre, il y avait deux bouteillons, un saladier et trois gamelles débordant de quelque chose qui ressemblait à de fins copeaux de bois.

— Qu'est-ce que c'est?

Les deux autres riaient.

— Des patates, dit Verpillat. On les a touchées depuis une semaine. Pommes de terre déshydratées. A faire tremper quatre heures avant de les cuire. Tu vois, elles ont trempé.

Ils continuaient de rire.

— Mais vous êtes fous! dit Julien, il y en a pour une compagnie.

— On en a mis la moitié d'un bouteillon; à mesure que ça gonfle, on transvase. Si ça continue, faudra prendre les casques.

— Et il n'y a pas tout à fait quatre heures qu'elles trempent.

— Toi qui t'y connais, demanda Verpillat, comment crois-tu qu'il faut les cuire?

Julien prit dans ses doigts un des copeaux de pomme de terre mous et visqueux. Une odeur fade montait des récipients.

— N'importe comment, j'ai l'impression que ce sera dégueulasse, dit-il.

Ils décidèrent de faire de la purée, mais, ce soir-là personne n'acheva le plat. La purée était grisâtre et son goût tenait à la fois du pain moisi et de la betterave.

— Si l'O.C.A.D.O. commence à nous donner des vivres pareils, dit Laurencin, faudra qu'on se débrouille autrement.

— Putain, fit Tisserand, on ira chez les paysans. On mettra chacun un paquet de tabac de côté toutes les quinzaines et, putain, on leur portera.

— Moi, dit Riter, je n'ai déjà pas assez de ma ration. Le tabac, je le fume.

— Et tu boufferas quoi?

Le ton monta rapidement et le sergent dut intervenir. Il se demandait pourquoi des engagés volontaires s'insurgeaient sans cesse contre l'armée. Selon lui, puisqu'ils s'étaient engagés, ils devaient tout accepter. Laurencin, le petit gars du Nord, expliqua qu'il était venu là avec l'espoir réel d'une revanche.

— Moi, dit Carento, j'avais demandé Port-Vendres, je n'ai jamais été volontaire pour venir ici.

— Tu es malheureux avec nous? demanda le sergent.

Il y eut un silence. Tous regardaient Carento, et Julien s'aperçut qu'il rougissait un peu. Ils mangèrent un moment sans un mot, puis, très calme, Verpillat dit simplement :

— La semaine dernière, il y a quatre types d'un régiment cantonné à Montpellier, qui ont déserté pour passer en Espagne, ils se sont fait prendre.

De nouveau, tous regardèrent Carento qui releva la tête. Ses yeux étaient durs. Son regard croisa celui de Julien et Julien eut l'impression que Carento lui réclamait son aide. Comme Julien ne parlait pas, Carento demanda :

— Et qu'est-ce qu'on leur a fait?

— La tôle, dit le sergent.

— Moi, si je pouvais, lança le petit Laurencin, je partirais tout de suite.

— C'est une sottise, observa le sergent.

Il y eut un moment de discussion violente et le sergent dut encore crier pour les faire taire. Lorsqu'il eut obtenu le silence, il les regarda tous avant d'expliquer :

— Moi aussi, j'ai envisagé de partir. Mais j'ai réfléchi. C'est une question de logique. Admettez que tous ceux qui veulent une revanche s'en aillent, vous voyez le travail, à la frontière espagnole? Croyez-moi, nous avons mieux à faire ici.

— Tu crois vraiment que l'armée d'armistice...

C'était Julien qui avait posé cette question. Il voulait savoir si Verpillat lui tiendrait le même langage que l'officier du 151e qui les avait reçus à Lons, Berthier et lui. Verpillat eut un sourire entendu qui voulait dire : « Toi aussi, tu avais exigé Port-Vendres. » Puis son visage redevint grave. Il parut réfléchir un instant et demanda :

— La Wehrmacht, Dubois, qu'est-ce que tu en penses?

La question surprit Julien. Les autres semblaient interloqués, eux aussi, et Verpillat reprit aussitôt.

— Je ne vous demande pas de crier « Heil Hitler! », mais de me dire si vous estimez que leur armée est valable. Exactement comme un sportif peut donner son avis sur son adversaire.

— Evidemment, dit Laurencin, ils sont forts, mais ils sont fanatisés.

— Les S.S., oui, mais pas les autres. Je sais bien que pour nous, ce sont tous des Fritz à se débarrasser le plus vite possible. Mais ce n'est pas ce que je voulais vous expliquer. Cette armée qui nous a battus, elle vient de Versailles. Entre l'armistice de 1918 et le nôtre, il y a quelques points communs. Hitler nous autorise une armée de 100 000 hommes, c'est exactement ce que nous avions permis à l'Allemagne. Et vous voyez, cette poignée d'hommes est devenue la Wehrmacht.

Ils discutèrent encore longtemps sur Hitler, le fanatisme, l'esprit de revanche. Dans la bouche du sergent, revenaient les mêmes mots que Julien avait entendu prononcer par l'officier du 151e. A partir des désastres s'accomplissent les grandes choses; la victoire née de la défaite; la nécessité de ne pas quitter le territoire pour être prêt le jour donné; les accords secrets Pétain-de Gaulle... Et il lui semblait entendre encore Berthier lui souffler : « Faut tenir bon. Il veut nous avoir au boniment. C'est Port-Vendres ou on s'engage pas. » Les autres parlaient toujours. Il revit un moment le camp de la Mauresque et les soirs sur la mer, leurs regards tendus vers le large ou vers la masse d'ombre des monts Albères.

Dès le repas terminé, Riter quitta la table et gagna le jardin. Julien parla encore un moment avec les autres, puis sortit à son tour. La nuit était fraîche. Il marcha dans le jardin et l'odeur du tabac l'attira bientôt vers le bassin. La pipe de Riter rougeoyait dans l'obscurité. Julien s'assit à côté de lui, sur le rebord de ciment.

— Merde, dit Riter, ils me cassent les pieds avec leur guerre. Quant à donner mon tabac aux paysans, ça me rendrait malade.

— Pourtant, la guerre est là. Tu sais bien qu'elle n'est pas terminée. On ne peut pas vivre dirigés par Hitler.

— Ça ne me concerne pas. Les dirigeants des pays d'Europe qui ont voulu la guerre, ou n'ont pas su l'éviter, sont seuls responsables, qu'ils se démerdent avec cet Hitler, c'est eux qui l'ont laissé enfler pareillement. Moi, je te l'ai déjà dit, je ne me suis pas engagé dans cette armée en espérant qu'elle se battrait, mais au contraire, parce que je compte bien qu'elle ne se battra jamais. Pour moi, c'était une façon d'assurer mon biftèque et ma tranquillité.

Il se tut et ralluma sa pipe. Julien regarda son visage maigre et ses longs cheveux. Le briquet s'éteignit. Un instant, l'obscurité fut plus épaisse. Ce raisonnement de Riter irritait Julien, mais il renonça à répondre. Un long moment passa. Le vent chantait dans les buis et le pin de la cour se balançait, craquant et gémissant.

— Il faut que je te demande un service, dit Julien.

— Prendre la garde à ta place demain après-midi.

— Mais...

— Je suppose que si tu es rentré si tard c'est que ça marche. Et je suppose également que cette fille ne travaille pas le samedi.

— Et tu accepterais?

— Je suis ton ami. Et puis, tu sais, les cafés sont ouverts tous les jours.

— Tu ne penses qu'à ça.

— Tu y viendras. Et ne recommence pas ta

morale d'athlète. Au fait, c'est une sportive aussi, cette fillette?

— Je ne sais pas.

— Vous avez parlé de la pluie et du beau temps, évidemment. Et au toucher, tu n'as pas senti si elle était musclée ou...

— Tais-toi!

Julien avait parlé durement. Riter sifflota.

— Vraiment, c'est sérieux. Dis-moi au moins quel genre. Intellectuel, sans doute, après le coup de *Verlaine.*

— Elle s'intéresse à la poésie, oui.

— Un comble.

— Elle est certainement très intelligente.

— Ça n'arrange rien.

Julien hésita.

— Demain, j'aimerais bien lui offrir quelque chose.

— Je te conseille le gros solitaire avec de petits éclats tout autour, monté sur or massif...

— Tais-toi. Tu dis que tu es mon ami et tu n'arrêtes pas de te foutre de moi.

— Tu sais que c'est une jouissance très rare, très recherchée par les gens de ma taille, que la vue d'un costaud qui se fait envelopper par une gamine.

Julien se leva. Il allait partir, mais son camarade le retint par la manche.

— Assieds-toi, dit-il. Au fond, tu as peut-être raison. Moi, je suis déjà un peu pourri. Je ne vois rien comme les autres. Je pense trop à Rimbaud et à ce long et méthodique dérèglement de tous les sens. (Il se tut un moment avant d'ajouter :) Je te prêterai ce que j'ai.

— Tu es chic, mais ce n'est pas tellement l'argent que je voulais te demander. Toi qui connais bien Verlaine, il est dans quel volume, le poème que Trénet a mis en musique?

— *Poèmes Saturniens.*

— Et on peut le trouver?

— Ils doivent l'avoir. (Il se mit à rire.) Tu vas mettre une belle dédicace : « *A mon adorée petite...* » Au fait, comment s'appelle-t-elle?

— Sylvie.

— Sylvie? Sylvie, tu dis? *Les Filles du Feu,* mon vieux, *Mortefontaine!* Les grandes digitales pourprées dans les forêts du Valois.

— Qu'est-ce que tu veux dire?

— Comment, tu ne connais pas Nerval?

— Si. Mais très mal.

— C'est une honte. Demain matin nous descendrons à Henri-IV. Je suis sûr qu'ils ont *Les Filles du Feu.* Tu liras *Sylvie.* Il faut que tu lises *Sylvie.* Et tu viendras boire avec moi. Et une nuit, tu iras te pendre à une grille d'égout. Dubois, tu es un type remarquable. *Les Filles du Feu,* bon Dieu, un chef-d'œuvre... Un pur chef-d'œuvre.

Riter s'éloigna en direction de la maison. Julien se demandait parfois si son camarade était un peu fou, ou bien s'il jouait un rôle. Mais ce soir-là, il était trop occupé du souvenir de Sylvie, trop plein d'espoir et de crainte pour penser sérieusement à Riter.

10

Le lendemain matin, Riter et Dubois descendirent en ville. En passant devant l'Odéon, le Parisien dit :

— Quand je pense que c'est moi qui t'ai amené dans cette souricière!

— Tu es mon ami. Je ne l'oublierai jamais.

— Alors offre-moi un verre.

Ils entrèrent au *café de la Poste.*

— Deux grands blancs, commanda Riter.

— Non, dit Julien. Je ne pourrais pas boire du vin à cette heure-là.

— Tais-toi, fit l'autre. (A la serveuse :) J'ai dit deux grands blancs.

Elle posa les verres sur le comptoir de zinc et les emplit.

— A Sylvie! dit Riter en levant le sien.

— Merci. A celle qui t'empêchera de boire.

Riter toussa en reposant son verre à moitié vide.

— Tais-toi, fit-il. Tu vas me faire avaler de travers.

Julien avait bu une gorgée. Le vin était frais et un peu sucré, mais il sentit qu'il ne pourrait en avaler davantage. Il demanda à Riter de boire également son verre.

— A une condition.

— Accordé.

— Je t'en offre un en sortant de la librairie, mais celui-là, tu le bois.

Julien paya et ils traversèrent le centre de la ville, jusqu'à la rue Henri-IV où se trouvait la librairie. Dans le magasin, le libraire était seul. C'était un vieil homme en blouse grise qui salua Riter.

— Mon ami voudrait *Poèmes Saturniens.*

— Il a de la chance, dit l'homme. J'en ai un dans les occasions. Et il est en bon état. Autrement, on ne le trouve plus. On ne trouvera bientôt plus rien. Rien n'arrive plus de Paris.

Riter demanda *Les Filles du Feu,* mais l'homme n'avait rien de Nerval. Et il n'attendait rien. Et il levait les bras dans un geste de désespoir. Ils restèrent un long moment à fouiller dans le rayon des occasions. Julien acheta encore un autre livre et Riter en prit un, lui aussi.

Une fois dans la rue, presque en même temps, ils se regardèrent et se tendirent le livre qu'ils avaient acheté.

— C'est pour toi.
— C'est pour toi.
— Tu es fou.
— Pas plus que toi.
Ils riaient.
— Viens, dit Riter, faut arroser ça.
Ils entrèrent dans un grand café, à l'angle de la place Jean-Jaurès et du quai de l'Agout. Ils burent un vin blanc et Julien dut vider son verre. Comme son camarade commandait une deuxième tournée, il voulut refuser, mais Riter se fâcha.
— Tu m'obliges à descendre en ville, à te conduire à la librairie, je te trouve ce que tu cherches et tu voudrais m'empêcher de boire!
Julien céda. Il céda aussi pour vider son deuxième verre qui lui parut moins difficile à boire que le premier. Lorsqu'il se leva pour partir, sa tête tournait. Il se raidit. Riter était très naturel et continuait de parler de ses écrivains préférés. Il parlait beaucoup de Charles Morgan, mais Julien entendait ce nom pour la première fois.
Quand ils eurent passé le Pont-Biais, Riter se dirigea vers le café où Carento et Dubois avaient bu, le jour de leur arrivée.
— Non, dit Julien. Je remonte.
Il sentait qu'il ne devait pas boire un verre de plus.
— Pour faire plaisir à ton ami.
— Je te dis que non.
— Tu ne seras jamais ni un peintre ni un poète. Tous les artistes boivent. J'ai un ami

peintre. Je le ferai venir ici pour qu'il expose. Tu verras, c'est un des plus beaux ivrognes que je connaisse.

Riter le tira par la manche. Julien eut un geste brusque du bras pour le faire lâcher prise. L'autre parut surpris et Julien eut même le sentiment que son regard exprimait de la peine.

— Non, supplia Julien. Je te le demande parce que tu es mon ami.

— Je comprends, fit Riter.

Pourtant il ne bougea pas. Son regard allait de la devanture du café aux yeux de Julien. Soudain, retirant sa pipe de ses lèvres il en pointa le tuyau en direction du poste de guet.

— Monte, dit-il. Je m'arrête juste une minute. Sincèrement, j'ai trop soif pour m'appuyer cette côte comme ça.

Julien fit un pas, puis, se retournant, il dit :

— Tu sais ce que tu m'as promis?

— Je sais, fais-moi confiance, je serai là-haut dans quelques minutes.

11

Quand Riter remonta, Julien était sur le pas de la porte. Il vit tout de suite que son camarade était ivre. Il avait le visage rouge et la sueur coulait sur son front et son cou. Le col de sa chemise blanche était trempé. Il eut un geste impérial, avança le menton et dit :

— Fidèle au poste.

Il était essoufflé.

— Tu n'es pas raisonnable, dit Julien.

— Comment, je sacrifie une cuite pour te rendre service, j'attrape une suée pour être à l'heure et tu vas m'engueuler?

— Tu m'as fait peur, il est presque 2 heures.

— Tu as eu tort, je n'ai qu'une parole.

— Et tu pourras prendre la garde, dans cet état?

— Ne me vexe pas, je redescends.

Comme il se retournait pour faire mine de partir, Julien le prit par le bras. Il allait parler, mais il demeura bouche ouverte. Sylvie montait le chemin. Riter leva la main et fit signe à la jeune fille d'approcher.

— Pour un peu, dit-il à Julien, j'arrivais avec elle. Tu vas me présenter.

— Tu es trop soûl.

Sylvie avançait. Julien poussa son camarade vers le jardin. Riter empoigna le montant de la grille.

— Soûl, mais digne. Présente-moi ou je redescends.

Julien dut céder. Comme Sylvie s'était arrêtée, il alla jusqu'à elle, lui prit la main et dit à voix basse :

— C'est le camarade qui me remplace. Venez, il partira tout de suite. Ne faites pas attention, il a bu un peu.

— C'est ça, cria Riter, explique-lui que je suis soûl.

Ils s'approchèrent de lui. Il riait.

— Je vous donne ma bénédiction, fit-il.

Il ajouta quelques mots latins en brandissant sa pipe éteinte, puis il disparut.

Julien était en pull-over. Il voulait aller s'habiller, mais Sylvie s'y opposa.

— Je vous aime mieux comme ça. C'est déjà moins militaire. Et de ce côté-là, nous ne verrons personne, vous savez.

Julien courut pourtant jusqu'au poste, et revint avec le livre encore enveloppé du papier de la librairie. Ils s'éloignèrent un peu, puis, tendant le paquet à Sylvie, il dit :

— C'est seulement en souvenir de notre première rencontre.

Ils se retournèrent. Ils pouvaient encore voir la maison, les arbres et la terrasse où Riter bavardait avec Laurencin. Ils attendirent d'avoir atteint le couvert d'une haie pour s'embrasser.

— Je t'aime, dit-il.

— Tu es fou, mais je suis aussi folle que toi.

Elle le repoussa doucement, ouvrit son sac à main et en sortit un gros carnet à couverture brune.

— Moi aussi, j'ai pensé à ce poème, expliqua-t-elle, mais je ne pouvais pas sortir. Et puis, je t'avoue que je ne savais pas dans quel recueil il se trouve. Pourtant, je le connais par cœur.

— Et tu l'as copié pour moi sur ce carnet?

— Oui, c'est un carnet où je copie des pensées, et des chansons, et des poèmes. Tiens. Tu continueras en pensant à moi.

Ils marchèrent jusqu'à un pré bien exposé au soleil, et ils descendirent le long d'une haie. Assis dans l'herbe, ils feuilletèrent le livre et le carnet. A chaque page, à chaque phrase écrite sur le papier quadrillé, ils s'embrassaient.

La haie avait encore ses feuilles rousses et recroquevillées où le vent grelottait par instants. Des mouches volaient, luisantes dans le soleil. Loin devant eux, la montagne était bleue comme en plein été.

Sylvie chercha un crayon dans son sac à main et, sur la première page encore blanche du carnet, elle inscrivit : « Castres, chemin des Fourches. Samedi 15 novembre 1941. » Ensuite, elle tendit le calepin et le crayon à Julien en disant:

— C'est très ennuyeux que notre rencontre soit placée sous le signe de ce poème triste. C'est un poème de gens séparés. De gens qui ont mal dans un automne qui ne ressemble pas à celui-ci.

— Il n'est pas mauvais, puisqu'il nous a permis de nous rencontrer.

Elle baissa la tête. Ses yeux s'étaient assombris et Julien redouta qu'elle ne se mît à pleurer.

— Qu'est-ce que tu as?

— Et si notre rencontre était placée sous le signe du malheur? C'était le 13. Jeudi 13.

— Tu ne parles pas sérieusement?

Il la prit dans ses bras et la serra fort contre lui. Couchée dans l'herbe, elle avait du soleil plein les yeux, plein les cheveux.

— Je t'aime, fit-il. Rien ne peut nous séparer.

— Tu ne sais rien de moi et tu dis que rien ne peut nous séparer. Mais nous sommes séparés. Tout nous sépare.

— Tu viens de dire un vers de Trénet, remarqua-t-il.

Elle eut un sourire triste et fredonna :

— *Tu ne sais rien de moi — Nous ne sommes que deux vagabonds...*

Elle s'arrêta.

— Dis-moi ce que tu me caches? demanda-t-il.

— Pas à présent. Je voudrais que tu écrives toi-même quelque chose sur (elle hésita) notre carnet. Une pensée, ou un autre poème.

Elle essuya une larme qui perlait au bord de ses cils. Julien était bouleversé.

— Mais qu'est-ce que tu as?

Elle sourit.

— Rien... Ecris.

Il prit le carnet, réfléchit un instant puis écrivit :

« *Qu'il bruit avec un murmure charmant* »

Sylvie posa sa main sur la sienne pour l'arrêter, reprit le crayon et continua : « *Le premier oui qui sort des* » Elle s'arrêta encore et demanda :

— Empoigne ma main.

Ensemble, d'une écriture qui n'était ni celle de Julien ni celle de Sylvie, ils écrivirent : « *lèvres bien-aimées.* »

Ses yeux étaient redevenus limpides. Ils étaient constellés de paillettes blondes.

— S'il y avait un mauvais sort, dit-elle, à présent, il est conjuré.

— Alors, tu peux me confier ce qui t'inquiète tant. Je veux tout partager avec toi.

Elle se fit prier un peu avant d'expliquer que, depuis deux ans déjà, ses parents avaient prévu pour elle un mariage auquel ils tenaient beaucoup.

— Ils changeront d'avis, dit Julien.

— Tu ne les connais pas.

— Ta mère a l'air d'une brave femme.

— Oui, elle m'aime, mais elle ne comprendrait pas. Et pour mon père, c'est trop important. Il était contremaître dans une usine textile. Il est arrivé à être sous-directeur. Pour lui... il faut comprendre.

Sa voix s'était remise à trembler. Elle se tut.

— Et alors?

— Alors, ce garçon est le fils du patron. Il dirige le bureau de Paris. Tu ne peux pas comprendre. Tu ne peux pas.

— Si, dit-il. Je comprends. Mais dans un an tu seras majeure. Il suffit d'attendre. Un an, c'est vite passé, tu sais.

— Je ne crois pas que ce soit si simple que ça.

Ils parlèrent encore longtemps. Julien apprit que Sylvie travaillait également dans l'usine qui serait un jour celle de l'homme qu'on lui destinait.

— Comme ça, précisa-t-elle, ils me surveillent. Ils m'ont déjà un peu à eux. Oh, ils ne m'écrasent pas de travail. Et dans le bureau, les autres employées le savent. Ce n'est pas toujours drôle.

Cette fois, sa voix s'étrangla. Elle se mit à pleurer, la tête contre l'épaule de Julien qui répétait :

— Sylvie. Je t'en supplie : ne pleure pas. Tu verras. Tu verras, il est impossible que tout ne finisse pas par s'arranger, on s'aime trop. Tu verras. Ecoute-moi.

Elle se laissa bercer longtemps et, peu à peu, son chagrin s'apaisa. Ils restèrent un moment enveloppés dans un bon silence tiède, avec juste le murmure du vent dans la haie. Sylvie avait encore de longs soupirs qui soulevaient ses épaules, et Julien la serrait plus étroitement.

— Je voudrais tellement que tu sois heureuse.

— Je suis heureuse.

— Tu le jures?

— Je le jure.

12

Ils demeurèrent ainsi bien après la tombée de la nuit. Le vent plus frais agaçait la haie qui vivait comme une longue bête couchée derrière eux. Julien sentait le froid de la terre gagner tout le côté droit de son corps, mais il ne bougeait pas. Il tâchait de son mieux de protéger Sylvie contre le vent. Il eût aimé une tempête, de la neige et du vrai froid pour pouvoir la couvrir vraiment de son corps. Il eût aimé un hiver dont il serait mort pour empêcher Sylvie d'avoir froid. Ils se levèrent seulement lorsqu'elle commença à frissonner. Ils revinrent lentement, aspirant de larges bouffées de nuit.

Julien accompagna Sylvie jusqu'à l'intersection de la petite rue de Crabie et de l'avenue de Villeneuve. Lorsqu'elle l'eut quitté, il demeura contre le mur d'une maison jusqu'à ce que sa silhouette claire disparût derrière la haie de fusains d'un jardin entouré de grilles. Au fond du jardin, la villa se devinait. Il y eut une auréole éphémère au-dessus des feuillages, puis la nuit se referma. Sylvie était rentrée. Alors, seulement, Julien regagna le poste.

Riter avait terminé sa garde. Il était attablé en compagnie de Tisserand, un litre de vin blanc aux trois quarts vide devant eux. Pointant sa pipe en direction de Julien, Riter lança :

— Voici mon ami, mon cher ami Dubois, qui va descendre en ville avec moi, pour me payer ce qu'il me doit.

— Non, dit Julien, je te dois un tour de garde, je te le rendrai quand tu voudras.

— Imbécile!

— Putain, observa Tisserand, si on en était à quatre heures de garde près!

Riter se leva, assura son équilibre et se mit à examiner Julien.

— Je ne te demande pas si elle baise bien, dit-il, tu as la touche d'un individu dont les parties sexuelles sont terriblement engorgées. Il faut te libérer, mon jeune ami, te libérer!

Cassé en deux, Tisserand riait, s'arrêtant seulement de loin en loin pour dire :

— Putain, celui-là!

Riter prit un air sévère et dédaigneux pour déclarer :

— Ce n'est pas risible. C'est lamentable. Lamentable.

Julien retenait sa colère. Ces deux ivrognes l'exaspéraient. Riter s'approcha de lui, l'examina et, d'un geste délicat et mesuré, il détacha une tige de ronce qui était fichée dans la laine de son pull-over. Il la lui tendit en déclamant :

Souvenir que me veux-tu, l'automne...

Julien empoigna la petite tige épineuse et se dirigea vers la sortie.

Le Toulonnais se remit à rire, tandis que Riter criait :

— C'est ça, va voir la veuve poignet. Dans ces moments-là, elle est la seule compagne fidèle...

Julien claqua la porte derrière lui et n'entendit pas le reste de la phrase. Il monta dans la chambre. Il n'y avait personne. Il s'assit sur son lit et regarda la petite branche de ronce. Elle portait encore deux feuilles déjà rousses et recroquevillées. Il les examina longuement, puis, tirant de sa chemise le petit carnet de Sylvie, il l'ouvrit à la page où ils avaient écrit ensemble et y plaça la tige de ronce. Une fois le carnet enfermé dans sa caisse à paquetage, il serra fortement entre ses doigts la paume de sa main droite. Une petite épine noire pointa et sortit, bientôt suivie d'une grosse perle de sang que Julien fit rouler dans le sentier presque rectiligne qui traversait sa main.

13

Il y eut trois semaines d'un automne merveilleux. Un véritable automne avec des bourrasques qui arrachaient les feuilles des arbres, d'énormes tourbillons qui les faisaient monter très haut dans le ciel bleu où couraient des nuées. Lorsque Riter voyait le ciel s'assombrir, il déclamait :

Tout l'hiver va rentrer dans mon être : colère — Haine, frissons, horreur, labeur dur et forcé.

Il disait cela, appuyant sur ce « *labeur dur et forcé* » puis, ayant allumé sa pipe, il descendait vers la ville. Julien le laissait s'éloigner. Il ne pensait pas à un poème, mais à mille poèmes chantant des automnes plus chauds, plus chargés de promesses que le plus délicieux des printemps.

Il y eut des averses sur la ville et, ces jours-là, Sylvie et Julien trouvaient l'isoiement au cœur même de la cité. Le parc Briguiboul et le jardin du Mail étaient déserts. Julien aimait le Mail à cause des bassins où flottaient les feuilles mortes, à cause des rochers moussus et des arbres très hauts. Exactement, en face de l'entrée du quartier Drouot, se trouvait un banc où il s'asseyait pour attendre Sylvie. Il arrivait parfois une heure avant le moment de leur rendez-vous, il regardait la chute des feuilles mouillées et luisantes. Par-delà les grilles, il pouvait voir évoluer les soldats à l'exercice. Depuis qu'il avait reçu ses vêtements civils il n'avait plus à se cacher des patrouilles. Il pensait à Port-Vendres, aux manœuvres sur le terre-plein de la Mauresque, à Berthier qui gardait le silence.

En même temps que ses vêtements, Julien avait reçu de sa mère du chocolat qu'il avait donné à Sylvie et du papier à dessin accompagné de sa boîte d'aquarelle. C'était une petite boîte qu'il pouvait aisément glisser dans la poche de son imperméable. En attendant Sylvie, il crayonnait, notait quelques couleurs en des pochades où chantaient l'or et la grisaille. Rien n'était triste en cet automne où les journaux parlaient chaque jour d'une guerre trop lointaine pour être effrayante. Tout se passait sur le front de l'Est. Allemands et Soviétiques réduisaient des poches, creusaient des brèches, tentaient de déborder Moscou, Briansk ou d'autres villes inconnues. Tout cela n'était rien de plus que d'énormes manchettes occupant chaque jour beaucoup de place sur les journaux entrevus à la devanture d'un kiosque ou sur une table de café.

Un jour, les hommes du poste furent informés qu'un inspecteur passerait. Ils nettoyèrent, mirent de l'ordre partout et l'inspecteur fut satisfait. C'était un lieutenant jeune et sympathique. Il les réunit dans la grande salle et leur parla de la guerre. A mots à peine couverts, il expliqua que la plupart des officiers vivaient, comme lui, dans l'espoir d'une revanche. Il dit qu'il leur ferait obtenir un récepteur de radio pour qu'ils puissent écouter les informations diffusées par Londres. Le poste arriva. La vie reprit avec cette occupation de plus.

Riter avait dit à Julien :

— Tu es trop solidement ferré à présent pour avoir une chance de te décrocher. Il faut en prendre son parti.

Et, depuis, il lui parlait de Sylvie sans chercher à le blesser. Un vendredi, Julien reçut une carte postale représentant la jetée de Port-Vendres. Le ciel était rose, la mer très bleue et les blocs du premier plan couverts d'écume blanche. Un bateau franchissait la passe, noir sur le fond vert de la colline où se trouvait le camp de la Mauresque. Julien regarda longtemps ces couleurs mièvres avant d'oser retourner le carton. Il savait que seul Berthier pouvait lui écrire de Port-Vendres, il devinait ce qu'il pouvait lui annoncer. Sans avoir jamais osé se l'avouer, il redoutait ce message chaque fois que lui venait le souvenir de son camarade; chaque fois aussi que le poste de radio lançait l'indicatif des émissions en français de la B.B.C.

Un jour, il avait parlé de ce projet à Sylvie. Elle n'avait rien dit. Elle s'était seulement accrochée à lui de ses deux mains crispées, et Julien avait vu passer une lueur de détresse dans ses yeux. Ses prunelles s'étaient assombries et l'or de leurs paillettes avait viré au brun.

Julien regarda longtemps la jetée rose et bleue avant de retourner la carte. Le message de Berthier était court : « Ça sent le vent du large. En perme de vingt-quatre, j'irai te voir dimanche. »

Julien leva la tête. Carento l'observait. Il dit :

— C'est de Port-Vendres.

— Oui, c'est Berthier. Il viendra me voir dimanche.

Julien ne put en dire davantage. Une douleur aiguë traversa sa poitrine. Il se leva, mit la carte dans sa poche et sortit.

Il pleuvait. Une pluie fine et froide, presque un de ces brouillards qui se condensent sur place. Julien respira longuement cet air chargé d'eau et regagna le poste.

Cet après-midi-là, il demeura seul dans la chambre. Il avait ouvert devant lui le carnet de Sylvie et il le relisait pour la centième fois peut-être. Ce n'était ni des poèmes ni des pensées de philosophes qu'il y cherchait, mais seulement une écriture. Ce fin trait de plume, ces lettres régulières, toutes inclinées, aux boucles bien formées, n'étaient qu'un chemin qu'il suivait, un chemin tracé par la main de Sylvie. C'était cette main qu'il voyait fine, douce, petite et frêle lorsqu'elle était dans la sienne; nerveuse et solide lorsqu'elle s'agrippait à son vêtement, comme le jour où il avait évoqué son projet de départ. Il revit, dans le regard de Sylvie, cette ombre plus triste que toutes celles de l'automne. Valait-il mieux lui parler dès ce soir? La préparer ou attendre la dernière minute et brusquer les adieux?

L'heure de leur rendez-vous arriva sans que Julien eût pris de décision. Il descendit. Il faisait nuit. La pluie était toujours tranquille, suspendue sur la ville. Les trottoirs luisaient sous les lampes. Julien attendit l'heure sous le porche de l'hôtel de ville.

Lorsque Sylvie arriva, elle dit :

— Je sens que tu as froid, mon amour.

— Mais je t'assure que non.

Elle était à pied. Ils marchèrent lentement dans le jardin de l'Evêché. L'eau faisait à peine un petit trottinement d'insecte sur le parapluie de Sylvie. L'Agout coulait noir, zébré çà et là du reflet tremblotant d'une fenêtre.

— Tu n'es pas comme les autres jours, dit

Sylvie. Je suis sûre que tu es malade, ou que tu me caches quelque chose.

Julien s'efforça de rire.

— Il fait nuit, dit-il. Tu ne peux même pas me voir et tu devines tant de choses...

— Je devine tout.

— Quand nous serons mariés, je mettrai une plaque sur la porte : « Madame Sylvie, voyante. » Tu gagneras beaucoup d'argent et...

Elle l'interrompit en achevant :

— Et toi, tu te ruineras.

— Pourquoi?

— Il n'y a qu'à toi que je pourrai dire des choses. C'est en toi seul que je lis. Les autres, je m'en moque. (Sa voix se fit plus douce.) Je t'aime tant que c'est comme si j'étais toi, tu comprends?

Ils s'embrassèrent. L'eau était autour d'eux comme pour les isoler du reste du monde. Sylvie murmura :

— Si tu venais à mourir, je mourrais aussi.

— Tu parles trop de malheur et de mort.

— J'y pense souvent... Et j'ai peur.

Ils marchèrent. Les gros buis taillés en boules accrochaient des reflets dentelés. Les lampes du Pont-Biais étaient enveloppées d'un halo très pâle.

— Est-ce que tu voudrais que nous mourrions ensemble?

Julien la serra plus fort.

— Tu es folle, dit-il. Tu es ma petite folle chérie. Et je t'aime. Et je veux que tu vives.

— A présent, je sais que je ne pourrais plus vivre sans toi.

Il hésita. La carte de Berthier était dans la poche intérieure de sa veste.

— Pourquoi voudrais-tu vivre sans moi? dit-il.

— Il y a tant de choses qui pourraient nous séparer.

Il allongea un pas et pivota pour se trouver devant elle. Le parapluie qu'il tenait s'inclina et il sentit une caresse humide de la nuit sur son front.

— J'irai trouver tes parents. Je ne veux plus attendre, chérie. Je ne peux plus.

— Non, fit-elle. Tu sais que ce n'est pas possible. Pas encore.

— Mais quand?

Elle soupira. Chaque fois qu'il posait cette question, elle soupirait ainsi sans répondre jamais.

14

Les hommes du poste avaient mis en commun toutes leurs ressources pour recevoir convenablement l'ami de leur camarade. Berthier arriva avant midi. Carento était descendu l'attendre à la gare. Julien avait refusé d'y aller, insistant pour préparer lui-même le repas. En réalité, il redoutait le tête-à-tête avec Berthier. Il fut pourtant ému en le voyant entrer dans la grande salle où le couvert était mis. Berthier faisait partie d'un monde dont Julien était séparé. Un monde sans lien avec celui du poste, de Castres et de Sylvie. Avec lui, tout un passé entrait ici, et Julien comprit bientôt que c'était également la guerre qui s'approchait de lui.

Dès qu'ils eurent comparé la vie de batterie et l'existence des guetteurs de postes comme celui de Castres, Berthier parla de la guerre.

— Nous, ici, dit Verpillat, nous écoutons

Londres chaque soir. C'est le seul moyen de savoir la vérité.

— Moi je ne peux pas, dit Berthier, mais je me suis mis en cheville avec des civils qui écoutent, ils me renseignent chaque fois que je peux sortir.

Ils s'entretinrent de la situation en Russie et sur les autres fronts puis, tout soudain, le petit Laurencin, qui parlait peu, demanda :

— Si près que ça de la frontière espagnole, tu n'as pas une combine pour passer de l'autre côté?

Berthier le regarda, regarda Julien en se balançant d'un pied sur l'autre et en frottant ses mains courtes et épaisses, et finit par demander :

— Ça t'intéresse?

— Ça intéresse tous les gens qui ont de quoi dans la culotte.

Il y eut une longue discussion où le sergent parla encore de l'armée d'armistice. C'étaient toujours les mêmes arguments qui venaient d'un parti comme de l'autre. Ils restèrent attablés jusqu'à 4 heures de l'après-midi, mais tout le temps fut occupé de discussions sur la guerre. La bise secouait les arbres devant la fenêtre. Le ciel clair luisait, reflété par les vitrages de la serre. Il y avait un bon feu de bois dans la cuisine et sa chaleur emplissait la salle de garde. La fumée des pipes et des cigarettes épaississait l'air. Tisserand et Riter avaient bu énormément; les autres bien assez. Vers le milieu de l'après-midi, Julien cessa de les écouter. Le temps s'arrêta de couler, comme englué dans cette fumée et le bruit continu de la discussion. Julien se trouvait bien, immobile, légèrement engourdi, et le bruit s'éloigna bientôt tandis que la lumière se faisait plus diffuse. A 6 heures, après le départ de Berthier, il retrouverait Sylvie. Ce moment était encore loin et il ne savait plus s'il l'espérait ou le redoutait. Hier, pour la première fois, il avait menti à Sylvie en lui disant qu'il était de garde ce dimanche après-midi. Il n'avait pas voulu parler de Berthier. Il avait menti à Sylvie mais il n'en éprouvait pas de véritable remords. Il avait peut-être menti uniquement parce qu'il ne voulait pas mêler Sylvie à la vie du poste. Berthier. Bien sûr, il y avait Berthier. Il était assis en face de lui, gesticulant de ses bras courts, hochant sa tête posée sur son cou épais. Berthier tournait le dos à la fenêtre et Julien ne pouvait détailler son visage. Mais il le connaissait. L'œil vif, souvent mi-clos comme celui des chats, le nez écrasé et le menton proéminent. Avec ce garçon de son pays, c'était aussi le souvenir de l'équipe qui lui revenait. Non pas un souvenir, mais mille. L'entraînement, la grande salle avec les appareils, le plateau de poids et haltères, la barre à disques. Ce cap des cent kilos si difficile à franchir. Guernezer, l'entraîneur alsacien retourné dans son pays.

Julien éprouva comme un pincement douloureux. Il se redressa sur sa chaise et fit un effort pour s'éloigner de tout cela et s'accrocha au présent. Un homme s'était levé pour allumer la lampe. A présent, Julien pouvait regarder Berthier. Berthier souriait de ses lèvres épaisses. Il cligna de l'œil puis, ayant consulté sa montre, il se leva en disant :

— Faut que je parte, les gars. Ici, vous avez la belle vie, mais la batterie, c'est autre chose. Le retard, c'est la cabane aussi sec.

Comme les autres avaient décidé de l'accompagner à la gare, il profita de ce qu'ils se préparaient pour entraîner Julien dans le jardin. Arrivé près du bassin, il se frotta les mains en disant :

— Ça y est, petite tête. On les met dans trois jours.

— Dans trois jours.

— Ça t'en bouche une tartine, hein?

Julien ne répondit pas. Autour de lui, tout s'était mis à chavirer. Le ciel basculait sans fin et le jardin était comme un grand manège vide.

Berthier regarda vers le poste. Puis, très vite, il expliqua :

— Ecoute bien ce que je te dis : mercredi soir, à 9 heures, tu m'attends devant la gare de Port-Vendres. En civil. Mets tes grolles de l'armée. Bagage : une musette au maximum, mais tu t'habilles chaudement. Fous trois chemises et deux pulls si tu veux.

— Deux pulls, oui.

— Tu piges? On dirait que t'es à moitié sonné. C'est le pinard ou la nouvelle?

— Je t'écoute.

— C'est tout. Pour tes copains, je ne pouvais rien dire. On part par groupes de cinq et ça ne sert à rien de rencarder des types longtemps à l'avance. Dès qu'il y aura une possibilité, un pote à moi les préviendra.

Derrière les arbres, une voix lança :

— Héo, vous venez?

— Voilà, cria Berthier.

Les deux garçons firent quelques pas en direction de l'allée conduisant au chemin, puis, s'arrêtant soudain, Berthier regarda Julien dans les yeux :

— Tu fais pas le con, dit-il. Tu manques pas le coche, sinon, c'est rétamé pour toi.

— Non, non, murmura Julien. Non, non. N'aie pas peur.

Berthier paraissait soucieux. Avant de rejoindre le groupe, il dit encore :

— Si tu ratais le départ, ce serait con. Il y a des chiées de mecs qui voudraient partir et qui ne peuvent pas. Et s'il en manque un au dernier moment, c'est foutu, on ne peut plus en prévenir un autre.

15

Ce soir-là Julien rejoignit Sylvie sur la place de l'Albinque. Le soleil caché, le froid était plus vif. Ils cherchèrent abri derrière la salle des fêtes, mais la bise les délogea.

— J'aime mieux marcher, dit Sylvie.

Ils revinrent lentement par les boulevards, s'arrêtant à l'ombre des énormes troncs des platanes, le temps de s'embrasser.

— Je voudrais vivre avec toi dans une immense forêt, dit-elle. Un baiser à chaque arbre. Tu serais toujours en train de m'embrasser.

— Non, une fois toi, une fois moi.

Ils marchèrent.

— Tu n'as pas eu froid, quatre heures sur ta terrasse?

— Non, j'étais dans la guérite.

— Il est passé un avion, dit-elle. Je l'ai entendu et j'ai pensé à toi.

— Moi, j'ai pensé à l'avion.
— Qu'est-ce que c'était?
Il inventa sans hésiter.
— Un *Henkel III.* Direction nord nord-est, altitude moyenne.
— Non, il était haut.
— J'ai mis : moyenne.
— Tu n'es pas sérieux.
Il l'embrassa.
— Quelle heure était-il? demanda-t-elle.
— Tu veux trop en savoir, secret militaire.
— A ma montre, j'avais 3 heures.
— Tu as une montre excellente.
— Mon père met la sienne à l'heure de Londres. Il vérifie chaque soir, en écoutant l'émission *Les Français parlent aux Français.* Il dit que c'est un geste de patriote. Je crois qu'après la guerre, il réclamera une médaille uniquement pour avoir écouté Londres.
— On peut aller en prison pour ça.
— Justement, mon père nous a fait lire un article du journal qui relatait un procès : A Toulouse, quatre personnes ont été condamnées à trois mois de prison pour avoir écouté Londres. Je crois qu'il voulait qu'on l'admire. Mais au fond, nous écoutons comme lui, et, s'il était arrêté, on nous arrêterait aussi, maman et moi.
Julien ne répondit pas. Ils s'amusaient à marcher au même pas. Lui allongeait le sien jusqu'à ce que Sylvie ne puisse plus le suivre. Alors, la serrant à la taille, il la soulevait pour l'aider. Elle riait. Si la main de Julien,

avançant un peu trop sous son bras cherchait son sein, elle prenait cette main dans la sienne et la serrait fort en disant :

— Je voudrais te faire crier, mais tu es un vrai tas de ferraille.

— Et toi, tu as aussi des doigts comme du fer.

— Et nos enfants seront maigres comme des clous. Cette perspective est horrible.

— Il faudra travailler beaucoup pour les nourrir. Je peindrai. Et je leur ferai des gâteaux.

— Et moi je vendrai tes toiles et je mangerai les gâteaux.

— Je peindrai ton portrait.

— Alors, j'aurai beaucoup de mal à vendre et nos enfants resteront maigres.

— Tu es une folle adorable.

Ils s'embrassèrent.

Il y avait des soirs ainsi, où ils ne parlaient qu'en riant. Où tout était clair devant eux. Et, ce soir-là, Julien sentit qu'il pourrait ainsi marcher à côté d'elle jusqu'à l'aube, sans rien dire, sans rien écouter d'autre que ces paroles un peu folles. Il s'accrochait à elles. Elles étaient la joie d'être avec Sylvie, de l'aimer très fort et de se sentir aimé. Elles étaient comme une mousse pétillante, un peu grisante, de leur amour. Elles éloignaient tout le reste. Tant qu'elles cascadaient entre eux, il n'y avait place pour aucun autre mot.

Simplement, de temps à autre, lorsque Sylvie se taisait, Julien pensait : « Trois jours.

Encore trois jours. Plus que trois jours. Deux jours, même, puisqu'il faut que je parte le matin. » Alors, il serrait Sylvie plus fort encore.

— Tu me fais mal, disait-elle.

— Pas assez. Je voudrais te mordre.

— Les gens du Nord sont des sauvages.

— Je ne suis pas du Nord.

— Si, tu es du Nord. Comme ce vent. Ecoute-le.

Ils se turent. La bise torturait les hauts platanes, dans le ciel, au-dessus de leur tête, et cela faisait comme une large voûte de sifflements, de craquements, et de nuit mouvante.

— Tu l'entends, dit Sylvie. Lui aussi il se comporte en sauvage. Il est du même pays que toi.

Il l'embrassa.

— Tu veux m'empêcher de parler, hein?

— Oui. Parce que tu es du Midi. Et les gens du Midi sont de terribles bavards.

Elle tourna la tête du côté de la rue. Ses longs cheveux se soulevaient en vagues souples qui venaient frôler le visage de Julien. Julien respirait leur parfum. Au bout d'un moment, il cria :

— Héo!

Elle s'obstina. Il prit sa tête dans ses mains pour la contraindre à le regarder. Ils étaient juste dans la lumière d'un lampadaire que le vent balançait. Sylvie inclina la tête, appuyant son front contre le nez de Julien, elle toucha du bout de son index ses lèvres serrées pour lui faire comprendre qu'elle ne parlerait plus. Il essaya de l'embrasser, mais, comme elle se dérobait, il se contenta de dire :

— Tiens, je croyais avoir trouvé une de ces adorables petites femmes du Midi, et voilà que je suis tombé sur une horrible muette du Grand Nord.

Alors, ce fut elle qui l'embrassa, mordant ses lèvres et cherchant la paume de sa main pour y enfoncer ses ongles pointus.

16

Le lendemain, Julien retrouva Sylvie à midi et le soir. Il s'était promis de parler, il ne put le faire. Jamais elle ne lui avait paru si profondément heureuse. Sa voix, son regard, son sourire, la façon même qu'elle avait de s'appuyer à son bras ou de serrer sa main exprimaient un immense bonheur. Chaque fois qu'il était sur le point de parler, Julien imaginait le bouleversement de ce visage, cette rupture dans l'expression de cette joie. Alors, son courage s'émiettait. Sa force fondait, coulait de lui comme une eau de neige. Le jour où il avait vu des larmes dans les yeux de Sylvie, il s'était senti profondément atteint et d'une manière toute nouvelle. S'il parlait de partir, elle pleurerait. Et à cause de lui, cette fois. Par lui. Il ne *pouvait* pas faire cela.

A midi il remit au soir; le soir il pensa qu'il lui restait toute une journée encore.

Le dernier jour, dans l'après-midi, alors qu'il commençait de préparer discrètement ce qu'il voulait emporter, l'idée lui vint de ne rien dire à Sylvie.

En prenant le train, il jetterait à la poste une lettre où il lui dirait au revoir. Il avait déjà préparé un message destiné à ses parents, il passa une partie de l'après-midi à écrire à Sylvie. Ils s'étaient écrit souvent des lettres qu'ils se donnaient pour prolonger le temps qu'ils passaient ensemble. Aujourd'hui, c'était moins facile. Julien recommença vingt fois. La pensée le gênait de savoir que peut-être les parents de Sylvie liraient cette lettre. Elle lui avait toujours dit :

— Ne m'écris chez moi sous aucun prétexte. Si un jour tu étais malade ou retenu, fais-moi passer une lettre par ton ami le petit poète. Qu'il me guette, il peut bien faire ça pour toi.

Julien envisagea de remettre la lettre à Riter. Mais il ne devait rien dire de son départ. Il ne voulait rien dire. Pour Riter aussi il avait fait un mot, où il le priait de faire passer ses livres à Sylvie.

Après plusieurs essais déchirés, Julien finit par écrire une page qu'il trouva froide et bête. Quand il eut terminé, une espèce de vide s'installa en lui.

Ce dernier soir, ils se retrouvèrent au jardin du Mail. Le soleil avait brillé tout l'après-midi, mais, avec le crépuscule, un peu de brume était sortie de la terre. Elle tissait un voile léger entre le jardin obscur et les lampes du quartier Drouot. Il y eut une sonnerie de trompette et Sylvie dit :

— On croirait que nous sommes loin, plus loin que d'habitude.

Elle toussa deux fois et Julien s'inquiéta.

— Ce n'est rien, dit-elle. J'ai dû prendre un peu froid.

— C'est dimanche soir, à cause de ce sale vent de mon pays.

— Non. Le vent de ton pays est délicieux.

Elle était tendue et un peu mélancolique.

— Je ne veux pas que tu sois malade, dit Julien.

— Moi non plus. Ma mère m'enfermerait. Je ne pourrais plus te voir. Avant, dès que j'avais un point rouge dans la gorge, maman m'obligeait à rester à la maison. Et moi j'étais heureuse. Je lisais. On me fichait la paix. Aujourd'hui, si j'étais malade, je passerais mon temps à penser à toi, et je pleurerais. Et j'enragerais.

— Ce n'est pas seulement à cause de moi, mais tu aurais mal. Je ne veux pas que tu aies mal.

Il sentait dans sa poche les lettres préparées pour son départ et qu'il n'avait pas voulu laisser au poste de guet.

— Ce mal-là, tu sais, ce n'est rien, murmura-t-elle.

Elle soupira. Il faisait froid et elle portait un manteau un peu ample où son corps mince semblait flotter.

— Ce qui compte, reprit-elle à voix basse, c'est que toi tu ne me fasses pas mal. C'est qu'on ne se fasse jamais souffrir, nous deux.

Julien ne savait que répéter :

— Sylvie. Mon amour. Mon petit amour. Mon grand amour chéri.

— Tu sais, dit-elle. Je crois qu'il faudrait qu'ils me tuent pour me séparer de toi.

— Tais-toi, mon amour, tais-toi.

Julien était bouleversé. Malgré lui, il dit :

— Seule la guerre pourrait nous séparer.

— Mais la guerre est loin, chéri. Et si elle revenait, si on voulait t'y envoyer, je... je te retiendrais. Ou bien alors, je partirais avec toi.

— Tu sais bien que ce serait impossible.

Elle essaya de plaisanter.

— Mais tu es dans une armée sans fusils. Une armée qui ne se bat pas, et c'est merveilleux, chéri. Pour que tu sois blessé, il faudrait que tu te brûles en allumant le feu, ou bien que tu manques une marche de l'échelle qui monte à votre terrasse. Si tu te blessais, j'irais te soigner.

— Tu es adorable.

— Viens, marchons.

— Tu as froid?

— Un tout petit peu, oui.

— Mon Dieu, tu vas avoir mal et ce sera ma faute!

— Si je suis tuberculeuse, mes parents ne pourront plus rien me refuser. Plus me contrarier.

— Ne dis pas de sottises.

— Tu m'épouserais, si j'étais très malade?

— Bien sûr, mais je ne veux pas que tu sois malade.

— Et si c'était une condition?

— C'est une condition ridicule. (Il l'embrassa.) Je te prendrais ton mal, et c'est toi qui me soignerais.

— Si ton ami aux cheveux longs t'entendait, il dirait que tu es romantique. C'est lui qui a les cheveux de Lamartine et c'est toi qui es romantique.

— Riter mourra d'une cirrhose du foie. Il est plus proche de Raoul Ponchon que de Musset.

— Je déteste ce Ponchon, dit-elle. Il n'écrit que des cochonneries. Et toi, tu l'aimes?

— Moi, je t'adore. Je n'ai plus de place pour aimer les autres, même un tout petit peu.

Ils empruntèrent plusieurs ruelles pour contourner les casernes et remonter jusqu'au chemin des Porches qu'ils suivirent lentement. A leurs pieds, ils voyaient la lueur blanche de la ville toute noyée de brume.

— Il y en a autant que dans mon pays, dit-il.

— Bien plus, certainement. Je suis certaine que, même à cette heure-ci, il y a du soleil dans ton pays.

— Tu exagères.

— Non, l'aurore boréale.

— Tu redeviens méchante.

— Je ne veux pas être triste.

Ils allèrent ainsi jusqu'à l'avenue de Villeneuve. Là, toujours au même angle de rue, ils s'arrêtèrent. Julien avait dit qu'il était de garde le lendemain à midi et ne serait libre que le soir. Il voulait laisser à Sylvie le temps de recevoir sa lettre, ne pas lui imposer le supplice de l'attente inutile. Avant de le quitter, elle dit :

— Alors, à demain soir. Au Mail, comme ce soir.

Il n'eut pas la force de répondre. Il l'embrassa. Comme elle partait, il serra sa main, puis la laissa glisser doucement dans la sienne.

17

A cause du voisinage de la rivière, la brume était plus épaisse que sur les chemins du haut. Sylvie se retourna plusieurs fois pour adresser à Julien un geste d'adieu. Il levait la main lui aussi. A mesure que Sylvie s'éloignait, à mesure que la brume se refermait derrière elle, il sentait pénétrer en lui le froid humide de la nuit.

Avant même d'atteindre sa demeure, Sylvie fut noyée dans la grisaille irisée par les lampes. Julien demeura immobile pourtant. Il entendit battre la grille.

La rue était vide. Livrée au brouillard où se dessinaient de lents remous.

Julien remonta vers le poste. Il marchait avec peine dans ce chemin mal éclairé. Un malaise était en lui, comme une vague paralysie engourdissant ses muscles et pesant sur sa poitrine.

Jusqu'à présent, il avait pensé au départ, à la séparation, au voyage, à la solitude. Soudain, l'idée de la mort était entrée en lui. L'idée de sa propre mort. Et, maintenant, il se voyait très bien prendre place entre l'oncle Pierre et le chef; entre ces deux morts sympathiques qui l'avaient souvent accompagné. L'oncle Pierre, c'était *son* premier mort. Il avait quatorze ans lorsque l'oncle Pierre avait été foudroyé par une crise cardiaque. Il revoyait tout cela avec une étonnante netteté. Le laboratoire de pâtisserie, son patron, le père Petiot, lui annonçant la mort de son oncle. Le regard douloureux et compatissant du chef. Le chef bien vivant alors. La maison de l'oncle. Son arrivée et sa peur. Sa peur d'entrer dans la chambre mortuaire. Il n'avait pas voulu revoir l'oncle Pierre, et pourtant, ce grand mort allongé dans son cercueil était là, en lui, à présent. Il le voyait mort, mais pas vraiment mort. Il le voyait à côté du chef, le chef tué au passage de la ligne et qui n'était pas tout à fait mort non plus. Ce soir, ils étaient très peu morts, ces deux morts. Est-ce qu'ils n'allaient pas le rejoindre soudain? Se mettre à marcher en silence, à côté de lui? A présent, il était largement de leur taille. Deux gaillards, l'oncle Pierre et le chef! Pas morts du tout... Mais si, qu'ils étaient morts; ils ne venaient pas à lui, c'était lui qui les rejoignait. Existait-il vraiment un monde, un domaine des morts? Allait-il y retrouver d'autres connaissances? Guernezer, peut-être. Guernezer, l'entraîneur alsacien qui avait quitté Lons et la zone libre à cause de Julien. Par la faute de Julien... Mais non, Guernezer n'était pas mort. Il avait certainement passé la ligne. Et puis, de toute façon, il voulait rejoindre son pays pour s'y battre. Chacun son Fritz : c'était son rêve. C'était sa façon de concevoir la suite de cette guerre.

Julien eut un ricanement aigre. Il retrouva, au fond de sa gorge, l'odeur de bile qui lui rappelait le chemin de la Loue, l'endroit où il avait vomi après la mort du chef.

Guernezer n'était pas mort. Pas encore. Il attendait son heure, et ce serait peut-être lui qui viendrait rejoindre Julien auprès des deux autres. Faudrait-il lui réserver une place? Et Berthier, allait-il mourir avec Julien? On part et on meurt. Le chef était mort en passant la ligne de démarcation pour rejoindre, en zone interdite, sa petite femme blonde, sa femme qu'il ne voulait pas laisser aux Allemands; Julien allait mourir en voulant passer à Londres. On part, on meurt et les autres restent. Ils restent avec les filles qu'on a aimées et n'attendent pas toujours qu'on soit mort pour vous les prendre.

Sylvie allait rester. Et des garçons avec elle. Saurait-elle attendre la mort de Julien? L'apprendrait-elle seulement? Et si son fiancé revenait à Castres? De Londres, on ne peut même pas écrire. Même d'Espagne on n'expédie plus ni lettre d'amour ni faire-part de décès. Vivant là-bas, on est mort pour les vivants d'ici.

Julien s'arrête soudain. Il lui semble qu'il voit plus clair. Il y a comme une lueur dans tout ce qui est en lui. Il vient de découvrir que la mort importe peu, ce qui compte c'est l'absence. Le silence. Guernezer est aussi absent que le chef et l'oncle Pierre. Lui, Julien, sera absent de Sylvie. Absent du monde de Sylvie également lointaine et silencieuse. Et si elle venait à mourir? Sylvie absente. Sylvie morte.

Julien s'arrête de nouveau. A présent, il a très chaud. La sueur coule sur son front et il ne sent plus le froid de la brume. Derrière une haie, une lampe extérieure ou une fenêtre répand une lueur fade. Il fixe un moment ce trou aux bords estompés, ce trou blanc dans la nuit, puis reprend sa route.

Sylvie morte, c'est impossible. De quoi pourrait-elle mourir? De tout. De n'importe quoi. De tuberculose. Dans un accident! Non, Sylvie ne peut pas mourir. Elle est faite pour vivre. Pour rire. Pour être heureuse... Pour aimer.

Il sent une fois de plus ce ricanement qui jaillit malgré lui.

Aimer Julien, ou un autre garçon. Celui qu'on lui destine ou bien un autre encore. Est-ce que le regard de Sylvie pourrait toucher un autre garçon comme il a touché Julien?

— Non, Sylvie!

Et si elle jurait d'attendre. Jurer, est-ce que cela signifie quelque chose? Riter dit toujours : « Les serments sont comme les pucelles entêtées, ils sont faits pour être violés. »

La brume est glacée. Elle monte de l'Agout en rampant sur le flanc de la colline. Julien ne peut la voir, mais il la sent autour de lui. Elle est presque palpable. Il la respire. Elle coule en lui, pareille à un avant-goût de la mort. De sa propre mort.

Est-ce qu'il redoute davantage la mort ou la perte de Sylvie? Est-ce qu'il a vraiment peur de mourir? Il entend soudain le rire de Riter. Riter ivre, riant au nez de ceux qui parlent de Londres et rêvent de départ; Riter qui crie :

« *On croit mourir pour la patrie et on meurt pour des industriels!* Vous entendez, les gars, pour des industriels comme le père Riter! C'est Anatole France, qui l'a dit. Connaissez pas, Anatole France? Bon Dieu, sur les millions de cadavres de 14-18, je serais curieux de savoir combien sont morts pour l'usine des Riter. Un pourcentage à calculer. Une statistique à dresser! Mais moi, je ne suis pas bon. Je ne me ferai pas trouer la peau pour des métiers à tisser. Même ceux du père Riter! »

Julien n'a jamais pris au sérieux les coups de gueule de Riter. Il n'a pas peur de la mort non plus. Il en a parlé avec Berthier. Berthier n'a pas plus peur que lui. Ils seront deux, pour la regarder en face, pour se défendre d'elle.

Il vient de s'arrêter devant la grille du poste. Le panneau de tôle est ouvert. Les buis de l'allée se devinent à peine, cotonneux et gris dans la nuit sale. Tout en haut, la fenêtre du premier étage est éclairée. En dessous, un trait vertical et flou indique la fente de la porte qui joint mal. Julien se retourne soudain. Un pas rapide monte le chemin. Julien hésite un instant puis, sans réfléchir, s'éloigne en direction de la campagne et s'arrête, les branches d'un buisson contre son dos. Le pas approche, se tait, la grille grince. Julien croit avoir reconnu le pas de Carento. Le pas crisse encore sur l'allée et bientôt la porte de bois du poste claque.

Silence.

Julien a très chaud et son cœur s'est affolé sans qu'il sache pourquoi.

Il reste là un moment encore, puis, lentement, écoutant la nuit, il redescend le chemin des Fourches. A mi-coteau il oblique sur sa gauche par le chemin des Porches puis de petites rues qui le conduiront tout au bout de l'avenue de Villeneuve, plus loin encore que la maison de Sylvie. Arrivé là, il s'arrête. Le brouillard est plus épais mais tout habité de courants qui le déchirent par places, Julien longe les clôtures et parvient devant la maison de Sylvie.

Immobile, à deux pas de la grille, il comprime les battements de son cœur. Il écoute.

La nuit chuchote curieusement. Il comprend que des gouttes d'eau tombent des branches de fusains sur un lit de feuilles sonores.

Et s'il entrait? S'il se présentait aux parents de Sylvie en disant : « Je vais partir. Je vais probablement mourir, laissez-moi embrasser Sylvie encore une fois. »

Il lui semble à présent qu'il l'a mal embrassée avant de la quitter. Demain, elle y pensera. Elle croira sans doute qu'il ne l'aime pas vraiment. Elle croira peut-être qu'il est parti parce qu'il ne l'aime pas.

Combien de temps Julien est-il resté là, immobile? A présent, il a froid. Le brouillard a pénétré ses vêtements qui collent à sa peau. Tout est glacé.

Il essaie encore de voir la maison que la brume et les fusains protègent des regards. Là, il doit y avoir une pièce chaude et claire où Sylvie est heureuse.

Est-ce qu'elle pense à lui? Bien sûr qu'elle pense à lui. Elle y pense en attendant demain.

Julien marche. Il suit l'avenue et revient vers la ville. Les rues sont désertes. Il va un long moment sans savoir ce qu'il fait puis, traversant le jardin de l'Evêché, il atteint le Pont-Biais. Il s'arrête un instant à l'endroit exact où il s'est planté le premier jour, pour attendre Sylvie.

Personne ne passe. La brume est un fleuve silencieux qui coule sous le pont à la place de l'Agout. Julien marche sur le pont jusqu'au milieu de la rivière. Là, il s'arrête, tire de sa poche les trois lettres qu'il a préparées pour ses parents, pour Riter et pour Sylvie. Lentement, avec des gestes qu'il ne commande pas vraiment, il les déchire en menus fragments qu'il lance vers l'eau invisible.

DEUXIÈME PARTIE

18

Cet hiver-là fut tout plein de belles journées. Les jardins de la ville n'étaient pas tristes malgré les arbres nus; le soleil brillait souvent dans un grand ciel tout d'une pièce. Sylvie et Julien partaient vers la campagne par les sentiers où leur pas claquait sur la terre gelée. Les prés luisaient de givre.

Les dimanches de pluie, ils allaient au petit musée Briguiboul. Ils s'asseyaient devant d'immenses toiles qu'ils contemplaient sans mot dire durant des heures. Ils étaient côte à côte dans le silence et, parfois, Julien sentait battre contre sa tempe la tempe de Sylvie.

La vie tranquille du poste était marquée de loin en loin par le passage d'un officier inspecteur, qu'un coup de téléphone avait annoncé la veille. Les hommes jouaient l'étonnement, mais le poste était propre, et le guetteur figé sur sa terrasse quel que fût le temps. Riter continuait de partager son existence entre la librairie et le café, mais, de plus en plus, le temps passé au café augmentait. Julien l'accompagnait souvent à la librairie. Il achetait des poèmes qu'il offrait à Sylvie. Lorsqu'il faisait beau, ils les lisaient ensemble, dans un pré, à l'abri d'une haie.

Sylvie cachait dans son sac un petit bracelet d'argent qu'elle mettait à son poignet dès qu'ils étaient réunis. C'était un cadeau de Julien qui avait fait graver dans le métal : « Pour Sylvie, mardi 9 décembre 1941. » Lorsqu'elle avait demandé la raison de cette date Julien avait senti le rouge envahir son visage.

— C'est le jour où je l'ai commandé, avait-il dit.

— Pourquoi pas la date de notre rencontre?

— Je ne sais pas... C'est ridicule, en effet.

Redoutant sans doute de l'avoir peiné, elle avait dit :

— Tu as raison. J'ai déjà un livre, pour marquer notre rencontre. Et puis, chaque jour est un jour de notre amour. Mais tu es fou, tu es fou, tu sais.

Et, lorsque Julien voyait ce bracelet, lorsque ses doigts touchaient le métal, il pensait à la brume, à la nuit. A son retour au poste. Il avait renoncé à pénétrer dans la salle où les autres étaient réunis autour du récepteur de radio. Seul dans la chambre, il avait tendu l'oreille pour écouter résonner l'indicatif de Londres. Lorsqu'il pensait à cela, il se disait que, dans cette nuit glacée de décembre, il avait failli perdre Sylvie. Alors, il la serrait très fort contre lui, et il fermait les yeux.

Cet hiver-là, il y eut des milliers de morts sur les champs de bataille, très loin, et surtout dans ce Nord que Sylvie redoutait. De Londres et de Vichy, les nouvelles arrivaient, toujours contradictoires. En janvier on parla de débarquements japonais en Malaisie. D'attaques soviétiques près de Moscou. On se battait aussi en Crimée. En février, les journaux donnèrent une grande importance au départ de l'escadre allemande ancrée à Brest. Deux cuirassés et le croiseur *Prinz-Eugen* avaient forcé le pas de Calais et rejoint la base d'Héligoland. Vichy présentait l'événement comme l'un des plus importants de la guerre sur mer. On en parla beaucoup.

Un jour, Carento reçut une lettre de Port-Vendres. Ses camarades lui annonçaient la disparition de Berthier. La lettre ne donnait pas la date du départ de Berthier, mais disait qu'il était porté déserteur.

— Il aurait dû nous donner sa filière, dit Laurencin, le petit gars du Nord.

— Putain, dit Tisserand, si tu crois que c'est toujours facile!

Laurencin eut un hochement de tête pour ajouter :

— Dis donc, Dubois, c'est un gars bien, ton copain!

— Oui, certainement... C'est un type bien, Berthier... Très bien, murmura Julien.

Il dit cela et quitta brusquement la pièce. Avant de claquer la porte, il put entendre Carento qui expliquait aux autres :

— C'était son copain, il lui avait peut-être...

A la fin de l'hiver, on se mit à parler de ceux qui, en zone occupée, commençaient à combattre les Allemands. Le 3 mars, dans le courant de la matinée, Carento, qui était descendu à la poste chercher le courrier, remonta un journal, l'étala sur la grande table et commença de lire à haute voix :

« *Les auteurs de plus de cent attentats commis en zone occupée ont pu être arrêtés. La police française a dépisté l'organisation terroriste.* » Vous entendez : la police française.

— Putain, les vaches! lança Tisserand.

Le doigt du Savoyard courut le long des lignes imprimées et s'arrêta soudain.

— Ecoutez, dit-il : « *Les attentats contre des membres de l'Armée d'occupation suscitaient des mesures de représailles dont étaient victimes d'innocentes populations, et menaçaient l'Unité Nationale.* »

— Ce qu'ils doivent en baver, dans le Nord, dit tristement Laurencin. Ça fait quatre mois que je n'ai rien de chez moi.

Les autres tentèrent de le rassurer. Un peu plus loin, Carento lut encore :

« *La police française a fait son devoir dans des conditions périlleuses, puisqu'un certain nombre des siens sont tombés sous les balles.* »

— On va les décorer, fit remarquer le sergent.

— Mais écoutez la fin, reprit Carento : « *Ces recherches ont amené la police à découvrir une organisation extrêmement ramifiée. Elle a pu établir que les attentats qu'on a eu à déplorer ces derniers mois n'étaient pas le fait d'isolés, mais étaient méthodiquement organisés et perpétrés. C'est une organisation communiste appelée l'O.S. qui arme la main des criminels.* »

Ils se regardèrent.

— Donc, il y a bien une organisation sérieuse en zone occupée.

— Et ici aussi, certainement.

— Oui, dit le gars du Nord. Mais communiste.

— Et alors, ça te défrise?

— Holà, cria le sergent, s'il vous plaît!

Ils se turent un instant.

— Communiste ou pas, remarqua Carento, elle existe. Et c'est réconfortant d'en avoir la preuve.

Julien pensa à Guernezer. Le journal ne donnait aucun nom des hommes arrêtés, il ne précisait même pas le lieu des arrestations. Une seule chose était certaine : en zone occupée, comme l'avait imaginé Guernezer, des hommes s'étaient mis d'accord entre eux pour tuer des Allemands.

A partir du printemps, le ravitaillement devint plus difficile. Les soldats du poste s'organisèrent pour envoyer chaque semaine deux d'entre eux à la campagne. Ces deux-là prenaient le petit train vicinal de Brassac et passaient la journée chez les paysans. Ils mangeaient le plus qu'ils pouvaient, et cela amusait les gens des fermes. Ils prêtaient parfois la main aux travaux des champs et il leur arrivait même de passer la nuit dans une grange. Lorsque venait le tour de Julien, il avait l'impression de quitter Castres et Sylvie pour toujours et il comprenait alors qu'il ne pourrait plus jamais vivre loin d'elle. Son tour vint aussi d'aller en permission. Il pensa à sa mère qui lui adressait des colis et des lettres en s'étonnant d'une si longue absence. Il inventait mille excuses, repoussant toujours, cédant son tour à ses camarades. Parmi eux, seul Riter semblait le comprendre. Mais Julien se moquait des autres. Son univers s'arrêtait à Sylvie. Il ne percevait rien au delà de ses yeux bruns où il redoutait toujours de voir passer une ombre.

Au début du mois de mars, il y eut un important raid d'avions britanniques sur Paris. Sur toute la largeur de leur première page, les journaux annonçaient la nouvelle. On dénombrait plus de cinq cents morts et douze cents blessés. Ce soir-là, lorsque Sylvie arriva au jardin du Mail, Julien remarqua tout de suite qu'elle n'avait pas son regard clair des autres jours. Elle dut sentir qu'il avait vu son trouble. Ils savaient l'un et l'autre qu'ils ne pouvaient rien se dissimuler.

— Tu as lu le journal? dit-elle.

— Oui.

Il attendit un peu avant d'ajouter, la voix tremblante :

— Tu as peur, Sylvie? Tu as peur pour lui?

Elle le regarda bien en face pour dire :

— Non, Julien. Non, mon amour, je te jure que non.

Elle hésita. Ses yeux luisaient. D'une voix sourde, s'agrippant des deux mains aux bras de Julien, elle reprit, haletante :

— Mais le contraire non plus. Je ne veux pas, tu comprends. Je ne veux pas. Ce serait trop atroce. Je n'oserais plus te regarder, mon amour chéri. Et je ne veux pas que tu penses à cela non plus. Pas toi. Oh! non, toi non plus.

— Je te jure que je n'y pense pas, ma chérie.

Julien ne mentait pas.

Elle parut rassurée. Il l'embrassa sur la joue, buvant une larme qui avait coulé. Plus calme, elle dit encore :

— Si nous souhaitions une chose pareille et qu'elle se produise, je suis sûre que ça nous porterait malheur. Et si tu pensais une chose pareille de moi, c'est que tu m'aimerais bien mal.

— Mais je t'aime. Et je sais toujours ce qui est dans ta tête et dans ton cœur.

Il y eut d'autres bombardements sur Paris. Ils n'en parlaient pas. Lorsqu'ils se regardaient, ils savaient qu'ils pensaient tous deux à cela. Quelques jours plus tard, Sylvie disait :

— Nous avons eu des nouvelles de Paris. C'est bien vrai, ce bombardement a été terrible.

Et cela voulait dire : « Il vit toujours. Nous ne sommes pas délivrés. Mais il n'y a pas non plus de mauvais sort sur notre amour. »

Au mois de mai, enfin, Julien dut partir en permission. Sylvie l'accompagna jusqu'à la gare. Ils ne parlaient pas. Le vent qui passait sentait le printemps et la joie, mais Sylvie avait les yeux rouges. Au moment de quitter Julien, retenant un sanglot elle murmura :

— Il faut partir. L'amour nous rend trop égoïstes. Ta maman aussi a le droit de t'avoir un peu...

19

De Castres à Lons-le-Saunier, le voyage était long et pénible. Il fallait changer quatre fois de train et les wagons étaient toujours bondés. Des garçons en uniforme vert des Chantiers de Jeunesse, quelques soldats et aussi des civils s'allongeaient par terre, dans le couloir, et dormaient, enroulés dans leur manteau ou leur capote. C'était là que l'on éprouvait le mieux la présence de la guerre. Rien n'était normal et les visages étaient sans joie. En voyant ces gens, Julien comprit qu'il vivait, depuis quelques mois, en marge de leur monde. L'existence du poste de guet était sans souci; à côté, il y avait Sylvie. Et Sylvie lui avait fait oublier tout ce qui n'était pas leur amour.

Un peu après minuit il fut à Lyon, où il devait attendre cinq heures sa correspondance. Jusque-là, il avait encore vécu avec Sylvie.

Lorsque l'affluence, dans le couloir du train, l'avait contraint à rester debout, il avait regardé défiler le paysage, les villes éclairées, les gares surgies de la nuit. Et il s'était entretenu de tout cela avec Sylvie, comme si elle se fût trouvée à côté de lui. A Lyon-Perrache, il voulut entrer dans la salle d'attente, mais, dès qu'il eut ouvert la porte, l'odeur le fit reculer. Tous ces gens assis ou couchés sur les banquettes, sur des valises ou à même le sol, semblaient écrasés par un mauvais sommeil, par une seule immense fatigue. Il longea le quai. Là encore des voyageurs attendaient. Tout s'était immobilisé. La gare semblait frappée d'un malaise. Sa respiration était un râle profond fait de mille bruits sourds et inhumains.

Julien sortit. La place était presque déserte et il espéra un instant y retrouver Sylvie. Le ciel était plein d'étoiles, mais il avait dû pleuvoir au début de la nuit car de larges flaques reflétaient les lampes. A Castres, lorsqu'ils se promenaient tous deux, chaque rue, chaque sentier découvert était pour lui une occasion de mieux connaître Sylvie. « Ici, disait-elle, quand j'étais petite... » Un jour, il l'amènerait à Lyon, il lui montrerait les fleuves, il la conduirait partout en expliquant à son tour.

Julien s'arrêta soudain. Il venait de traverser la place Carnot, et la rue Victor-Hugo s'ouvrait devant lui. Deux hommes chargés de valises se hâtaient vers la gare. Il les suivit des yeux, les vit disparaître dans l'ombre des platanes de la place et regarda de nouveau la rue.

Silence et vide.

A présent, il n'y avait plus rien qui pût distraire son regard. Il essaya de rire en murmurant :

— Marie-Louise. Bon Dieu, si c'est loin!

Loin? Marie-Louise, peut-être. Loin à cause de Sylvie. Marie-Louise, une fille parmi tant d'autres. Ni belle ni laide. Un peu plate de poitrine. Une bonne fille. Une bonne... Il s'arrêta sur ce mot. Depuis cinq minutes, il trichait. Il le savait. Ce n'était pas Marie-Louise qui comptait. Ce n'était pas le souvenir des mois passés avec elle en 1940, lorsqu'il travaillait ici, qui l'étreignait, qui le clouait au trottoir, à l'entrée de cette rue.

Le regard de Julien suivit la double ligne de lumière que traçait sur les pavés sales la voie du tramway. A dix mètres à peine, il y avait un arrêt. La place était vide, la rue vide. Toute la vie de la ville s'était enfuie des rues pour se réfugier et s'endormir dans cette gare qu'il avait quittée. Tout était immobile, même les flaques de lumière près du kiosque à journaux. Tout était vide et, pourtant, des visages étaient là, des rires, des appels. Julien eût voulu partir tout de suite et regagner la salle d'attente, mais il sentit qu'il n'échapperait à rien, que le mal était en lui, que s'il était venu en cet endroit précis, ce n'était pas par hasard.

Il reprit sa valise qu'il avait posée sur le

trottoir, marcha lentement jusqu'à un banc et s'assit. Le bois où il posa sa main était humide. Il frissonna malgré l'épaisseur de sa capote et releva son col. Il essaya de rire en grognant :

— Le cinéma! Séance obligatoire!

Mais son rire sonnait faux. Ici, les acteurs étaient trop proches de lui, trop vrais pour qu'il n'eût pas mal. D'ailleurs, il ne détenait même pas le pouvoir de retarder plus longtemps leur jeu. Tout allait vite, très vite...

Un tramway emporte l'équipe. Les copains de l'équipe. Et lui, Julien, reste là tout seul avec, en lui, cette phrase que Berthier a lancée au moment de bondir sur le marchepied : « Surtout fais pas le con, et reste pas trop tard. » Le tram qui grince au tournant, la rue presque aussi déserte que ce soir. Julien marche, s'arrête devant un porche. Il est mal à l'aise. Dans cette maison, au fond de cette cour, se trouve le laboratoire de M. Martin. Est-ce vraiment pour revoir cela qu'il a quitté les copains? Il sait qu'à 9 heures du soir il n'y a plus là que le père Duchemin et il n'a jamais aimé ce vieux manœuvre sale et bête... La surprise du vieux. Son œil injecté de sang. Sa voix où les glaires clapotent : « Qu'est-ce que tu dis! Tu viens ici pour faire le championnat de poids et haltères? Bon Dieu, c'est vrai, t'as toujours été costaud, Dubois. » Le vieux est adossé à la table de marbre où l'on coule les fondants. Il regarde Julien un moment, l'œil vide, et puis il se met à rire soudain, de son rire aigre et gras qui donne envie de cracher. « Et ta bonne amie, la Marie-Louise, tu vas pas la voir? Elle est toujours de l'autre côté de la cour, tu sais. Elle demande souvent de tes nouvelles. Petit salaud, tu lui en as foutu, hein? » Le vieux a des gestes obscènes. Sa langue frétille entre ses grosses lèvres. « Elle en demande, tu sais. Elle a un beau cul. » Julien se défend. Le vieux le dégoûte. « Un petit coup en passant. Juste une politesse. Tu n'as qu'à siffler sous sa fenêtre. Ses patrons sont pas là. Je les ai vus sortir... Elle est seule avec les enfants qui roupillent. »

Julien a envie de lui cracher au visage. C'est à peine s'il lui dit au revoir. Il file jusqu'à Bellecour, revient, marche, court par moments, comme s'il voulait distancer quelqu'un ou quelque chose. Ce n'est tout de même pas le père Duchemin qui l'a mis dans cet état?

« Si tu ne vas pas la voir, elle sera vexée. Elle saurait que tu es là, elle irait t'encourager, demain, pour tes poids et haltères. Juste un petit bonjour en passant. »

Marie-Louise, juste un petit bonjour. Pour qu'elle ouvre sa fenêtre, il suffit de siffler comme autrefois : « *Marilou, Marilou, — Souviens-toi du premier rendez-vous...* »

Juste un petit bonjour! Est-ce qu'on peut entrer dans la chambre d'une fille, la trouver nue sous sa robe de chambre, s'asseoir sur le lit le temps de bavarder?... La bête qui se réveille. L'envie de la fille plus forte que l'envie de déguerpir. Et puis, Marie-Louise contre lui, nerveuse, cherchant sa bouche.

— Non, faut que je parte.

— Tu es fou.

Partir? Oui, il partira, à 2 heures du matin. Il ne partira pas, il se sauvera en se réveillant. Fou, fou de s'être laissé aller à aimer cette fille. Faire l'amour trois fois, à quelques heures d'une compétition! Le retour à l'hôtel, les copains endormis depuis longtemps. Berthier qu'il entend ronfler. Guernezer, son ami Guernezer, son entraîneur, qui compte sur lui, qui a passé des jours et des jours à s'occuper de lui. Ce lit d'hôtel où il a apporté avec lui le parfum de Marie-Louise, cette odeur de leurs deux corps qu'il sent encore collée à sa peau. Se laver... Se dépouiller de l'odeur et de cette fatigue qui l'empêche de dormir. De dormir comme Berthier qu'il ne veut pas réveiller... Berthier. Un type bien. Bon Dieu... Où est-il cette nuit, Berthier?

Un grand souffle de vent passa dans les arbres et les bosquets de la place. Julien était trempé d'une sueur qu'il sentit soudain se glacer sur son visage. Il se leva. Il reprit sa valise et revint lentement à la gare. Il lui restait encore quatre heures à attendre. Il gagna la salle des pas perdus et s'allongea sur une banquette à bagages, le dos contre le mur, entre deux guichets fermés.

20

Julien trouva sa mère en train de désherber le premier carré du jardin. L'aube était fraîche, mais la mère avait dû venir là pour mieux le guetter, pour le voir dès qu'il déboucherait au tournant de la rue des Ecoles. Elle essuya contre son tablier ses mains noires de terreau et trempées de rosée. En l'embrassant, Julien sentit qu'elle était glacée. Comme chaque fois qu'il revenait après une longue absence, elle pleurait.

— Mon grand... Mon grand...

Elle ne savait que répéter cela d'une voix qui tremblait.

Quand elle eut séché ses larmes, elle s'éloigna d'un pas pour le regarder.

— Ça ne te va pas trop mal.

— Laisse-moi vite aller me changer. J'ai mis ça pour le voyage, parce que c'est obligatoire, mais tu penses bien que je ne vais pas rester en troufion ici.

A présent, elle riait. Julien remarqua qu'elle avait le visage encore un peu plus ridé et beaucoup plus de cheveux blancs. Ils allèrent jusqu'au fond du jardin où le père était occupé à préparer des semis. Il se redressa, sa main sur ses reins. Son crâne blanc brilla au soleil lorsqu'il enleva sa casquette pour embrasser Julien.

— Je t'ai apporté du tabac, dit le garçon.

Les yeux du père devinrent plus brillants. Sa moustache grise et jaune se souleva sur son sourire édenté. Il remercia.

— Ce n'était pas utile, dit la mère, il fume assez comme ça. D'ailleurs, si tu as des cigarettes, tu m'en donneras pour que je puisse avoir du beurre.

Julien eut un clin d'œil en direction du père qui se remit au travail, puis il suivit sa mère à la cuisine. Elle lui avait préparé un vrai repas.

— Mange, disait-elle, tu as besoin de prendre des forces. Un grand corps jeune comme le tien, ça ne s'accommode pas des restrictions.

Tandis qu'il dévorait, elle ne cessait de lui poser des questions. Est-ce qu'ils étaient bien logés? Et le chauffage? La nourriture? Julien ne savait rien raconter dans ses lettres. Il ne saurait jamais comprendre qu'une mère a besoin de connaître les moindres détails de la vie de son garçon. Avait-il de bons camarades? Et Berthier? On avait su, à Lons, que le petit Berthier avait déserté.

— J'ai eu peur que tu ne fasses pareil, dit-elle. J'ai eu peur.

Julien baissa la tête. Elle se tut un moment avant de demander :

— Tu n'y penses pas, hein? Tu ne ferais pas cela?

— Ce n'est pas un crime, dit-il, au contraire.

— Quand on a des parents, on pense à eux.

Sa voix s'était remise à trembler. Elle laissa s'écouler un long moment de silence. Julien pensait de nouveau à Berthier.

— Je n'ai pas pu voir sa grand-mère, mais tu sais, mon petit, c'est une chose terrible. La pauvre vieille ne s'en remettra pas, à ce qu'il paraît... La guerre, tu sais, ça ne tue pas que ceux qui se battent.

Elle avait prononcé cette dernière phrase presque imperceptiblement. Julien la regarda. Elle avait le visage bouleversé.

Ils parlèrent encore un moment de l'armée, puis la mère en vint à la nourriture. Tout devenait rare. Il fallait courir loin pour avoir trois œufs et les gens de son âge n'étaient pas avantagés. Et le père ne comprenait pas. Il s'étonnait lorsqu'il manquait quelque chose sur la table. Heureusement, la mère connaissait, à Frébuans, une fermière qui n'était pas trop exigeante. Julien pensait aux colis qu'il recevait. Comme chaque fois qu'elle avait à lui poser une question qui l'embarrassait, la mère toussa et croisa et décroisa plusieurs fois ses mains sur la toile cirée de la table.

— Est-ce que ça t'ennuierait, demanda-t-elle, de travailler deux jours pendant ta permission?

Julien sourit. Dix jours loin de Sylvie. Dix jours à tuer le temps, il savait que ce serait terriblement long. La mère expliqua qu'il s'agissait d'aller faire la pâtisserie pour une noce.

— C'est à Frébuans, dit-elle. C'est ma fermière qui m'a fait connaître ces gens. De gros ramasseurs d'œufs et de beurre. Ils te payeraient bien, et puis, par eux, je pourrais avoir du ravitaillement plus facilement.

Julien accepta. La mère parla ensuite de la ligne de démarcation.

— Nous sommes heureux, dit-elle, à côté de ceux qui sont de l'autre côté. Ta tante est revenue habiter sa maison de Falletans. Les Allemands voulaient la réquisitionner.

La mère expliqua qu'il était possible, deux fois par semaine, d'aller jusqu'au pont de Parcey pour y rencontrer les amis et les parents que l'on avait en zone occupée.

— Au passage, les Allemands leur prennent leur carte d'identité et ils leur rendent quand ils rentrent. Ils peuvent rester deux heures en zone libre. S'ils ne rentrent pas, les Allemands ont les papiers et peuvent s'en prendre à la famille. Si tu voulais, j'enverrais une carte interzones à ta tante. Tu prendrais ton vélo et tu irais la voir au pont, un jour de la semaine prochaine.

Julien accepta également. Pourtant, à cause de la mort du chef, cette ligne de démarcation l'effrayait. Il monta dans sa chambre avec cette idée, mais la fatigue du voyage pesait sur ses paupières. Il s'allongea sur son lit, chercha dans sa mémoire les traits précis d'André Voisin, mais déjà la brume du sommeil estompait tout. Il s'endormit sans savoir si la ligne de démarcation l'effrayait vraiment ou si, au contraire, elle le fascinait.

21

Pendant le repas du soir, le père Dubois demanda :

— Et Guérinaire, Guertefer... je ne sais comment, ton camarade le costaud, est-ce qu'on sait ce qu'il est devenu?

Julien redoutait cette question. Parmi tous ses camarades, Guernezer était le seul que son père eût vraiment accepté. Ancien gymnaste, le père Dubois admirait la force de l'Alsacien. Et puis, ce réfugié qui avait tout perdu au moment de la débâcle, ce garçon seul, grave, sérieux et travailleur avait quelque chose qui s'accordait avec la génération du père. Il était toujours prêt pour un coup de main, il savait écouter sans mot dire, durant des heures, les histoires de 14-18.

Non, Julien ne savait rien de Guernezer.

— Tu vas bien aller au Gymnase voir tes anciens camarades, dit le père, essaie de leur demander, ils savent peut-être s'il a pu regagner son pays.

Cela voulait dire : « Ils savent s'il a pu passer ou s'il s'est fait tuer comme André Voisin. » Julien redoutait cette rencontre avec ceux de l'équipe; ils lui parleraient de Berthier, de Guernezer, mais il avait compris également qu'il ne pourrait pas rester dix jours à Lons sans aller les voir.

La grande salle d'entraînement n'avait pas changé, on avait seulement renouvelé le tapis qui se trouvait sous la barre fixe. Les jeunes gens entourèrent Julien et leurs premières questions furent pour demander des nouvelles de Berthier. Ici, on parlait déjà de Berthier comme d'un être appartenant à un univers mystérieux, à un monde placé au-dessus de celui des hommes.

— Tu n'as pas eu de veine, Dubois, disaient-ils; si tu étais resté à Port-Vendres, tu serais avec lui, à l'heure qu'il est.

Presque tous ces garçons nourrissaient l'espoir de partir tôt ou tard. Ils cherchaient, se renseignaient, attendaient un hasard heureux.

Et puis, ils parlèrent de Guernezer. Comme il y avait, parmi eux, un réfugié que Julien n'avait pas connu, l'un des anciens se chargea des présentations.

— Dubois, c'était le mi-lourd. On avait une sacrée équipe, pour le championnat. Dubois tirait 120 kilos à l'épaulé jeté, en junior, c'est joli. Huit jours avant le championnat, notre poids moyen se casse une patte. Alors, Guernezer, notre entraîneur, a voulu faire maigrir Dubois pour qu'il tire en moyen. Tu vois le travail. Il l'a fait maigrir, mais le jour du concours, Dubois était pompé. Guernezer le fait tout de même tirer au maximum; résultat, il s'esquinte une épaule et on se retrouve bons derniers alors qu'on partait gagnants...

Julien les regardait. Ils étaient tous là. Tous, sauf Berthier et Guernezer. Tous à le considérer comme une victime. Encore un peu, et ils allaient recommencer de le consoler comme ils avaient fait le soir du championnat. Comme ce soir-là aussi, il eut envie de leur crier qu'ils se trompaient, qu'il était seul responsable, à cause de Marie-Louise. Une fille dont il se moquait éperdument.

« Je suis un salaud. C'est à cause de moi que vous avez perdu. A cause de moi seul! A cause de moi que Guernezer est reparti si vite dans son pays. A cause de moi que vous n'avez plus d'entraîneur. Est-ce qu'on peut retrouver un Guernezer? »

Julien ne dit rien. Il les regarde. D'eux tous, il était le seul ami de Guernezer.

« Bon Dieu, avoir un frère comme Guernezer! »

Un garçon se remet à parler de Berthier. Parti seul, Berthier. Gonflé, Berthier. Il aurait pu écrire, d'autres auraient essayé, même d'ici... Pas confiance.

De toute l'équipe des copains, Julien était celui que Berthier avait choisi pour l'accompagner dans cette aventure. Sa gorge se serre.

« Un salaud, j'ai été un salaud avec Berthier aussi. Je l'ai laissé partir seul. Là encore à cause d'une fille... »

Il ferme les yeux. Une longue douleur passe en lui... Sylvie! Mon amour!

A présent, les autres essaient de le questionner sur sa vie à Castres. L'armée, les filles... Il répond comme un automate. Tout est trouble. La grande salle répercute les bruits, les amplifie, les mêle en un brouhaha qui n'en finit plus de grandir. Un à un les garçons regagnent les appareils ou le plateau où tintent les disques d'acier de la lourde barre.

— Tu ne veux pas t'entraîner un peu?

Julien cligne des yeux. Il n'y a plus, face à lui, qu'un seul garçon. Julien fait « non » de la tête. Le garçon rejoint les autres, le laissant seul près de la porte ouverte sur la nuit.

22

Le lendemain, Julien se rendit à Frébuans. Les « ramasseurs » pour qui il devait préparer cette noce habitaient une ancienne ferme somptueusement aménagée. A côté de cette grosse bâtisse, ils avaient conservé l'ancien four qu'abritait un toit de grosses dalles moussues posé sur quatre murs d'énormes pierres grises. La femme qui le reçut avait une quarantaine d'années. Elle était blonde et trop parfumée. Elle parlait sans cesse, lui laissant à peine le temps de dire « oui » de loin en loin. C'était sa fille qu'elle mariait. Sa fille unique. Elle voulait faire les choses comme en temps de paix. Elle ne regardait pas au prix. Les extra, ça se paye, elle le savait. Julien demanda ce qu'il fallait faire comme gâteaux : Tout. Tout ce qu'il pouvait imaginer. Qu'il ne se fasse pas de souci pour la marchandise, il n'aurait qu'à parler. Elle riait comme à la perspective d'une bonne plaisanterie. Elle répétait :

— Ce sera magnifique. Ils n'en reviendront pas, tous ces gens. Et surtout ceux de la ville, qui sont obligés de faire des pieds et des mains pour trouver un œuf! Quelle époque. Mon Dieu quelle époque!

Dans la sacoche de sa bicyclette, Julien rapporta deux douzaines d'œufs et une livre de beurre. Pour éviter la traversée de Montmorot où les gendarmes se trouvaient souvent, il prit les sentiers de Messia et de Montciel. Le chemin était long et souvent très mauvais. A plusieurs reprises, il dut porter sa machine et il pensa que la mère faisait à pied l'aller et le retour, pour rapporter quelques œufs qu'elle devait payer très cher ou échanger contre d'autres denrées.

Julien revint à Frébuans la veille de la noce pour tout préparer. Une vieille paysanne avait été chargée de chauffer convenablement ce four éteint depuis des années. Un employé de la maison resterait à la disposition de Julien pour lui donner ce qu'il demanderait. S'il réclamait des œufs, c'était une grande panière que l'homme apportait. Le beurre était en grosses mottes blondes, la farine bien blanche ne manquait pas, non plus que le sucre, la crème et le lait. Tandis que Julien pétrissait la pâte à brioche, par la porte ouverte sur la cour, il voyait deux femmes occupées à plumer des volailles.

— Ce sera une fameuse journée, répétait

sans cesse la vieille qui chauffait le four. Ça fera une noce dont le pays se souviendra.

— Surtout en ce moment, remarqua Julien.

— Pourquoi, en ce moment?

— A cause des restrictions.

— Qu'est-ce que tu dis?

— Je dis qu'il ne doit pas y avoir beaucoup de noces pareilles en cette époque.

La vieille refusait de comprendre. Comme elle était allée chercher un fagot, l'employé qui secondait Julien expliqua :

— N'essaye pas de discuter, elle est un peu simple. Son fils a été tué à la guerre en 1918 et sa belle-fille est morte peu après en lui laissant un garçon qu'elle a élevé. Ce garçon a été tué en 1939... C'est le seul du village qui ait été tué.

— Pauvre femme.

— Sur le coup, elle a été comme paralysée. Pendant plusieurs semaines, on croyait même qu'elle ne s'en relèverait pas. Et puis, peu à peu, elle s'est remise. Pourtant, elle n'a pas repris toute sa tête. Elle ne sait pas qu'il y a la guerre.

Ils se turent un moment, puis l'homme ajouta :

— Il faut dire qu'ici, on s'en aperçoit moins qu'en ville.

— Est-ce que vous mangez toujours comme avant?

— A peu près, oui.

Julien avait le sentiment de se trouver à mille lieues de Lons. Il se croyait soudain transporté en un pays où tout était facile, où la vie n'avait jamais cessé son cours normal. Et pourtant, la vieille qui revenait, traînant son fagot dans la poussière, avait perdu la raison. Elle avait perdu à la guerre sa raison de vivre et, par suite, elle avait perdu la raison. Julien eût aimé savoir ce que cette femme éprouvait, ce que la guerre était pour elle, mais il n'osait l'interroger. Pourtant, profitant d'un moment où il était seul avec elle, il finit par demander :

— Est-ce que les Allemands sont venus ici, grand-mère?

— Les Allemands? Tu veux dire pendant la guerre?

— Oui, bien sûr.

— Je te crois qu'ils sont venus. Je n'étais pas grande, je devais avoir six ans, mais je m'en souviens bien. Des Prussiens, que c'était. Et pas commodes. Ils avaient des casques à pointe. Il y en avait deux qui logeaient chez nous. Si je m'en souviens? Je pense bien que je m'en souviens.

Elle continua de parler de 1870. Pour elle, tout s'arrêtait là. Elle ne semblait même pas se souvenir que, par la suite, elle avait eu un fils, puis un petit-fils tués au cours de deux autres guerres. Et, tranquillement, sur un ton toujours le même, elle continuait de raconter. Julien l'écoutait en mêlant le beurre ramolli à la pâte jaune. Dehors, à l'ombre fraîche de la grosse maison, les femmes bavardaient en plumant les volailles.

23

Le lendemain, avant l'aube, Julien était au travail dans la pièce enfumée où la vieille recommençait à chauffer le four. Et c'était étrange de se trouver ainsi, dans ce petit fournil de paysans où, autrefois, des fermières pétrissaient du bon gros pain de ménage. La vieille en parlait. Tout ce qui s'était passé avant 1914 était présent à sa mémoire. C'était un peu comme si elle eût continué de vivre à cette époque-là. De temps à autre, dans ce qu'elle racontait, revenait une histoire de Prussiens. Elle dit que, dans un fournil identique à celui où ils se trouvaient, un Prussien était venu pendant qu'une fermière et un valet de ferme pétrissaient. Le Prussien voulait du pain et il s'était assis sur la pierre du seuil pour attendre. Le valet s'appelait Bastien. Elle s'en souvenait parfaitement. Le Prussien avait posé son casque à côté de lui et regardait dehors. Bastien avait pris la hache et s'était approché du Prussien pour lui fendre le crâne. La fermière l'avait vu. Elle avait dit, très calmement : « Bastien, remettez du bois dans le four. » Bastien avait posé sa hache et remis du bois dans le four. Cet épisode de 1870 l'avait beaucoup impressionnée. Elle le racontait avec force détails, en décrivant les personnages, leurs gestes.

— Vous étiez là-bas? demanda Julien.

— Non, non, mais je m'en souviens très bien. Bastien aurait tué ce Prussien. C'est sûr. Il l'aurait fait. Il était très fort, et puis, il avait une hache. Il s'appelait Bastien, je m'en souviens très bien. Il est mort quelques années après la guerre. Il n'y a pas tellement longtemps.

A 7 heures, Julien avait déjà cuit des croissants et des brioches. Jamais la vieille ne voulut y goûter.

— C'est pour les patrons, disait-elle, ce n'est pas pour nous.

Julien en mangea avec un grand bol de café au lait, tandis que la vieille trempait un quignon de pain dans du vin rouge.

— Si tu ne fais pas comme moi, expliqua-t-elle, à trente ans tu n'auras plus de sang dans les veines.

Vers 9 heures, les premiers invités commencèrent d'arriver et Julien porta une corbeille de croissants et de brioches à la cuisine. La cuisinière était là. C'était une forte femme d'une cinquantaine d'années. Elle préparait des choux-fleurs.

— Il paraît que vous me cuirez les poulets dans votre four, dit-elle à Julien. Est-ce qu'il marche bien?

Julien montra sa corbeille.

— Vous voyez.

La femme goûta un croissant.

— Ça fait plaisir, dit-elle. On a perdu l'habitude.

Elle prit aussi une brioche et cria :

— Odette! Odette! Viens un peu voir.

Une jeune femme brune entra en disant :

— Ça sent bon.

Elle salua Julien qui dit :

— Bonjour, mademoiselle.

— Non, dit la cuisinière, c'est une dame. On ne le dirait pas, mais c'est une dame tout de même. C'est elle qui va m'aider et faire le service.

— Quand j'aurai fini ma pâtisserie, dit Julien, je viendrai aussi vous donner la main. C'est convenu.

La serveuse prit une brioche et retourna dans la grande salle à manger, que Julien put apercevoir quand elle ouvrit la porte.

— Vous avez la vieille Milloux, pour vous chauffer le four? demanda la cuisinière.

— Oui.

— Est-ce qu'elle vous a parlé de 70?

— Bien sûr.

— La guerre n'est pas drôle pour tout le monde.

— Non.

— Regardez Odette, cette petite femme. C'est la petite-nièce de la Milloux. Eh bien, elle a vingt ans. Juste vingt ans. Il y avait deux mois qu'elle était mariée quand la guerre a éclaté. Juste deux mois. Et son mari est prisonnier. Il est en Prusse-Orientale. Voilà. Sûr que ce n'est pas drôle!

Julien regagna son fournil. Assise sur un fagot, le dos aux pierres chaudes du four, la vieille Milloux somnolait. Il évita le bruit et l'observa un moment. Elle avait le visage calme, mais ses mains posées sur ses cuisses maigres étaient sans cesse agitées de soubresauts et de tremblements. Elle ouvrit les yeux lorsque Julien posa une plaque de tôle sur la table.

— Est-ce que la cuisinière est arrivée? demanda-t-elle.

— Oui.

— Elle a mangé de tes brioches, je parie.

— Elle les a goûtées.

— Ça ne m'étonne pas. De nos jours, les gens ne savent plus rien respecter.

La vieille Milloux traîna son fagot jusqu'à la porte et s'assit au soleil, le dos contre le chambranle. Elle se mit à observer les arrivées, admirant les invités de la noce.

— C'est tout du beau monde, disait-elle. Ça fait plaisir de voir ça. Ils ont de belles voitures et des habits qui valent des sous. On ne voit pas souvent des noces pareilles dans le pays.

Elle était tout heureuse. Cette noce lui rappelait d'autres mariages. Elle se souvenait même du nom des garçons avec qui elle avait dansé. Elle ne parla pas de son propre mariage et Julien n'osa pas la questionner. Elle semblait s'intéresser seulement aux autres.

— Toi aussi, dit-elle, tu te marieras. Avec une pâtissière. Une fille de patrons. Et tu auras une belle noce. Et ce jour-là, c'est un autre mitron qui fera les gâteaux.

Julien pensait à Sylvie. Elle était là, sans cesse présente. Et malgré le travail, le temps était long.

Avant midi, Julien avait terminé ses gâteaux. Il alla à la cuisine où la vieille le suivit.

— Nous devrions manger à présent, dit la cuisinière. Quand le service commencera, nous n'aurons plus le temps.

Ils s'installèrent tous les quatre au bout de la grande table en bois bien blanc et arrondi par l'usure. La vieille ne mangea qu'un morceau de lard et du pain.

— Vous ne respectez rien, dit-elle. Vous mangez ça des patrons, et encore, vous mangez avant eux.

— N'ayez pas peur, dit la cuisinière, il leur en restera.

La jeune serveuse ne parlait pas. Les yeux baissés, elle mangeait rapidement. Elle paraissait d'une extrême timidité. Elle n'était pas vilaine, mais insignifiante.

Quand les patrons et leurs invités revinrent de l'église, la maison s'emplit de cris et de rires. La patronne vint à la cuisine. Elle portait une robe décolletée et de nombreux bijoux. Elle admirait tout, en disant :

— Ce sera merveilleux. Ils n'en reviendront pas. N'est-ce pas, monsieur Dubois? Vos croissants étaient merveilleux. Est-ce que vous avez eu assez de beurre? Et des œufs? Et du sucre? Il faudra penser d'emporter des œufs et du beurre à votre maman. Mon Dieu, Odette, que vous êtes mal coiffée! Venez vite dans ma chambre, mon petit, que je vous arrange un peu.

Elles disparurent et Odette revint quelques minutes plus tard, beaucoup mieux coiffée.

Les gens mangèrent jusqu'à 11 heures du soir. Ils s'arrêtaient de temps à autre pour aller danser dans le garage où un accordéon dévidait des rengaines, puis ils revenaient se mettre à table. Certains ne s'étaient pas levés de leur chaise. Ils mangeaient, ils buvaient, ils parlaient fort et recommençaient de manger. Seul Julien s'étonnait de voir cela, mais il ne disait rien. La cuisinière avait tout prévu et, quand la patronne venait demander si tout allait bien, elle répondait :

— Ça va, ne vous inquiétez pas, il en restera.

Dès que les premières voitures quittèrent la cour, la cuisinière dit :

— Allons, les jeunes, vous qui avez de bonnes jambes, vous allez descendre à la cave tout ce qui risque de s'abîmer.

Odette et Julien commencèrent d'emporter

les restes. Il fallait prendre un escalier de pierre d'un demi-étage, puis celui de la cave qui s'enfonçait sous une voûte assez longue, avant d'atteindre la partie éclairée. Ils firent plusieurs voyages. Ils étaient partis en même temps, mais comme Julien allait plus vite, pressé d'en finir, il y eut bientôt un décalage entre leurs trajets. Au lieu de se suivre, ils se croisaient. S'ils se croisaient dans la cour, ils se voyaient à peine, à cause de la nuit et de leurs yeux encore éblouis par la lampe de la cuisine ou celle de la cave. Dans le garage, l'accordéon jouait toujours.

Comme Julien remontait, il faillit heurter la jeune femme qui s'était arrêtée avant de s'engager sous la voûte. Elle avait posé devant elle un gros pot de grès.

— C'est lourd, dit-elle, j'ai failli le lâcher.

— Laissez, je vais le descendre.

Il s'avança d'un pas, mais avant de se baisser, il s'arrêta et dit encore :

— La musique ne vous a pas donné envie de danser?

Il crut la voir hocher la tête, mais la nuit était vraiment épaisse. Il avança la main et frôla le bras nu d'Odette. Il n'eut pas le temps de réfléchir qu'elle était contre lui. Elle avait vraiment jeté de toute sa force son corps contre le sien. Elle le serrait. Il sentit qu'elle griffait ses épaules. Sa bouche aspirait vraiment ses lèvres. Elle le mordit à lui faire mal. La première idée de Julien fut que cette femme était folle. Au-dessus d'eux, la cuisinière cria :

— Alors, vous y couchez, dans cette cave?

Odette le repoussa, s'arrachant à lui et murmurant :

— Le lavoir. Au bout de la rue. Le premier qui s'en va attend l'autre là-bas.

Lorsqu'ils remontèrent, la cuisinière les regarda avec un sourire mauvais.

— J'ai cru que vous étiez allés danser, dit-elle.

— Non, fit Odette. On regardait seulement.

— Ah! bon, fit la femme.

24

Julien partit le premier. La cuisinière lui avait préparé un panier de victuailles qu'il ficela sur le porte-bagages de sa bicyclette. Avant de payer ses gens, la patronne avait voulu boire avec eux une bouteille de champagne. Elle avait encore beaucoup ri en répétant que c'était une journée merveilleuse.

Julien s'éloigna rapidement. Deux coupes de champagne, avalées un peu vite, lui montaient à la tête. Il marchait dans la nuit, poussant sa bicyclette et cherchant le lavoir. Il avait travaillé toute la journée à côté de cette petite femme et il l'avait à peine regardée. C'est tout juste s'ils avaient échangé quatre paroles et voilà qu'elle lui avait bondi dessus comme une folle. Est-ce qu'il devait aller dans ce lavoir? Est-ce qu'il n'était pas un peu fou lui aussi? Sylvie? Oui, il y avait Sylvie. Mais rien n'était changé. Et puis, cette petite Odette un peu folle, c'était autre chose. Un animal, un petit animal nerveux.

Il arriva sous le lavoir et appuya sa machine contre le mur, au fond du long bâtiment obscur tout habité du bruit de l'eau coulant dans les bacs de ciment. Il revint près de la rue. Est-ce qu'il ne ferait pas mieux de partir? L'obscurité était vraiment épaisse. Un peu de vent courait qui apporta des bruits de moteurs, un claquement de porte et le roulement d'une voiture approchant. Julien retourna vers le fond du lavoir. La voiture passa, tirée par un cheval dont une lanterne éclairait la croupe luisante. Le bruit des roues décrut. Est-ce qu'il allait partir? Il revint près de la rue. A présent, son cœur se serrait un peu. Lui avait-elle communiqué une part de sa folie? Un pas sonna sur le chemin. C'était elle. Aussitôt Julien sentit sa bestialité se réveiller. Sa bestialité, pas autre chose. Lorsque la femme fut à sa hauteur, il souffla :

— C'est vous?

Sa voix était mal assurée. Le pas s'arrêta. Il y eut un interminable silence, puis Odette dit :

— Oui, c'est moi.

— Venez.

Elle ne bougea pas. Julien hésitait. Il la devinait à peine au triangle clair de son corsage.

— Il faut que je rentre, dit-elle. J'ai été folle. Complètement folle. Faut pas m'en vouloir.

Julien sortit. Ils se trouvèrent sans se voir

dans cette nuit de suie. Et, de nouveau, elle fut reprise par cette folie qui semblait l'habiter soudain. Elle tremblait dans ses bras. Elle frissonnait. Julien sentit qu'elle pleurait en continuant de le mordre.

Il l'attira sous le lavoir, lentement, sans desserrer son étreinte de peur qu'elle ne se reprenne et parte d'un coup. Quelque chose lui disait qu'elle n'était plus elle-même quand son corps touchait le sien.

Sous le lavoir, le bruit de l'eau était énorme. Il emplissait sa tête, il l'oppressait. Il sentait le désir de la femme et sentait aussi qu'elle voulait fuir. Il manœuvra de façon qu'elle fût emprisonnée entre lui et l'angle du bâtiment. Il la sentait frêle contre lui et pourtant forte; vivante d'une façon étrange. Chaque fois qu'il lâchait sa bouche, elle se hâtait de murmurer :

— Non... Non. Je t'en supplie. Non. Non.

Elle se laissa caresser pourtant, et, sous sa caresse, elle se mit à gémir. Elle remuait tellement tout son corps mû par un ressort, que, deux fois, il entendit sa tête heurter la pierre du mur. Elle continuait de murmurer :

— Non... non... Je t'en supplie.

Mais Julien sentait que ce n'étaient plus là que des sons sortant de sa bouche; une plainte de plaisir.

Elle se défendit à peine et, lorsqu'il la pénétra, elle eut un cri venu du fond de la gorge et qu'il étouffa en prenant sa bouche. Mais lui-même avait envie de crier. Jamais encore il n'avait éprouvé une telle jouissance.

Il sentit que des larmes coulaient sur les joues de la femme. Elle tourna la tête soudain, arrachant sa bouche au baiser de Julien. Un long sanglot souleva sa poitrine et s'exhala comme un râle de blessé.

— Non, non, non, supplia-t-elle.

Elle pleurait vraiment. Tout ce qu'elle disait était haché par des sanglots qui la secouaient toute.

— Tu as été fou... tu es fou... tu es fou... Je le sens.

Julien comprit. Leur étreinte avait été brève mais totale.

Un instant, elle parut anéantie. Julien avait le sentiment que s'il la lâchait, elle tomberait, comme vidée de sa vie. Il chercha sa bouche mais, retrouvant toute sa force, elle le repoussa brutalement en criant :

— Je suis perdue... je suis perdue... Tu es fou... fou.

Il voulut la retenir, mais elle se débattit, le bouscula et s'enfuit en courant.

— Odette.

Il se tut. Il était sur le seuil du lavoir. Il écouta décroître son pas rapide et qui butait contre les pierres du chemin. Lorsqu'il n'y eut plus que le bruit de l'eau sous le toit invisible, Julien revint lentement jusqu'au fond, en suivant de la main le rebord de ciment du grand bac.

25

Julien ne conserva d'Odette que le souvenir de cette jouissance intense et brève. Il demeurait tenaillé par le désir de la revoir plus longuement, mais il pensait aussi à Sylvie. De toute façon, il devait retourner à Frébuans avant la fin de sa permission, pour chercher du ravitaillement. D'ailleurs, une carte interzones était arrivée, annonçant que la tante de Falletans serait au pont de Parcey le lendemain. Julien voulut partir à midi. La mère remarqua :

— Vous étiez partis à la même heure, le jour où tu avais accompagné ton pauvre chef.

C'était à cela qu'il pensait. Il n'avait jamais repris cette route depuis ce jour de juillet. Et aujourd'hui, il y avait presque le même soleil, à peine moins chaud. Et le chef était là, avec son bon sourire aux dents éclatantes dans sa face bronzée. Ils roulaient côte à côte, riant d'un rien, heureux de s'être retrouvés. L'amitié solide de ce grand gaillard fort comme un bœuf, c'était bon. C'était une chose qui donnait envie de rire.

Au pont de Tortelet, Julien s'arrêta pour regarder la Seille. L'eau était haute et encore trouble des pluies de printemps. Ils s'étaient baignés un peu plus haut. L'eau était si claire, ce jour-là, qu'on voyait le fond à 3 mètres. Le sourire du chef, au ras de l'eau. Sa brasse puissante, la bataille d'eau où ils avaient l'impression de se lancer de grandes brassées de soleil. Est-ce qu'on peut être si heureux à quelques heures de mourir? Est-ce qu'il n'existe pas des signes avant-coureurs de la mort?

Le chef avait parlé de sa petite femme qu'il était heureux de retrouver. Sa femme qui devait être sans nouvelles de lui. Ils avaient évoqué le temps où ils étaient ensemble, à Dole, chez le père Petiot, le pâtissier de la rue Besançon. Le chef avait demandé :

— Tu y retournerais, travailler chez lui?

Julien avait hésité, mais ses yeux avaient rencontré le regard d'André et il avait dit :

— Avec vous, j'y retournerais malgré tout. Malgré les raclées et toutes les vacheries.

Le chef n'avait pas répondu, mais Julien se souvenait de son regard. Cette lueur de son regard plus expressive qu'un discours. L'amitié, c'était ça. Deux ans côte à côte, deux ans à travailler dans le même laboratoire, à écouter ensemble les coups de gueule du patron.

Julien continua sa route. Il avait le sentiment que le chef ne pouvait pas être mort. Il avait souvent été visité par cette pensée, mais elle lui venait plus nette encore sur cette route. A cause du soleil, peut-être, de cette vie qui était partout, dans les prés, les vignes, les bois. Dès qu'il revenait au souvenir du chef, c'était un visage souriant, une voix heureuse qui se présentaient à lui. Dans cette journée, il n'y avait de place que pour les vivants.

Dans la descente de l'As de Pique, il fut tenté de prendre à droite, la route qui menait à la maison du passeur. Avec le chef, ils avaient pris par là. Il s'arrêta, regarda la route qui s'enfonçait dans l'ombre du bois, puis se remit à rouler en direction de Parcey. Tout en bas il voyait le pont où avaient été installés des guérites et des barrages en chicane. Sur cette rive de la Loue, se tenaient des gendarmes français, à l'autre extrémité du pont, allaient et venaient les uniformes verts des Allemands. Des gens passaient, tous à pied.

Julien s'arrêta une vingtaine de mètres avant la première barrière et laissa son vélo contre un arbre. Il y avait beaucoup de monde. Les gens parlaient, réunis par familles, par couples, par bandes plus nombreuses. D'autres, tout près du barrage, attendaient en fixant le pont. La tante Eugénie était déjà là, Julien la trouva qui bavardait avec une vieille femme. Elle n'avait guère changé. Son premier mot fut pour dire :

— Mon pauvre petit, si ton oncle Pierre voyait ça! C'est souvent que j'y pense tu sais. Ça peut paraître bizarre, mais il m'arrive d'être heureuse qu'il soit mort avant la guerre.

Elle eut un geste vers le pont. Des larmes brillaient sur ses joues ridées.

Une belle mort. Julien se souvint qu'il avait entendu répéter cela tout l'après-midi du jour où l'on avait enterré l'oncle Pierre. La tante s'était remise à parler.

— Pauvre oncle, voir sa Loue comme ça, des Boches partout et même dans sa propre maison. Et lui qui avait tant lutté contre la guerre!

Julien la regarda. Elle eut un hochement de tête.

— Hé oui, reprit-elle. Nous sommes juste à côté du pont. Je n'ai pas pu empêcher qu'ils fassent coucher des soldats dans la grange. Et si je n'étais pas revenue, ils auraient pris l'appartement.

Julien imagina la maison de l'oncle occupée par les Allemands.

— Ce ne sont pas de mauvais bougres, expliqua la tante; des vieux que la guerre embête rudement aussi. Mais enfin, ce n'est pas drôle.

Le garçon fixait l'extrémité du pont. Il y avait une dizaine de soldats de la Wehrmacht qui montaient la garde ou examinaient les papiers des gens qui passaient. Depuis la débâcle, c'était les premiers qu'il voyait. Parmi eux, se trouvait peut-être l'homme qui avait tué André...

Comme si elle eût deviné sa pensée, la tante demanda :

— Et ton ancien chef, ce pauvre André Voisin?

Julien hocha la tête. La tante attendit quelques instants avant de demander :

— Tu l'avais bien accompagné jusqu'à la ligne?

Il fit « oui » de la tête.

— Qui est-ce qui l'a fait passer?

— Je ne sais pas son nom. Un vieux qui habite sur cette rive, une maison isolée, à peu près en face de la Vieille Loye.

— C'est bien ce que je pensais, c'est l'ancien braconnier. L'homme qui a ramené à Dole le vélo de ton pauvre chef a prétendu que ce vieux avait refusé de le passer...

— C'est exact. Ils se sont même attrapés. Le vieux disait qu'il fallait attendre quelques jours parce que les Boches venaient de chambouler leur système de garde. Mais le chef a insisté, alors le vieux a consenti à lui indiquer le chemin, mais il n'a pas voulu l'accompagner.

— Ce pauvre garçon n'aurait pas dû.

Julien hésita. Enfin, comme sa tante se taisait, il murmura :

— Il voulait revoir sa femme. Le temps lui durait.

La tante Eugénie soupira.

— Justement, fit-elle, sa femme aurait

voulu te voir. Elle sait que tu l'as accompagné. Tu comprends, elle voudrait qu'on lui dise comment il est mort. Tu es sûrement le dernier à l'avoir vu vivant. Toi et ce passeur. Seulement, pour elle, venir ici... Faut comprendre... Faut comprendre.

Arrêtée par un sanglot, la tante se tut. Julien comprenait. Il imaginait la femme du chef, seule dans la petite cuisine où elle s'asseyait près de la fenêtre, pour tricoter.

— Mon Dieu, la guerre, gémit la tante.

Julien dut raconter, il fit le récit de leur arrivée chez le vieux. La dispute du passeur et d'André, à cause de la retraite de 40 que cet ancien de 14-18 ne pardonnait pas aux jeunes. Le repas ensuite, le refus du vieux d'accepter de l'argent même pour les œufs et le lard :

— Tu ne diras pas qu'un ancien de 14 ne t'a jamais rien donné!

Il se souvenait de cela. Sous son visage bourru, le passeur devait cacher beaucoup de générosité.

Julien retrouvait en sa mémoire le moindre détail de ces deux heures qui devaient êtres les dernières pour André. Le sentier où le grand chien noir du passeur filait en silence, le nez au vent. Leur attente, accroupis sous les branches, au ras de l'eau où volaient des nuées de moustiques. Le souffle du vieux qui puait le vin.

La tante écoutait. Lorsque Julien s'arrêtait, elle disait seulement.

— Et alors?

— Ensuite, quand le vieux a dit que le moment pouvait être bon, le chef s'est levé. Il m'a embrassé. Le jour était fini, mais la lune encore cachée. J'ai vu la tache blanche de sa chemise qui entrait dans l'eau. On y voyait assez pour le suivre, à condition de ne pas le perdre de vue un seul instant.

Il se tut de nouveau. Il retrouvait son angoisse de ce moment-là et sentait la sueur perler à son front. Là-bas, les uniformes verts et les casques se promenaient de long en large.

— Il nageait bien, reprit-il. Pas un bruit. Nous sommes restés sans bouger pendant une dizaine de minutes. Le passeur m'a dit : « On peut s'en aller ». Il m'a guidé à travers les fourrés. On avait déjà fait un bon bout de chemin quand c'est arrivé.

— Quoi?

Julien soupira.

— Les cris. En allemand. Très loin. Et puis, un coup de fusil. Et ensuite une rafale... Et puis plus rien.

Il dut se taire. Sa salive ne passait plus dans sa gorge serrée.

— Pauvre garçon, murmura la tante.

A présent, Julien n'est plus avec elle. Il suit le sentier à côté du passeur. Le vieux lui a pris le poignet dans sa main rêche et il l'entraîne. Silence. Le ciel s'éclaire au-dessus des arbres. Ils sont où le chemin s'élargit et le vieux lâche le poignet de Julien. Il tousse et crache avant de dire :

— C'était ton copain?

— Oui.

— Pauvre gars, avoir sorti ses os de la guerre et venir se faire nettoyer ici, à quelques sabotées de chez lui.

— Parce que vous croyez vraiment?

— C'est certain, mon pauvre petit. Quand ils cessent de tirer aussi vite...

Julien s'arrête soudain. Il a à peine le temps de se pencher qu'un hoquet douloureux vide son estomac. Le vieux lui pose sa main sur l'épaule en disant :

— Vas-y. Dégueule. C'est les nerfs. Ça va te soulager.

Julien l'entend à peine. Il remarque seulement que le chien est là, qui mange ce qu'il vient de vomir.

— Viens, dit le vieux. A la maison, tu boiras une goutte.

Aujourd'hui, il lui semble éprouver encore la brûlure de l'alcool dans sa gorge. La tante Eugénie parle de la femme du chef et Julien se souvient des derniers mots du passeur :

— Dans quelques jours, je ferai passer son vélo à Dole par un paysan qui a un sauf-conduit. Il le mènera à sa femme, elle pourra toujours en tirer quelque sous.

26

Lorsque Julien arriva, la mère était seule dans la cuisine où elle préparait le repas du soir. Ils s'embrassèrent, puis elle dit :

— Alors?

Julien se laissa tomber sur une chaise. Il était revenu très vite, comme pour fuir cette ligne de démarcation. Deux mots étaient en lui : *Demarkationslinie. Verboten.* Deux mots qui l'avaient poursuivi, qui l'avaient fouetté tout le long de la route. Rien n'était encore parfaitement clair en lui, mais il commençait d'éprouver l'absurdité de tout cela. Cet après-midi, près de la Loue riante entre ses rives vertes, il avait vu, à 10 mètres de lui, des hommes dont l'un était peut-être l'assassin d'André Voisin. Des hommes dont l'un pouvait être, d'une minute à l'autre, son propre assassin. Ils étaient là, sur un pont où ils se bornaient à vérifier des laissez-passer ou prendre des cartes d'identité. Cette *Demarkationslinie,* sa tante l'avait passée pour venir le voir. S'il voulait, lui, entrer en zone occupée, il pourrait le faire en demandant une autorisation; et, à quelques centaines de mètres de ce pont, le chef avait été tué pour avoir voulu passer cette même *Demarkationslinie* qui le séparait de sa femme.

Julien avait vu ces Allemands à 10 mètres de lui. Souriants, inoffensifs. Plaisantant avec des gendarmes français; et Julien était soldat. Soldat dans une armée où on l'avait attiré en lui disant qu'elle se formait avec l'espoir de jeter ces gens-là hors de France.

« Des gens que la guerre embête autant que nous », disait la tante Eugénie. Est-ce que c'était ça, la guerre?

Julien pensa à Castres et à Sylvie. Là-bas, ils vivaient vraiment loin de la guerre. Il y avait des restrictions, la radio, les journaux, mais pas de guerre présente.

— Alors, répéta la mère, ta tante?

— Elle a les Boches chez elle.

Il raconta. La mère lui avait servi un grand verre d'eau fraîche. Le jour n'était pas encore mort, et pourtant tout semblait dormir. Après l'effort qu'il avait fourni, après le vent de la vitesse à ses oreilles, Julien sentait ce silence pénétrer en lui. Il s'engourdissait peu à peu. C'était d'abord comme un frisson tiède et lent parti de ses pieds, gagnant les mollets puis les cuisses. Là, cette eau de la fatigue hésitait avant de poursuivre son chemin jusqu'aux épaules, jusqu'aux bras, jusqu'à la tête où tout finit par s'embrumer. Il avait cessé de parler de la tante. La mère le fixait douloureusement, le visage et le regard tendus. D'une voix à peine perceptible, elle demanda :

— Et ton chef?

Il attend un long moment. Le silence est entre eux, comme un fleuve sans fond. Julien baisse la tête et murmure :

— Le passeur ne s'était pas trompé. Il me l'avait dit : « Quand ils tirent comme ça et s'arrêtent si vite... »

Julien sent sa gorge se serrer. Il se raidit. Il refoule les larmes qui brûlent ses paupières et se lève brusquement.

— Pauvre garçon, murmure la mère. Pauvre jeune femme.

— Oui, c'est pas de veine.

La voix de Julien sonne curieusement. Presque dure, métallique. La mère lève la tête et le regarde, surprise.

— Il avait toujours été gentil avec toi, dit-elle.

— Oui, c'était un brave type.

— On dirait que ça ne te fait pas de peine.

Julien sort. Il marche jusqu'à la pompe et plonge sa tête dans le grand bassin d'eau glacée. Lorsqu'il revient à la maison, le père vient de rentrer. Très calme, presque détaché de tout, Julien répète rapidement ce qu'il a déjà expliqué à la mère. Le visage de la mère est fermé. Le père écoute puis, saisissant une idée, il passe de cette guerre à celle de 14. Julien se tait. Le père parle de cette guerre lointaine comme si elle était encore présente. Le moindre détail lui est resté. Les morts n'y tiennent pas plus de place que les vivants. Vus de si loin et à travers les paroles sans passion de ce vieil homme usé par le travail, une jambe écrasée, un ventre ouvert, une tête éclatée ne sont pas tristes. Le père ne plaint pas les blessés, il ne pleure pas ses camarades enterrés en Alsace ou ailleurs. Lorsqu'il évoque un bon moment, son ricanement est le même que lorsqu'il parle d'un jour terrible. Le père parle, mais Julien ne l'écoute plus. Son récit est une brume qui se mêle à celle du silence. Le jour a diminué. Un côté seulement du visage du père reste éclairé. Derrière la mère, le feu dessine en orangé toutes les fentes de la cuisinière. Une étincelle gicle par la grille. Julien s'est arrêté de manger.

— Tu n'as plus faim? demande la mère.

— Non, merci.

Il se lève, embrasse son père et sa mère et monte lentement l'escalier de bois. Le père ne parle plus. Le grincement de l'escalier est le seul bruit.

Dans sa chambre, il s'assied sur son lit. Sa fatigue a trouvé sa place en lui et ne le gêne plus. Pourtant, un poids l'oppresse.

Depuis le jour où il avait accompagné le chef, depuis le crépitement des coups de feu, il savait qu'il était mort. Il savait, mais il n'avait aucune preuve. Il n'avait jamais senti pourquoi le chef s'était aussi rapidement installé dans sa mémoire à côté de l'oncle Pierre; pourquoi il était un mort si tranquille. L'espoir jamais formulé était pourtant resté en lui. Aujourd'hui, tout est fini. Aujourd'hui, c'est comme s'il avait, à son tour, passé La Loue pour aller reconnaître le cadavre du chef.

Durant quelques minutes, tout lui paraît s'éclairer. L'idée lui vient que la guerre ne fait que commencer. Jusqu'à présent, il n'a guère pensé sérieusement à elle. Il l'a vue s'éloigner et cette ligne plus proche n'était rien de précis; rien de menaçant surtout. A présent, il y a cette mort d'André. André qu'il avait presque oublié, mais que cette journée lui a fait retrouver. Il a fallu cette journée, ce retour pour que Julien éprouve le poids de leur amitié. Pour qu'il mesure vraiment la place qu'un homme peut tenir dans la vie d'un autre homme, seulement parce que, durant près de deux ans, ils ont été attelés à la même besogne. Julien revoit un moment le laboratoire des Petiot et le regard du chef auquel il s'accrochait, quand tout était trop dur; il revoit tout très exactement, mais il se secoue soudain pour faire disparaître cette vision. Au fond de sa bouche, le fiel le brûle, mais il n'y a plus uniquement du dégoût en lui. Il y a autre chose. Serrant les poings, il se redresse, le temps de dire :

— Les fumiers!... Les fumiers.

Puis, lentement, il se voûte de nouveau, retrouvant toute sa fatigue réveillée.

Il se déchausse. Il reste assis, les coudes sur ses genoux. Une de ses sandales se balance au bout de ses doigts. Elle tombe. Julien se lève, fait deux pas pour atteindre un rayonnage où il prend une petite caissette qu'il pose sur la table. Il apporte la lampe et ouvre la caissette. Il regarde d'abord sans rien toucher. Les outils du chef sont là. Ces outils que le chef lui avait donnés au moment de partir pour la guerre. Son rouleau, ses couteaux, ses fourchettes à tremper les chocolats. Julien prend un couteau spatule dont il appuie la lame ronde au creux de sa main. Il fait aller le manche de gauche à droite plusieurs fois. La lame souple se ploie dans un sens puis dans l'autre. L'acier vibre et émet un son grave, à peine perceptible. Le bois du manche est lisse. Julien repose la spatule. Sa main caresse le bois doré du rouleau. Les fentes sont encore grises de pâte desséchée.

Il reste ainsi un long moment puis, refermant soudain la caissette, il la remet à sa place, achève de se dévêtir, éteint la lampe et se couche sous son drap frais.

La lumière de la lune trace un angle très pâle et très mince au plafond de la chambre.

Julien le fixe longtemps. Peu à peu il devient flou. Il vibre. Il est comme un rai de lumière dans l'eau.

En silence, sans un sanglot, Julien se met à pleurer.

27

Le lendemain, la mère ne parla pas à Julien de la mort du chef, mais, quand leurs regards se rencontrèrent, il savait que c'était à cela qu'elle pensait. Lui aussi avait cette idée en lui. Elle était là, à peine douloureuse, mais présente à tout instant, même lorsqu'il parlait d'autre chose. Il pensait à son chef comme il avait pensé à son oncle Pierre. Il avait essayé, des jours et des jours, d'imaginer l'oncle Pierre allongé dans son cercueil; à présent, il s'efforçait d'imaginer le chef tel qu'il était tombé, de l'autre côté de la Loue. Jusqu'à présent, il s'était défendu contre cette vision; aujourd'hui, il la recherchait.

Pour l'oncle Pierre, Julien avait entendu les gens parler d'une belle mort; pour André Voisin, le père Dubois aussi avait dit : « C'est une belle mort, pour lui qui ne voulait pas être pris. » Et, à certains moments, Julien voyait se confondre l'image du chef et celle de l'oncle Pierre. Ils étaient le même mort. Le même homme mort d'une belle mort. Ces deux mots le poursuivaient. « Belle mort. Belle mort. » Il se surprenait à les répéter vingt fois, trente fois à voix basse.

Après midi, il gagna le hangar, au fond du jardin, et monta au grenier. Il faisait chaud sous les tuiles où filtraient quelques aiguilles de soleil. Des points minuscules de lumière vive piquetaient les planches poussiéreuses et le tas de foin. Par les claires-voies, une lumière de réverbération entrait, ajoutant encore à la chaleur. Ici, le temps engourdi suintait goutte à goutte.

Tout au fond, Julien retrouva son domaine d'enfant. Les jouets recouverts d'une neige grise, des caisses, un vieux tonneau où il avait autrefois cloué des roues. Une boîte de peinture et un chevalet. Il s'assit sur un sac plié en quatre, s'adossa au pilier et demeura un long moment immobile. Entre ses paupières mi-closes, il voyait tout sans rien distinguer vraiment.

Des mouches bourdonnaient. Julien en chassa une plusieurs fois, d'un geste fatigué, puis, comme elle s'obstinait, il se leva. Il avança et vint s'appuyer des mains contre les planches, pour regarder au-dehors par une fente. Les jardins étaient sans ombre. Moutonnement de verdure presque immobile des arbres, taches blanches et rouges des maisons; lumière aveuglante. Silence.

La mouche l'avait suivi. D'autres grésillaient contre les tuiles.

Revenant à son domaine, Julien ouvrit un grand carton à vêtements qui contenait des livres et du papier. Il fouilla, regarda quelques croquis vieux de plusieurs années, en déchira deux, puis ouvrit une anthologie poétique. Quand il eut trouvé le poème qu'il cherchait, il revint s'asseoir sur son sac et commença de lire :

La servante au grand cœur dont vous étiez jalouse...

S'arrêtant soudain, il soupira longuement avant de répéter plusieurs fois à voix haute :

Les morts, les pauvres morts, ont de grandes douleurs.

Il lut ainsi quatre ou cinq fois le reste du poème, puis, refermant le livre, il le posa et prit une feuille de papier. Il ouvrit ensuite la boîte de peinture où il retrouva un petit étui contenant quelques craies d'art. Il retourna s'installer sur son sac, étendit à demi ses jambes où il posa sa planche à dessin. Après un long moment d'immobilité, lentement d'abord, puis plus vite, puis avec une espèce de rage, il se mit à dessiner.

Ses craies d'art griffaient le papier, s'écrasaient avec un crissement agaçant. De loin en loin, il soufflait très fort pour enlever la poussière inutile et un nuage montait devant lui. Plusieurs fois des gouttes de sueur tombèrent de son front sur la feuille où de petites taches sombres allaient s'élargissant jusqu'à se fondre pour disparaître bientôt.

— Merde, merde! grognait-il.

Mais il ne s'arrêtait que pour éloigner de lui sa planche, le temps d'examiner son travail, les yeux mi-clos.

Bientôt, il se mit à genoux, posant sa planche par terre, il continua de travailler en se relevant pour prendre du recul. Des mots étaient en lui, allant et venant, comme prisonniers. « *Vieux squelettes gelés travaillés par le* « *ver...* » « *Et quand octobre souffle, émon-* « *deur de vieux arbres... dévorés de noires* « *songeries.* »

Son travail prenait forme. Très sombre, vert, noir, grisâtre, un corps était étendu sur une terre torturée de racines et de galets sous des branches noueuses. Le visage était caché par les herbes hautes. Julien avait hésité sur ce visage, mais il avait renoncé à lui donner des traits précis. Son mort était un mort sans visage.

Lorsqu'il eut achevé, il descendit. Il y avait seulement en lui le souvenir immobile et transparent de son pastel, et c'était à travers ce corps étendu qu'il voyait couler l'eau fraîche de la pompe et rouler la brouette du père.

Il monta dans sa chambre dès après le repas du soir.

— Tu es fatigué? demanda la mère.
— Non, c'est seulement le soleil... Un peu mal à la tête.
— Tu ne veux pas mettre de chapeau?
— C'est rien.
— Veux-tu un comprimé?
— Non, non, bonne nuit.

Aussitôt seul, il chercha deux livres. *Les Fleurs du Mal* et les *Œuvres de Rimbaud*. Il se coucha et, s'éclairant avec sa lampe de poche, il lut et relut *Le Mort Joyeux* et *Le Dormeur du Val*.

Lorsqu'il eut éteint, il demeura longtemps, plusieurs heures peut-être, allongé, sans un geste. Le sommeil ne venait pas. Il avait lu ces poèmes, mais rien d'autre que des mots n'était entré en lui. Des mots qui sonnaient drôlement. Il les répétait inlassablement, mais, à mesure que passaient les minutes, les mots devenaient moins nombreux. Enfin, lorsqu'il fut au bord du sommeil, Julien n'entendit plus que :

« et mort parmi les morts... » « Il avait deux trous rouges au côté droit... »

28

Le lendemain, Julien s'éveilla avec la pensée de Sylvie. Elle était là, près de lui, et il mit toute sa volonté à la garder présente.

Pourtant, après le repas de midi, il regagna le grenier du hangar et déplia son chevalet.

La tante Eugénie lui avait expliqué où l'on avait découvert le corps du chef. Le chef avait été tué alors qu'il atteignait le troisième chemin après la Loue. Les Allemands s'étaient assurés qu'il était bien mort, et l'avaient laissé sur place.

Toute la nuit, tandis que lui, Julien, pédalait sur la route en direction de Lons, tandis qu'il dormait, le chef était resté couché dans l'herbe. Immobile. Absolument immobile. En un instant, André Voisin, le garçon à la poitrine épaisse et velue, avait été immobilisé définitivement. C'était ça, la mort. Entre un homme puissant, bon, amoureux; un homme qui n'a plus que quelques heures à marcher pour retrouver sa petite femme blonde et puis, d'un seul coup, être couché, immobile pour toujours.

Est-ce que Julien avait réellement pensé à la mort, quand il avait suivi le corbillard emmenant l'oncle Pierre dans le petit cimetière de Falletans?

Il y avait eu la nuit, puis le matin. Un matin clair. Frais mais limpide. Et le chef tout seul, couché dans l'herbe, avait attendu le matin.

De tout ce qu'il avait lu la veille, Julien ne voulait retenir que quelques vers qu'il se répétait à mi-voix, tout en préparant sa toile :

C'est un trou de verdure où chante une ri-
[vière
Accrochant follement aux herbes des hail-
[lons
D'argent...

Julien voyait la Loue. Claire, courant sur son fond propre de sable et de galets. La Loue telle que le chef avait dû la connaître, avec sa femme, sous le soleil des étés d'avant-guerre. La Loue devait avoir sa place dans le tableau qu'il allait faire. Elle devait en être le personnage... Un personnage vivant. Un être que les balles ne peuvent pas tuer.

Tout était comme dessiné à l'avance, avec l'indication des couleurs et des masses.

Pâle dans son lit vert où la lumière pleut.

Ainsi, l'homme lui-même se trouvait installé dans son tableau.

Il dort dans le soleil, la main sur la poitrine.

La palette était prête. Julien versa dans un godet un peu d'essence de térébenthine et d'huile de lin; il choisit une petite brosse plate et raide qu'il trempa dans son mélange pour délayer sur sa palette un peu de peinture bleue. Il demeura un instant à fixer sa toile blanche, la main en suspens, la respiration arrêtée; puis il se mit à dessiner.

Il aimait dessiner sur la toile. Surtout avec une de ces brosses plates qui peuvent tracer des traits maigres ou pleins, foncés ou plus légers. Le crissement même des poils sur le fond granuleux lui était agréable.

Aussitôt les grandes lignes tracées, il commença de peindre. Il n'avait pas à hésiter, à réfléchir, à calculer. Tout était là, comme étalé devant lui; plus présent que le grenier; simple et d'une étonnante précision. Et puis, il y avait en lui une force qui lui permettait de tout tenter, de tout réussir. Il pouvait tout peindre : le ciel, l'eau transparente, les herbes folles, les ombres et les lumières, les fleurs, les feuilles, les branches, les rochers et la terre. L'aidant encore, les vers de Rimbaud continuaient à l'habiter, conduisant sa main. Chaque mot correspondait à une tache de couleur.

Le visage de l'homme couché dans l'herbe était une tache pâle. Uniquement une tache pâle.

Et, à mesure que la composition prenait forme et couleur, à mesure que Julien prenait pied en elle, elle s'imposait plus intensément. Le chef était toujours présent, mais il y avait quelque chose de changé. Sa mort n'était plus tout à fait la même. Ce n'était pas explicable, à peine une sensation curieuse qui faisait paraître moins dure cette idée d'immobilité définitive. Un moment, Julien évoqua l'oncle Pierre. Déjà le chef s'approchait du vieux bonhomme de Falletans. Julien pensa soudain qu'il avait moins de chagrin de la mort du chef. Il s'arrêta même de peindre pour s'éloigner de sa toile.

— Est-ce que j'ai le droit d'avoir moins mal?

Il revint à sa toile. Il n'éprouvait aucun remords, aucun véritable sentiment de culpabilité.

A vrai dire, le chef ne s'éloignait pas. Il s'était seulement installé dans un domaine qui n'était plus tout à fait ni la vie ni la mort; un peu comme s'il eût, à côté de Julien, partagé avec l'oncle Pierre une place confortable. Il n'y avait plus de doute possible quant à sa mort, mais il se réinstallait pourtant dans la mémoire de Julien comme il l'avait fait à Castres, le soir de décembre. Le soir de la brume...

Julien s'arrêta de nouveau. Il se détourna même de sa toile. Il venait d'avoir une idée qui l'effraya d'abord un peu, avant de lui donner envie de vomir. Il avait vu ces deux morts marcher à côté de lui, tranquillement, comme ça, dans la vie de tous les jours. Et ce n'était pas ennuyeux du tout. Au contraire, c'était comme une bonne compagnie dont lui seul pouvait jouir. Ils n'étaient pas encombrants du tout, mais bons copains, somme toute, ces deux grands gaillards à moitié morts. Julien tenait Sylvie par la taille. Ils marchaient, mais ils n'étaient pas seuls, les morts les accompagnaient.

La vision s'estompa bientôt et Julien reprit sa tâche. Il avait très chaud sous ces tuiles brûlées de soleil. La sueur coulait parfois de ses sourcils et il se frottait les yeux, du dos de son poignet, sans même lâcher son pinceau. Malgré cela, il n'éprouvait aucune fatigue. Ce qui l'envahissait peu à peu était plutôt un demi-sommeil dont l'effet ne pouvait atteindre que ce qu'il y avait de douloureux en lui.

Il avait peint souvent. Pour se distraire, pour apprendre, pour offrir une toile à un camarade; mais jamais encore il n'avait peint ainsi. Même lorsqu'il avait dessiné le visage de Sylvie, il avait dû faire un effort, guider sa main. Aujourd'hui sa main allait, mue par une force qu'il ne contrôlait plus. Durant un long moment, il eut même la sensation de n'être qu'un spectateur. Cette main qui peignait n'était pas la sienne. Il y avait là, dans ce grenier, un garçon qui étalait des couleurs sur une toile sans se soucier de Julien Dubois qui l'observait. Et, à mesure que la toile se couvrait, ce peintre devait prendre à son compte la douleur que Julien avait portée seul depuis la disparition d'André.

Cette sensation fuyait, revenait, s'estompait, se précisait à nouveau, fuyait encore pour finir par s'immobiliser lorsque Julien l'appelait de toute sa force. Inexplicablement, elle s'accompagna plusieurs fois du visage soucieux de la mère Dubois. Ce visage qu'elle avait le soir où Julien lui avait raconté la fin du chef, ce visage plus dur encore qu'elle avait montré lorsqu'il lui avait confirmé cette mort. Julien se hérissait alors, comme électrisé par cette apparition qu'il s'efforçait à repousser.

Enfin, couvert de sueur, il s'arrêta.

Un long moment il demeura sans geste, son pinceau d'une main, sa palette de l'autre.

Sa main droite tremblait légèrement. Il le sentait, mais ne pouvait rien y faire.

Il posa son matériel et s'éloigna de quelques pas. Il examina encore sa toile puis, lentement, il alla s'étendre sur le tas de foin.

Là seulement, il commença de sentir sa fatigue.

Et c'était une fatigue qu'il ne reconnaissait pas. Une fatigue agréable, qui s'étalait pour s'installer dans tout son corps, qui embuait son cerveau, qui lui interdisait de fixer une idée ou de faire naître un souvenir précis.

Il voulut revoir ce qu'il venait de peindre. Il se souleva sur le coude, mais, vue de l'endroit où il se trouvait, sa toile fraîche n'était qu'un reflet de ciel. Julien répéta :

Il a deux trous rouges au côté droit.

Mais les deux trous rouges qu'il avait peints n'étaient pas douloureux. Ils étaient deux touches de vermillon posées parmi d'autres touches de couleurs plus froides.

Il resta, l'œil rivé à l'angle ébréché d'une tuile. Là aussi il y avait une tache rouge. Une tache qui s'éloigna lentement, s'élargissant jusqu'à se fondre avec l'ombre qui habitait le reste du toit.

Bientôt, le grenier tout entier fut inondé d'une poussière de soleil et de musique. Tout devint vague, comme un chant doux et lointain. Comme une plainte. La chaleur même était tiédeur. Les crissements du foin écrasé s'amplifièrent un moment pour une gigantesque flambée qui mourut étouffée par sa propre fumée.

Plus rien.

Plus rien qu'un silence vaguement parcouru de résonances lointaines. Plus rien qu'une lumière diffuse et immobile. Plus rien qu'un sommeil enfin débarrassé de rêves.

29

Les deux jours suivants, Julien aida le père à bêcher le jardin. L'idée de la mort d'André s'était installée en lui, elle y demeurait, mais sa présence était rarement gênante. Elle n'empêchait pas Julien de penser à Sylvie. En réalité, le temps était long. Il comptait les heures qui le séparaient encore d'elle. De temps à autre, le père parlait du passé : la guerre de 14, le temps où il était boulanger, les concours de gymnastique quand il avait dix-huit ans. A un moment, il dit :

— Si ton copain Guérinaire, Gestefer, je ne sais comment...

— Guernezer.

— C'est ça. S'il était là, il nous donnerait la main. C'était un brave garçon. Sérieux. Et fort comme un Turc.

Julien resta un moment avec le souvenir de

l'Alsacien, mais celui de Sylvie l'effaça bientôt.

Le dernier jour de sa permission, il reprit sa bicyclette et partit pour Frébuans. Lorsque la mère avait dit : « Tu emporteras une valise de provisions », il avait pensé aux camarades du poste et surtout à Sylvie. Avec le beurre qu'il achèterait à Frébuans, il pourrait certainement trouver du chocolat pour Sylvie.

Il partit aussitôt après le repas de midi. Il faisait beau. Julien roula vite, et, lorsqu'il arriva devant la maison du ramasseur, le garage où travaillaient les commis n'était pas encore ouvert. Julien pensa qu'il devait attendre et roula jusqu'au lavoir. L'eau tombant du robinet faisait toujours son bruit de cascade. Julien fixa longtemps le mur du fond. Odette! Etait-il vraiment revenu là à cause d'elle, en pensant à elle? Il ne savait rien de cette femme. Pas même la couleur de ses yeux. Il retrouva le souvenir de cet instant d'intense jouissance. C'était là-bas, dans l'angle, qu'il l'avait prise. En l'aimant elle avait heurté ces pierres de la tête. Tout s'était passé trop vite. Une nuit, une nuit entière avec elle...

— Sylvie!

Il fit un effort pour se retourner et regagner la rue. Comme il allait reprendre sa bicyclette, il vit venir à lui le garçon qui l'avait secondé le jour de la noce. Ils se saluèrent et le garçon demanda :

— Vous êtes venu nous voir?

— Oui, dit Julien en montrant le panier

sur son porte-bagages. Mais avant, il faut que je passe voir la jeune femme qui servait le jour du repas.

Le visage du garçon se crispa légèrement.

— Ah oui, dit-il, bien sûr.

— Seulement, dit Julien, je ne sais même pas exactement où elle habite.

Le garçon se retourna et expliqua l'itinéraire. Julien partit et trouva facilement la maison d'Odette, à l'autre bout du village. Il ne savait même pas ce qui l'avait pris. Il se répétait qu'il voulait seulement la saluer. Voir si vraiment elle était aussi insignifiante qu'il le pensait, aussi mal dessinée que le souvenir qu'il avait gardé d'elle.

Il appuya sa bicyclette contre le mur, hésita un instant puis frappa. Il était calme, fort, sûr de lui. L'idée lui vint même qu'il était là pour se prouver qu'il pouvait revoir Odette, entrer chez elle, être seul avec elle et continuer de penser uniquement à Sylvie. Rester fidèle à Sylvie. L'autre soir, est-ce qu'il avait agi volontairement, est-ce que ce n'était pas Odette qui...?

Il sentit malgré tout son estomac se serrer un peu lorsqu'un pas sonna sur le plancher. La poignée de cuivre tourna, la porte s'ouvrit. Odette était devant lui. Il fut immédiatement frappé par sa pâleur. Il se pencha en avant pour ébaucher un pas vers elle, mais il retint aussitôt son mouvement. Odette avait porté ses mains en avant comme pour le repousser. Soudain défigurée, elle criait :

— Non! Non! Non!

Son cri devint un long sanglot déchiré, pareil à un ululement de bête. Son visage tordu par une grimace qui reflétait en même temps la haine et la peur. Elle recula de quelques pas puis, se retournant soudain, elle courut vers le fond de la pièce et disparut.

Julien demeura un instant immobile. Comme une fenêtre s'ouvrait à la maison d'en face, il sortit lentement, prit son vélo par le guidon et s'en alla.

Il s'arrêta encore au lavoir, mais cette fois sans penser à regarder le mur d'angle; il alla au robinet, but longuement et se mouilla le visage. Il allait reprendre sa route lorsqu'il se souvint qu'il devait rapporter du beurre et des œufs.

Dans la grande maison, ce fut la femme bavarde qui le reçut. Elle le fit entrer dans la salle à manger où s'était tenu le repas de noce. Elle lui servit le café.

— A présent que ma fille est mariée, dit-elle, je fais tout moi-même. Absolument tout... Savez-vous que nos invités parlent encore de votre pièce montée? Et je crois qu'on en parlera longtemps. Dans toute la région, je vous fais de la publicité, vous savez. Vous aurez sûrement d'autres demandes.

— Je vous remercie... Mais je vais repartir.

— Nous avons été très contents. Et de la cuisinière aussi. Tout était bien. Le service aussi, enfin tout, quoi. Oh, à propos de service, savez-vous ce qu'il est arrivé à la petite Odette?

— Non.

Julien se sentit pâlir. Mais la femme ne le regardait pas. Elle parlait, parlait, toujours sur le même ton et avec cette agaçante voix de tête.

— Hé bien, la pauvre petite n'a pas de chance. Vous savez que son mari était prisonnier en Allemagne? Eh bien, il a été tué dans un bombardement. Et vous voyez comme il y a des coïncidences curieuses, il a été tué juste la nuit où nous étions tous là, en train de nous amuser... Enfin, la pauvre petite, elle n'était pas là pour s'amuser, elle, bien sûr. Mais tout de même, vous voyez un peu cette coïncidence!

Elle parle. Elle continue de parler, mais Julien n'écoute pas. Il n'y a en lui qu'un bruit sourd, un grondement pareil à ce bruit de l'eau sous le toit du lavoir; pareil mais cent fois plus fort. C'est tout. Il n'y a que cela, et comme un écho de ce cri qu'Odette a poussé tout à l'heure.

La femme se tait un instant.

— On dirait que vous n'êtes pas bien?

— Je suis un peu fatigué, dit Julien. J'ai roulé vite au soleil.

— Buvez votre café. Je vais vous donner une goutte de marc.

— Non, non, merci...

La femme n'écoute pas. Elle apporte un petit verre qu'elle emplit d'eau-de-vie. Julien a fini son café.

— Buvez, ça vous fera du bien.

Il boit, l'eau-de-vie brûle sa gorge et il pense à celle qu'il a bue chez le passeur, le jour où le chef a été tué. Les gens sont tués, et on donne de l'eau-de-vie à ceux qui restent. C'est ainsi. Les gens sont tués et les autres vivent. Ils vivent avec l'eau. L'eau-de-vie.

— Ça va mieux, n'est-ce pas?

— Oui, madame, merci.

— Je vais dire qu'on vous prépare vos œufs et votre beurre.

— Merci, madame.

Elle sort. Julien regarde la grande table, puis la fenêtre. Il y a le ciel bleu, une colline, des arbres, un champ avec une voiture arrêtée, les brancards en l'air. Lorsque la femme revient, Julien se lève.

— Vous prendrez votre panier au garage et vous règlerez au commis.

Julien remercie encore et s'en va. Comme il passe le seuil, la femme dit :

— Vous devriez aller lui dire bonjour, à la petite Odette, ça lui ferait plaisir. Elle serait sûrement touchée. Elle est très affectée. Bien sûr, si jeune. Ah! la guerre, vous savez. Mais je vais lui proposer de la prendre chez nous, à présent que ma fille est partie, vous comprenez, il me faudra quelqu'un...

Julien pose sa main sur la rampe de fer. Il a redouté un instant de perdre l'équilibre. Il voudrait partir, mais la femme a descendu quelques marches et continue de parler. Il sait qu'il ne doit pas partir tant qu'elle parle.

— Je la prendrai sûrement, dit-elle. Mais il faut lui laisser le temps de se remettre. Ça lui a fait un coup terrible. Sa mère a eu peur un moment qu'elle perde l'esprit. Comme sa tante, la vieille Milloux, vous savez, celle qui chauffait le four. La pauvre petite disait que c'était de sa faute. Que ce jour-là... Elle répétait constamment : « Ce soir-là... Ce soir-là... » Elle voulait sans doute parler de la noce. Mais elle n'y était pas venue pour s'amuser, elle. Au contraire, si elle travaillait comme ça, c'était pour envoyer des colis à son mari. Il n'aura même pas reçu le dernier, elle l'avait envoyé le lendemain. Il était déjà mort, le pauvre garçon.

Julien voudrait partir. Il serre toujours très fort la barre de métal que le soleil a chauffée. Mais la femme parle. A présent, elle explique ce qu'était le mari d'Odette. Un bon garçon, travailleur et sérieux. Et ils s'entendaient bien tous les deux. Oh oui, qu'ils s'entendaient bien. La guerre apporte bien du malheur. Elle complique bien la vie. Mais la petite se remariera, elle est jeune. A cet âge, on oublie. C'est normal.

Julien sent que cela peut durer des heures. La femme parle. Elle sait tout ce que peut éprouver Odette, elle prévoit le temps que durera sa peine, elle lui réserve chez elle la meilleure place. Odette est sérieuse et travailleuse. Tout le monde l'aime bien. Evidemment, comme tous les gens qui ont beaucoup de cœur, elle est très affectée. Elle se croit même responsable. Comme si une petite femme pareille pouvait être responsable des guerres? Hitler, oui, mais pas les gens comme vous et moi.

Elle se tait un instant et Julien se hâte d'aller jusqu'à son vélo. Il va poser la main sur le guidon lorsque la femme lui crie en riant :

— Et votre panier, monsieur Dubois. Vous oubliez votre panier!

— C'est vrai. Merci, madame.

Elle rit encore en répétant :

— Mon Dieu, il vient pour ça et il oublie son panier.

Mais, cette fois, Julien n'écoute plus; hâtant le pas, il se dirige vers le garage.

30

Lorsque la mère appela Julien, il faisait déjà presque nuit dans sa chambre. Ouvrant les yeux, il la devina dans l'entrebâillement de la porte, comme jadis lorsqu'elle venait l'appeler le matin, pour aller à l'école. Il lui fallut quelques instants pour comprendre qu'il était 7 heures du soir, et qu'il devait partir.

— Est-ce que tu te sens mieux? demanda la mère.

— Oui, oui, ça va aller.

— Sinon, j'appellerais le docteur, il te prolongerait ta permission.

Cette proposition fouailla Julien qui s'assit sur son lit.

— Ça va très bien, dit-il.

La mère eut un soupir et s'éloigna lentement en disant :

— Tu ne veux rien entendre pour mettre une coiffure.

Il demeura quelques minutes immobile, fixant la lucarne de sa chambre. Il tendit l'oreille. Il pleuvait. Il revit la route du retour. La cuisine où sa mère lui avait demandé ce qu'il avait. Son lit où il s'était allongé tout habillé. Odette. Bon Dieu, ce cri de bête blessée, ce visage terrifié, ce froid venu du fond de la pièce qu'elle avait traversée pour se sauver. Le froid venu de cette nuit où elle s'était enfoncée.

Donc, au moment précis où il était avec elle sous le lavoir, au moment de cette jouissance, l'homme était mort. « Un brave garçon, travailleur, sérieux... » Odette aussi pensait à cela. Elle avait dit : « C'est ma faute... Ce soir-là... » Elle se sentait responsable. Elle devait estimer qu'ils l'avaient tué, comme ça, à distance, tout simplement parce qu'ils avaient été heureux. Heureux de son bonheur à lui. Ils lui avaient volé quelque chose et ce geste l'avait tué, lui. Si Odette pensait à cela, c'est donc qu'elle croyait à une force supérieure, à une puissance mystérieuse qui l'aurait tué lui, pour la punir elle...

Julien était trop fatigué pour réfléchir vraiment. Lorsqu'il descendit, sa mère lui demanda :

— Tu as entendu, cet orage?

— Non.

— Ça a pourtant craqué fort. C'était à prévoir, le soleil piquait trop. C'est ce qui t'a fatigué... Tu vas te préparer, et puis tu mangeras avant de partir.

— Je n'ai pas faim.

La mère insista, mais Julien ne put rien prendre.

— Tu as de quoi manger dans ta valise, tu sais.

Il y avait, sur la table de la salle à manger, une grande valise ouverte. Julien la regarda.

— Mais, ce n'est pas ma valise, dit-il.

— Non, c'est celle que nous avait laissée en garde ce petit gars de Dombasle, tu sais, celui qui était blessé et qui est parti avec toi, pour la débâcle.

— Mais cette valise était fermée, elle n'est pas à nous.

— Depuis bientôt trois ans, s'il avait pu la réclamer, ce serait fait depuis longtemps.

Ils se regardèrent. Il y avait, sur le visage de la mère, une grande tristesse résignée. Elle souleva lentement ses mains qu'elle laissa retomber contre son tablier.

— Il a peut-être été tué, le pauvre gars. Et puis, tu sais, il avait déjà une blessure qui n'était pas belle, avec de l'infection et de la fièvre.

— Mais enfin, je ne peux pas emporter cette valise.

La mère était allée vers une chaise, dans le fond de la pièce. Elle prit une veste grise qu'elle avait suspendue au dossier et l'apporta en disant :

— Il n'y avait que ce costume de bon, mais je pense qu'il sera trop petit pour toi. C'est dommage, le tissu est beau.

Julien s'était reculé. La mère avança encore.

— Non! cria-t-il, je ne veux pas essayer le costume d'un mort.

Elle eut une hésitation, ébaucha un maigre sourire puis, prenant la veste par les épaules, elle voulut l'approcher de Julien.

— Laisse-moi au moins regarder la largeur d'épaules.

Il recula jusqu'à la cuisine en criant :

— Non! non, je ne veux pas toucher ça.

Son propre cri lui rappela celui d'Odette. Il vit que sa mère ne comprenait pas et chercha le moyen de se reprendre. Il se sentait ridicule. Il essaya de rire en disant :

— Allons, fous-moi cette relique aux chiffons, c'est déjà bien assez que j'emporte la valise.

L'orage avait laissé derrière lui une pluie fine, à peine bousculée de loin en loin par un soubresaut du vent. Julien gagna la gare à pied, sa valise sur l'épaule. Cette valise qui avait appartenu au petit gars de Dombasle disparu dans la débâcle. Il le revoyait assez mal, visage perdu dans cette foule démente et talonnée par la peur. C'était un garçon blond, mince et que sa blessure à l'épaule contraignait à se tenir légèrement de biais sur sa bicyclette. Julien l'avait aidé jusqu'à Lyon. Mais là, le garçon, à bout de forces, était resté à l'hôpital.

La mère avait-elle raison? Etait-il mort?

Julien s'arrêta devant l'église Saint-Désiré. La pluie fraîche lui était agréable. Il resta un moment ainsi, la valise à ses pieds, sur le trottoir où quelques passant se hâtaient. Tout luisait, l'eau qui tombait comme celle qui courait sur les pavés.

Il avait souvent pensé à la mort depuis la disparition de l'oncle Pierre. Il avait même espéré que la mort était pour tout le monde, sauf pour lui. Il ne savait pas comment cela se ferait, mais lui, Julien Dubois, il ne pouvait pas mourir. Il refusait cette idée. Il ne se voyait pas du tout mort. Pour le moment, tout le monde mourait, mais, avant qu'il ne fût vieux lui-même, on aurait découvert un remède qui rendrait l'homme immortel. Le tout était de tenir jusque-là. Alors, il pourrait vivre éternellement. Mais qu'était justement cette éternité? Il tentait de l'imaginer. C'était après et puis toujours après. Là, il se heurtait à quelque chose d'indéfinissable qui était comme une nuit très fluide et sans bornes. Une nuit sans astres, sans lumière, sans points de repère. Aujourd'hui, ce n'était pas cette idée-là qui lui venait, mais une autre qu'il ne parvenait plus à repousser et qui était celle de tous ces morts qu'il avait connus. Est-ce que tous les gens qu'il approchait devaient mourir? L'oncle Pierre était vieux, mais il pouvait vivre encore vingt ans, trente ans peut-être. Et le chef? Et Guernezer? Mais rien n'indiquait que Guernezer fût mort. Si : le silence. Comme pour le gars de Dombasle. Si Guernezer était arrivé chez lui, il aurait certainement envoyé un mot. Une de ces cartes interzones qui ne voulaient rien dire sinon que l'expéditeur était vivant. Et ce prisonnier, le mari d'Odette. Ce garçon travailleur et sérieux, dont il ignorait aussi bien le visage que le nom? Celui-là était mort. Mort à la minute précise où sa femme et Julien...

Il ferma les yeux. Tout à l'heure, il s'était sauvé devant ce costume, devant ce vêtement qui avait appartenu à un mort. Est-ce que vraiment la mort était partout, collée à lui, épiant les gens qu'il approchait?

— Sylvie!

Il s'aperçut soudain qu'il venait de crier ce prénom. Il regarda la rue autour de lui. Personne ne semblait l'avoir remarqué. Il se hâta pourtant d'empoigner sa valise, cette valise du mort, et de reprendre son chemin sous l'averse.

TROISIÈME PARTIE

31

C'était l'été. Les jours avaient grandi. Le parc du Mail était vert avec des allées d'ombres bleues. Le soir de son retour, Julien attendit longtemps sur le banc le plus proche de l'entrée. Ici, loin de Lons et de la guerre, il parvenait à fixer sa pensée sur Sylvie. Il redoutait pourtant son regard, cette façon qu'elle avait de plonger en lui, de lire ce qu'il gardait de plus secret. Lorsqu'elle arriva au bout de l'allée, il ne put l'attendre. Il courut à elle; il la prit dans ses bras et la souleva pour mieux l'embrasser.

Sylvie se mit à pleurer en disant :

— C'est merveilleux de se retrouver, mon chéri. C'est merveilleux, mais je ne veux plus que tu partes. C'était trop long, tu sais. J'ai eu trop mal.

Il faisait grand jour. Ils se trouvaient tout

près de la rue où les gens passaient sans cesse.

— On peut nous voir, dit Sylvie.

— Je m'en moque.

C'était vrai. A présent, il n'y avait plus que Sylvie. Le monde se bornait à son regard que Julien ne quittait plus. Tout le reste avait disparu soudain.

— Tu as tort, dit-elle, ce n'est pas le moment d'éveiller les soupçons de mes parents.

— Pourquoi?

— Devine.

Elle souriait. Elle essaya de le faire chercher, mais elle avait sans doute trop attendu cet instant.

— Tu sais que je t'ai parlé de ma cousine d'Albi, celle qui vient de se marier. Eh bien, elle est venue présenter son mari à mes parents. Ils m'ont invitée. Je lui ai parlé de toi. J'étais persuadée qu'elle comprendrait.

— Et nous partirions tous les deux?

— Oui, je leur ai dit de te retenir une chambre à l'hôtel. Ma mère m'accompagnera au départ du car, mais tu n'auras qu'à monter à l'arrêt suivant.

— Ta mère ne me connaît pas.

Sylvie eut un hochement de tête.

— Je me méfie. C'est toi qui la connais mal.

Julien ne cessait de regarder Sylvie. Tout son visage souriait. Ses yeux disaient qu'elle ne parvenait pas à croire à un tel bonheur.

Le samedi vint enfin et ils firent comme ils

l'avaient prévu. Julien monta dans le car à l'arrêt de l'Albinque. Il y avait beaucoup de monde et il dut lutter un bon moment, entendre bien des jurons avant de rejoindre Sylvie au fond du véhicule. Elle lui souriait. Elle avait relevé ses cheveux et son cou paraissait plus long et plus frêle. Elle portait un corsage blanc brodé sous sa veste de tailleur beige. Julien ne l'avait jamais vue aussi belle.

Il régnait dans le car une chaleur étouffante. Les gens se plaignaient sans cesse et réclamaient davantage d'air. Il y eut des disputes à cause des valises encombrant le passage central. Un enfant malade vomit sur un monsieur grincheux. Le car s'arrêtait à chaque village, et il montait plus de monde qu'il n'en descendait. Le car était plein mais il en montait toujours. Et tout cela était amusant. Debout dans le couloir, serrés l'un contre l'autre, écrasés par les voyageurs qui les bousculaient, Sylvie et Julien vivaient une aventure de rêve.

A Albi, les cousins de Sylvie attendaient à l'arrêt. Ils étaient petits et minces tous les deux et formaient un couple en miniature. Un couple rieur et ouvert. Le garçon était un employé de la préfecture.

— Nous montons à la maison tout de suite, dit-il. Vous aurez le temps de voir la ville demain.

— En passant, dit la femme, nous allons montrer à M. Dubois où est son hôtel. Il fera sa fiche et comme ça nous pourrons avoir une longue soirée tranquille.

Sylvie se mit à rire. Un beau rire clair qui réchauffait le cœur.

— Qu'est-ce qui t'amuse tant? demanda sa cousine.

— « M. Dubois. »

— Quoi donc?

— C'est la première fois que je t'entends appeler comme ça, mon chéri, dit-elle à Julien. Et ça me fait tout drôle.

— Un jour, dit le cousin, on te dira : Madame Dubois.

— Pas toi, en tout cas.

— Non. Et je trouve même que c'est ridicule, ces manières entre nous.

— Mon mari a vingt et un ans, fit la cousine, et moi vingt.

— On peut se tutoyer, dit-il. Je m'appelle Alain.

— Et moi Eliane.

Ils habitaient un appartement minuscule en haut d'un immeuble banal. Tout était à leur taille et Julien n'osait remuer de peur de casser quelque chose. Sylvie le remarqua.

— Ne fais pas l'éléphant, lui recommanda-t-elle. Et ne touche à rien avec tes grosses pattes.

Ils riaient tous. Ils avaient envie de rire. Comme ça, à cause de leur jeunesse et de la joie d'être ensemble.

— Est-ce que vous savez qu'il a été lutteur? demanda Sylvie.

— Mais non, nous ne savons rien.
— Tais-toi, dit Julien.
— Il en a honte. Mais moi je n'ai pas honte. Parce que je t'aime. Et je t'aimerais même si tu ramassais les mégots.
— Mais je ne fume pas.
— Veinard, dit Alain.
— Il t'a même apporté des cigarettes de troupe, mais il n'ose pas te les donner.
Julien donna les cigarettes.
— Et il peint, dit Sylvie. Seulement, je ne lui ai pas dit que je vous apportais une aquarelle de lui, il me l'aurait défendu.
Elle avait tiré de son sac un papier roulé et tenu par un élastique. Julien voulut se précipiter pour le lui prendre, mais il se cogna contre une chaise. Sylvie avait donné le rouleau à Eliane.
— Sauve-toi avec, lui cria-t-elle.
Puis elle se jeta dans les bras de Julien et l'entraîna sur un petit canapé-lit qui se trouvait dans l'angle de la pièce.
— Vous voyez, dit Alain, quand vous serez mariés, on ne pourra plus vous coucher, nous n'avons que ce canapé à une place.
De la cuisine Eliane cria :
— Tu le tiens solidement, Sylvie?
— Sois tranquille, il ne bougera pas.
Sylvie prit entre ses dents la joue de Julien. Eliane reparut, tenant l'aquarelle déroulée.
— C'est magnifique, dit-elle. Vous verrez que les Lautrec du Musée ne valent pas mieux.

Tout le repas fut un peu fou. Le jeune couple avait accompli des prodiges. Il y avait même du vrai champagne. Et ce repas, et ce vin ajoutaient à leur gaieté.

— C'est comme notre voyage de noces, dit Julien.

— De fiançailles, rectifia Sylvie; tu exagères.

— Nous, avoua Alain, nous avons fait notre voyage de noces avant d'être mariés, et nous avons bien fait, parce que aujourd'hui...

Sa femme l'interrompit.

— Ce sont des choses qu'on ne raconte pas, dit-elle.

— Pas à tout le monde, mais à eux... Et puis il ne faut pas avoir honte de son bonheur. Le tout, c'est d'être heureux, le respect des règles établies ne compte pas.

— C'est vrai.

Ils s'embrassaient. Ils riaient. Ils buvaient encore.

— Quand j'aurai une fille, dit Eliane, je l'appellerai Sylvie et tu seras sa marraine.

— Tu attends une fille?

— Non. Pas avant la fin des restrictions. Nous voulons avoir de beaux enfants. Nous ne voulons pas qu'ils souffrent.

— Ils viennent parfois plus tôt qu'on ne voudrait, dit Sylvie.

— Non, affirma sa cousine. Pas si on ne veut pas.

A 11 heures du soir, ils descendirent. Il y avait, comme à Castres, un grand jardin où ils restèrent longtemps. Après la lumière de la pièce, après leur joie bruyante, la nuit fraîche et calme les accueillit. Sous les arbres, les deux couples s'isolèrent. Ils ne riaient plus. La nuit sentait bon mille fleurs, et jamais Julien n'avait autant désiré Sylvie.

32

Il faisait chaud dans cette chambre et Julien s'était allongé nu sur son lit. Le jeune couple et Sylvie l'avaient accompagné jusqu'à l'entrée de l'hôtel. La fenêtre donnait sur une cour assez large d'où montaient, comme d'un puits, des bouffées de nuit fraîche.

Julien sentait cette chaleur de la chambre et celle qui était en lui et il respirait à longs traits cet air plus vif. Il essayait de ne penser qu'à cette journée du lendemain qu'il leur restait à vivre loin de Castres. Sylvie. Il n'y avait que Sylvie. Le reste était lointain. Par-delà cette nuit où des visages tentaient de s'approcher de la lumière, où le cri angoissé d'une femme se confondait avec le souffle à peine perceptible du vent, il devait y avoir Sylvie, les heures avec elle, puis le souvenir de ces heures et l'espoir des lendemains encore meilleurs. Sylvie jusque dans le sommeil.

Une sonnerie grêle, comme étouffée par l'épaisseur d'une cloison grelotta. Julien eut un sursaut. La sonnerie insista puis se tut. Il n'y avait plus aucun bruit sur la ville.

Julien avait mal à force d'amour, une longue douleur qu'il goûtait en silence. Demain il y aurait encore Sylvie. Sylvie pour lui seul, en une ville où rien ne les séparait.

Il sursauta de nouveau. Se soulevant sur un coude, il écouta. On frappait à sa porte; de petits coups timides et pressés.

— Qu'est-ce que c'est?

Sa propre voix l'effraya. Il émergeait d'un univers qui n'était pas encore le sommeil, mais n'appartenait déjà plus à la vie.

— C'est moi... Sylvie... Ouvre vite.

Il s'affola.

— Oui, oui, répétait-il. Oui. Oui. Je viens.

Il cherchait ses vêtements dans l'obscurité. Il ne trouva que son pantalon, et c'est seulement lorsqu'il l'eut passé que l'idée lui vint d'allumer la lampe de chevet. Torse nu, il courut à la porte et ouvrit.

Sylvie était là.

Elle se glissa dans la chambre. Dans son regard, il y avait en même temps le feu de son amour et une lueur qui réclamait un pardon. Elle s'était adossée à la porte refermée. A un pas devant elle, immobile, Julien la regardait, incapable d'un mot, incapable d'un mouvement. Elle baissa les yeux en murmurant :

— Tu m'en veux?

Alors seulement il comprit qu'elle était vraiment là; près de lui; pour lui.

— Sylvie, tu es venue.

Il avait à la fois envie de rire et de pleurer. Toute sa fièvre, que la fraîcheur de la nuit avait commencé d'apaiser, venait de remonter en lui.

— Sylvie... Sylvie, répétait-il. Mon amour.

Il l'entraîna sur le lit, puis alla tirer les rideaux de la fenêtre. A présent, il la regardait. Il la regardait comme une merveille trop longtemps convoitée et que l'on n'osait plus espérer; comme une chose dont on craint qu'elle n'appartienne à un autre univers.

Elle demanda encore :

— Tu ne m'en voudras pas?

Et il ne savait que répéter :

— Mais mon amour, mon amour, mon amour.

A présent, leur fièvre à demi apaisée, ils sont sans force dans ce grand lit défait. Ils sont là, avec leur amour dont ils n'avaient peut-être jamais aussi bien senti la puissance. Le temps est immobile. La nuit n'aura pas de fin.

— Tu as osé venir, dit Julien. Tu as osé. Je ne l'oublierai jamais.

— Non, dit-elle. Seule, je n'aurais pas osé. Alain m'a accompagnée. Sans eux, je n'aurais pas pu. Il a dit au veilleur de nuit : « La femme de mon ami devait le rejoindre demain, elle a pu venir ce soir. » Le veilleur a voulu téléphoner. Tu n'as pas répondu. Tu dormais déjà?

— Non, je ne dormais pas.

— Mais il a sonné longtemps. Il a même dit : « Votre mari a le sommeil lourd. »

— Mon Dieu, dit Julien. J'ai entendu, mais la sonnerie était si faible à côté de celle du poste. J'ai cru que c'était loin, très loin.

Elle fit mine de bouder.

— Tu as deviné et tu ne voulais pas de moi, fit-elle. Pour un peu nous repartions, tu sais.

— Je ne me le serais jamais pardonné.

— Tu es heureux?

— Je n'ose pas le croire.

— Est-ce que tu es heureux d'être le premier?

Elle avait rougi en disant cela.

— Tu as eu mal?

— Un mal merveilleux.

Ils s'aimèrent encore et Sylvie dit :

— Si un jour on voulait nous séparer, est-ce que tu accepterais de mourir avec moi?

— Je t'ai déjà dit que je préférerais t'enlever.

— Et si c'était impossible?

— Je me battrais. Je...

— Mais si vraiment c'était impossible?

Lorsqu'elle eut enfin fait admettre à Julien cette idée de mourir avec elle, elle se mit à lui expliquer comment ils feraient. Ils reviendraient à Albi, dans cette chambre... Ils se coucheraient...

Elle parla longtemps. Julien avait renoncé à lui imposer silence. Allongé contre son corps nu, il respirait le parfum de ses cheveux et c'était seulement le murmure très doux de sa voix qu'il entendait.

A un certain moment, elle cessa de parler, enfouit son visage contre le cou de Julien qui sentit bientôt qu'elle s'était endormie. Alors, n'osant faire un mouvement, retenant son souffle, il écouta longtemps le bruit de sa respiration et le battement de son cœur. Elle avait parlé de la mort, mais Julien n'avait rien retenu de tout ce qu'elle avait dit. Elle était contre lui, il resserrait son étreinte, il se sentait fort pour la protéger de tout, et même de la mort.

33

En s'éveillant, Julien regarda Sylvie. Il faisait jour. Elle avait dû se lever pour ouvrir les rideaux. Elle s'était recouchée et l'observait.

— Nous sommes loin, murmura-t-elle. Très loin du monde.

— Oui, il y a nous deux, et le reste ne compte pas.

— Eliane et Alain, un tout petit peu. Sans eux, je ne serais pas ici.

— Quelle heure est-il?

— Presque 8 heures.

— Et nous devons nous retrouver à 9 heures.

Elle sourit.

— Nous *devions*, dit-elle. Mais cette nuit, quand il m'a accompagnée, Alain m'a dit : « On ne vous espère pas avant midi. »

— Tu as un cousin formidable. Il faudrait lui faire obtenir la Légion d'honneur.

Elle se pencha sur lui et il fut noyé sous le flot odorant de ses cheveux défaits.

— C'est ma maison, dit-il.

— Notre maison. Moi j'y suis aussi. Mais si je m'en vais, il ne te reste rien.

Ils s'aimèrent, puis Sylvie téléphona pour avoir le petit déjeuner. Julien l'entendit qui disait :

— Beaucoup... Beaucoup aussi... Mon mari a très faim.

— Qu'est-ce que tu as demandé?

— Du pain et de la confiture, il n'y a que cela.

— Et tu as des tickets?

— Non, mais Alain en aura certainement. Et puis je m'en moque, quand tu auras mangé, on se débrouillera toujours.

Il la sentait turbulente, habitée d'un grand tumulte, et très heureuse.

— Si nous partions tous les deux? dit-il.

Aussitôt, le regard de Sylvie s'assombrit.

— Tu sais bien que c'est impossible.

— Mais pourquoi?

— Je t'en supplie, ne me torture pas.

Elle se tut, parut chercher ses mots et dit enfin, d'une voix très douce :

— C'est une journée magnifique. Rien que pour nous. Rien que pour nous deux.

Il comprit qu'elle ne voulait rien voir au-delà de ces quelques heures qui leur appartenaient.

A midi, ils rejoignirent le jeune couple

dans le petit appartement où le couvert était mis. Julien eût aimé remercier Alain. Il lui serra la main très fort et, à son regard, il vit que cela suffisait.

Leur joie n'était plus la même que la veille. Elle était moins brillante, elle pétillait moins, mais il y avait entre eux quatre quelque chose de plus solide. Il leur arrivait de rester de longs moments sans parler, avec uniquement des regards et des sourires.

En attendant l'heure du départ, ils allèrent au Musée. Il y avait peu de monde dans les salles où le soleil entrait, tamisé par des feuillages. Sylvie remarqua :

— Je suis déjà venue ici deux fois, mais je n'avais jamais aussi bien vu Lautrec.

— C'est qu'on voit mieux la peinture avec quatre yeux qu'avec deux.

Devant les toiles, les études, les affiches, ils n'avaient nul besoin de parler. Ils regardaient et ils pouvaient se communiquer toutes leurs sensations par la seule pression de leurs mains.

Le soir, dans l'autocar qui les ramenait, ils purent s'asseoir. Sylvie avait mis sa tête sur l'épaule de Julien. Elle s'appuyait sur lui de tout son poids. Il savait qu'elle ne dormait pas, mais il se taisait.

Il y eut un long crépuscule un peu inquiétant, avec des ombres d'arbres étirées sur les prés lumineux. Puis ce fut la nuit, avec la faible lueur des lampes intérieures, et le défilé des maisons et des arbres tirés de l'ombre par le passage des phares.

Plusieurs fois, Sylvie eut un soupir et Julien resserra son étreinte. Comme ils approchaient de Castres, il sentit qu'elle pleurait doucement. Il l'embrassa, mais il ne put rien dire.

A l'Albinque, il descendit seul. Immobile sur le trottoir, il regarda le car s'éloigner sous la voûte des grands platanes.

34

Toute la semaine suivante, le temps demeura beau et de plus en plus chaud. Ils se retrouvaient chaque soir au jardin Briguiboul qui était le plus tranquille. Ils parlèrent plusieurs fois d'Albi et Sylvie assura qu'Eliane les inviterait encore.

Le jeudi matin, les journaux annoncèrent que Paris avait encore subi un important bombardement. Julien eut peur. Il regardait Sylvie qui s'efforçait à sourire. Sans en rien dire, ils attendaient. Julien pensa souvent à Odette. Il repoussait cette pensée, mais elle le harcelait. Il ne connaissait pas plus le prisonnier mort que le fiancé de Sylvie, mais il les imaginait tous deux à peu près semblables. Le brave ouvrier, sérieux et travailleur et le fils d'industriel se confondaient. Ils n'étaient qu'un seul garçon mort sous les décombres d'une ville.

Le samedi matin, Julien se rendit, en compagnie de Riter, à la librairie où il put trouver deux livres que Sylvie désirait depuis longtemps. L'après-midi, bien avant 2 heures, il était sur la route du Sidobre où ils avaient rendez-vous. Il faisait très chaud. Il marcha en direction de la campagne. Sylvie viendrait à bicyclette, elle le rattraperait. Il se retournait souvent, s'arrêtant lorsque apparaissait, tout au bout de la rue, une femme à bicyclette. Il passait surtout des cyclistes.

Après le premier tournant, Julien s'immobilisa. D'ici, il ne voyait plus l'enfilade de l'avenue. Il hésita quelques instants, puis revint sur ses pas. Sylvie avait déjà dix minutes de retard. Habituellement, elle était exacte, parfois même en avance. Elle disait :

— Si un jour tu me faisais attendre, je serais très malheureuse. Alors, je ne veux pas que tu le sois toi-même.

A force de fixer cette avenue baignée de soleil, Julien avait mal aux yeux. Il y avait constamment des cyclistes qui, vus de très loin, pouvaient être Sylvie.

Il s'imposa de compter jusqu'à vingt sans regarder. Puis il regardait pendant vingt secondes. L'inquiétude le gagnait. La sueur coulait sur son corps et ses mains moites marquaient le papier enveloppant les deux livres.

A 3 heures, il avait déjà parcouru quatre fois la longueur de l'avenue.

— Elle a eu un accident, ou elle a oublié. Et si je m'étais trompé d'endroit? Et si elle avait mal compris? Elle m'attend peut-être ailleurs. Elle n'attend plus. Si, peut-être. Est-ce qu'elle a aussi mal que moi? Si elle m'aimait vraiment, elle ne ferait pas cela. Elle n'a peut-être pas pu prévenir... Malade? Non. Hier elle était bien. Un accident? Et si ce bombardement...? Si ce garçon de Paris...

Il revint jusqu'au commencement de l'avenue, près de l'Hôtel-Dieu. Il regarda un moment en direction de la rue Durenque, mais il eut peur soudain que Sylvie ne prît un autre chemin. Alors, courant comme un fou il revint sur l'avenue. A présent, il était incapable de raisonner. Son cerveau ne fonctionnait plus normalement et c'était en sa poitrine oppressée par la peur que tout se passait.

Il voulait courir jusque chez Sylvie, aller au Mail, à Briguiboul; il eût aimé être partout où ils se rencontraient habituellement.

— Et si elle était retournée à Albi? Seule? Ou avec un autre? Je suis malade. Et si ses parents avaient appris quelque chose? S'ils la séquestraient? S'ils l'avaient battue?

Julien se sentait capable de meurtre pour retrouver Sylvie, pour la venger, pour l'arracher à d'autres.

Et si elle était allée mourir seule, dans la chambre d'Albi? Mais pourquoi mourir? Hier elle souriait. Elle riait même. Malgré l'annonce de ce bombardement, elle paraissait heureuse. Elle était heureuse. Elle avait son regard plein de petites taches de soleil, plein d'étoiles comme un beau ciel de rêve.

Un soir, à Briguiboul, il lui avait dit :

— Tes yeux sont comme les ciels de Van Gogh, ils ont plusieurs soleils.

— Je ne veux pas que tu penses trop à Van Gogh.

— Pourquoi? C'est un grand peintre.

— Oui, mais il s'est coupé l'oreille et il est mort fou. Je tiens à tes oreilles et je veux pas que tu deviennes fou.

— Je le suis depuis que je te connais.

— Oui, mais pour vivre, pas pour mourir. Et pas au point d'aller voir des prostituées et de leur offrir ton oreille.

Deux fois, Julien demanda l'heure à des passants. Il les laissait ensuite faire quelques pas, et regardait sa montre. Elle fonctionnait parfaitement.

Il fixait sans cesse à son attente des limites qu'il prolongeait toujours. Pourtant, à 4 heures, il partit en direction de l'avenue de Villeneuve. Il marcha rapidement dans les rues où il y avait beaucoup de gens peu pressés. A vingt pas de la villa où habitait Sylvie, il s'arrêta. Pendant un bon quart d'heure il observa la grille. Reprenant sa marche, il passa devant la maison, se haussant sur la pointe des pieds pour regarder par-dessus les fusains. Les volets de fer étaient entrebâillés, la porte close.

Julien marcha jusqu'à l'octroi sans se retourner, s'arrêta, et revint sur ses pas. Il entendait la voix de Sylvie qui lui avait répété cent fois :

— Ne m'écris jamais. Ne viens jamais rôder autour de chez moi.

Il fit encore trois va-et-vient. Deux femmes sortirent sur le seuil d'une maison voisine. Comme elles le regardaient avec insistance, il s'éloigna.

Arrivé en ville, il eut l'intuition que Sylvie était allée route du Sidobre durant son absence. Il prit sa course, gagna d'une seule traite le bout de l'avenue. Il ne sentait ni la fatigue ni l'essoufflement. Au tournant, il regarda derrière lui, puis continua. A présent, il n'avait plus de but. Il ne cherchait plus Sylvie, il allait vers la campagne. Il allait devant lui, sans rien voir, sans rien entendre.

Au crépuscule il était loin de la ville. Il s'assit sur l'herbe au bord de la route, et laissa le froid de la terre et du soir coller à son corps ses vêtements trempés de sueur.

Est-ce que la mort pouvait venir ainsi? Est-ce qu'elle pouvait monter de la terre et s'emparer d'un corps d'homme? Est-ce qu'elle pouvait endormir cette terrible douleur qui était en lui comme une plaie sans cesse irritée?

A présent, il ne consultait plus sa montre. Il ne scrutait plus la route déserte. Il était un corps inerte et douloureux sur le bord du fossé. Un être incapable de penser.

35

Riter était seul au poste, assis devant le petit bureau et qui lisait, la tête dans ses mains. Sans se retourner, sans ôter sa pipe de ses dents, il lança :

— Dubois, tu es un salaud. Tu étais de garde à 8 heures. Moi, j'avais retenu une place au théâtre, elle est foutue.

— Quelle heure est-il donc?

Agacé, Riter cria :

— Ah ça va! Ne joue pas au con, tu as une montre, non! Quand il s'agit de t'en aller, tu ne demandes pas l'heure!

Julien consulta sa montre. Il était près de 10 heures.

— Excuse-moi, mon pauvre vieux, fit-il. Excuse-moi.

Sa voix devait sonner étrangement, car Riter se retourna, la pipe dans la main, soufflant une grosse bouffée de fumée. Il regarda Julien, puis, se levant brusquement, il vint à lui.

— Bon Dieu, Dubois, qu'est-ce que tu as? Qu'est-ce qui t'est arrivé?

— Rien. Rien.

— Mais tu es malade? Tu t'es bagarré?

Il poussa Julien vers un lit et le contraignit à s'asseoir.

Julien hocha la tête, il eut un ricanement et fit mine de se lever, Riter le repoussa. Il se rassit sans opposer de résistance. Ses forces avaient coulé de lui comme une sève d'un arbre blessé.

— Ta môme t'a lâché, fit Riter. Je m'en doutais.

Julien éprouva comme une brûlure qui le fit tressaillir.

— Non! lança-t-il. Non!

— Mais qu'est-ce que tu as, alors? Tu es malade? Explique-toi, bon Dieu. Si je peux t'aider, on verra.

Riter obligea son camarade à boire un grand quart de café très sucré où il avait versé du marc.

— Tu veux manger?

— Je ne pourrai pas.

Patiemment, le Parisien interrogea Julien. Mot par mot, il finit par lui arracher la vérité. A mesure qu'il parlait, Julien éprouvait un certain soulagement. Il ne dit pourtant rien ni d'Odette ni de sa peur au sujet du bombardement de Paris.

— Faut que tu sois con, fit Riter, pour en arriver là.

— Tu ne peux pas comprendre.

— Si, mais je n'admets pas. Tu te crois fort et tu es une loque. Tu te dégrades autant que tu me reproches de le faire quand je bois. Cette fille t'a foutu en l'air. Elle te demanderait d'aller cracher au visage de ta propre mère, tu serais capable d'y aller.

— Tais-toi donc.

— Dis que ce n'est pas vrai?

— Je te demande de te taire! cria Julien.

— Oh, je sais, fit Riter, tu retrouverais vite la force de me casser la gueule. Suffirait que j'égratigne un tout petit peu cette... cette...

Il se tut.

— Riter, si tu savais ce que j'ai déjà fait à cause d'elle, tu te tairais.

— Je sais que pour elle tu es capable du pire. Et pourtant, je persiste à croire que tu n'es pas un type fini. Tu peux encore t'en tirer.

Il marqua un temps, recula d'un pas et lança :

— Mais il faut que tu te sortes des pattes de cette fille.

— Tais-toi, Riter. Je te supplie de te taire si tu es mon ami.

— Oui, je suis ton ami. Et c'est à cause de cela que je parlerai. Même si ça te fait mal sur le coup, tu me remercieras plus tard. Ça me dégoûte de te voir couillonné par cette mijaurée qui n'est qu'une petite put...

Riter ne put achever. Le poing de Julien venait de lui écraser la bouche. Sa tête partit en arrière. Ses yeux chavirèrent, ses bras s'écartèrent, sa main accrocha le dossier d'une chaise qui tomba sur lui. Julien demeura un instant frappé de stupeur. Le corps maigre de son ami était par terre cassé en deux dans l'angle du mur, un filet de sang coulait sur sa chemise. Julien se précipita.

— Riter, bon Dieu. Etienne! Etienne!

C'était la première fois qu'il l'appelait par son prénom. Il détourna la chaise et souleva le soldat inerte. Il ne pesait pas lourd, mais son corps pantelant se dérobait. Julien parvint pourtant à l'allonger sur le lit.

A présent il avait retrouvé toute sa lucidité. Il constata que les deux lèvres étaient largement fendues, mais il avait peur surtout que le crâne n'eût porté contre le mur. Il souleva doucement la tête et passa sa main sous les cheveux épais de son ami. Il ne sentit rien d'anormal. Il courut alors à la cuisine et revint avec un bouteillon d'eau où il trempa une serviette. L'eau froide réveilla le blessé qui battit des paupières et eut une grimace douloureuse en portant sa main à sa bouche.

— Etienne. Mon vieux. Je suis un salaud. Je suis un salaud. Je te demande pardon. Fous-moi sur la gueule, je ne me défendrai pas.

Le Parisien s'assit au bord du lit et, la tête penchée au-dessus du bouteillon, il se laissa docilement laver les lèvres. Comme Julien recommençait à implorer son pardon, il dit simplement :

— Ferme au moins ta gueule, tu veux? c'est tout ce que je te demande.

Julien se tut. Riter se leva et marcha jusqu'à un placard qu'il ouvrit. A l'intérieur de la porte, il y avait un miroir. Il se regarda, essuya le sang qui continuait de couler puis, essayant de rire, il dit :

— Moi qui voulais tant savoir si tu es vraiment capable de cogner dur, je suis fixé.

— Ça te fait mal, hein?

— On ne peut pas dire que ce soit agréable. Trouve-moi du papier à cigarettes.

Julien fouilla dans le tiroir du bureau.

— Avant d'arrêter le sang, faudrait désinfecter, dit-il.

— C'est ce que je vais faire.

Riter versa du marc dans un quart qu'il porta à sa bouche. Il mouilla ses lèvres, avala d'un trait, puis poussa un hurlement.

— Saloperie de merde, que ça brûle!

Il passait sa langue sur ses lèvres, et marchait autour de la table en secouant sa main. Quand il s'arrêta, il regarda Julien et cria :

— Tu es un foutu salaud, tu sais. C'est la première fois que je maudis cette boisson sacrée.

Julien comprit qu'il ne lui en voulait pas vraiment.

— Je sais, dit-il. Mais je te jure que c'est parti malgré moi.

— Et pourtant, je le sentais venir. Je l'ai cherché. Je sais qu'un homme qui aime est un anormal, un détraqué. Exactement comme le mec qui a bu. Je n'ai pas le droit de t'en vouloir.

— Mais aussi, pourquoi as-tu dit une chose pareille?

Riter hésita.

— Pour te rendre service, fit-il.

— Mais tu sais bien que ce n'est pas vrai.

— Est-ce que tu te sens capable de m'écouter sans m'arracher un bras?

Julien fit « oui » de la tête. Riter passa encore sa langue sur ses lèvres enflées où le sang noircissait le papier collé.

— J'ai dit cela parce que c'est la vérité. (Il leva la main.) Tais-toi. Laisse-moi parler. Pendant que tu faisais l'imbécile sur la route du Sidobre où elle t'avait expédié, elle se baladait au bras d'un type.

— Tu te trompes, Etienne. C'est impossible.

— Je n'étais pas soûl. Il était un peu plus de 2 heures. Je suis descendu tout de suite après toi, et tu sais bien que je n'avais pas bu. Je les ai vus passer. Ce type lui donnait le bras. Un grand, sec comme un barbelé. Elle m'a vu. Et j'ai fait exprès de bien la regarder. Je croyais qu'elle allait être gênée. Mais non, elle m'a même fixé avec insistance.

Julien comprit que son camarade ne mentait pas. Il n'éprouvait rien. Rien qu'une sensation curieuse, encore indéfinissable.

— De toute façon, ajouta Riter, je te l'aurais dit. Je ne veux pas que tu passes pour un con. Tu vaux mieux que ça.

Julien se leva lentement, fit quelques pas et revint s'asseoir. Peu à peu sa douleur revenait, reprenait place en lui. Les dernières paroles de Riter résonnaient encore : « Tu vaux mieux que ça. » Il regarda Riter.

— Si tu savais de quoi je suis capable.

Riter voulut sourire, mais il dut avoir mal car il fit une horrible grimace. Montrant ses lèvres, il dit :

— Je sais.

— Je ne parle pas de ça.

— Tu as l'air de considérer ça comme une bricole.

— Excuse-moi, mon pauvre vieux, mais c'est vrai.

— Alors, réserve le reste à d'autres.

— Il y a déjà bien pire de fait.

Julien hésitait encore.

— Tu sais que je n'ai aucune curiosité malsaine, fit Riter, mais je sens que si tu parles, ça te soulagera.

Julien parla. Il raconta comment il avait laissé Berthier partir seul.

— Je n'ai même pas trouvé le courage d'en parler à un autre pour qu'il parte à ma place. Elle, tu comprends. Je ne vois plus qu'elle.

— Pour une fois, elle t'a rendu service, dit Riter très calme.

— Tu trouves?

— Absolument. Ne va pas te mêler de la guerre. Fais comme moi, tiens-toi tranquille. Quant à ton copain, si tu l'avais empêché de partir, tu pourrais avoir quelque regret. Et encore, tu lui aurais peut-être sauvé la vie. A l'heure qu'il est, ton Berthier a peut-être douze balles dans...

— Tais-toi! cria Julien. Tais-toi!

L'idée de la mort de Berthier l'avait fait crier plus fort qu'il n'eût voulu. Riter soupira, le regarda un moment, soucieux, et dit :

— En tout cas, je t'en veux un peu de ne m'en avoir pas parlé.

Julien baissa la tête. Riter ajouta, presque pour lui seul :

— Je suis un ivrogne. Un sale con de jouisseur, sans scrupules patriotiques. Mais sur le plan moral, pour ce qui est de... de l'amitié, je crois en valoir dix comme elle.

Julien releva la tête et son regard se fixa sur le râtelier d'armes où s'alignaient les mousquetons. Les mâchoires contractées, les poings serrés, il lança :

— Si j'étais sûr, Riter. Si j'étais vraiment sûr.

Riter suivit son regard et éclata de rire.

— T'excite pas, fit-il. Tu sais bien qu'on n'a que des flingues; les cartouches, ils les ont mises en réserve pour la prochaine guerre.

Il se leva, vint poser sa main sur l'épaule de Julien, eut un geste en direction du râtelier et ajouta :

— Je sais qu'avec une crosse et une baïonnette, on peut déjà réaliser de petits chefs-d'œuvre, dans le genre horrible. Mais, crois-moi, quand tu voudras calmer tes nerfs, mieux vaut encore foutre sur la gueule d'un bon copain. Ça te coûtera beaucoup moins cher.

Il avala une longue lampée de marc et marcha vers la porte. Il allait ouvrir, lorsqu'il se ravisa et revint sur ses pas. Il eut encore un regard rapide vers les mousquetons avant de dire :

— Tu ne serais tout de même pas assez sonné pour avoir l'idée de te foutre en l'air, non?

Après un ricanement, Julien grogna :

— Tu m'as prédit un jour que je finirais comme Nerval.

— Pauvre con, lança Riter. Pour finir vraiment comme lui, il faudrait que tu aies du génie. Mais tu es comme moi, nous ne sommes que des pauvres types. Je bois peut-être autant que Verlaine, mais je n'ai jamais écrit un vers qui vaille le plus minable de ses crachats.

Il s'éloigna de quelques pas, s'arrêta encore et reprit :

— Je monte me coucher. Quand les autres rentreront, tu leur diras que tu m'as trouvé soûl à côté de la bouteille de gnôle.

— Mais...

— Tais-toi. Tu diras aussi que je suis tombé dans l'escalier.

— Riter, c'est ridicule!

— Fais ce que je te dis. Ils me considèrent tous comme un personnage abject. Un peu plus, un peu moins, tu sais...

Il parut hésiter, marqua un temps et finit

par empoigner la bouteille qu'il leva à hauteur de ses yeux en disant :

— D'ailleurs, si je veux qu'ils te croient, il ne faut pas que je laisse tout ça.

Il enfila le goulot entre ses lèvres tuméfiées, ferma les yeux et, par deux fois, il rejeta la tête en arrière. Lorsqu'il reposa la bouteille, elle était presque vide.

— Rrha! fit-il. Ça brûle au passage, mais plus bas, c'est tout de même fameux. Je sais, je te dégoûte. Mais au fond, c'est une bonne chose : plus je te paraîtrai répugnant, moins tu regretteras de m'avoir foutu ton poing sur la gueule...

36

Le dimanche après-midi, Julien était de garde. Il faisait aussi chaud que la veille et il n'était guère possible de tenir quatre heures sur la terrasse. Il s'assit dans le jardin, au bord du bassin. Riter le rejoignit.

— Je reste avec toi, dit-il. Je n'ai pas envie de sortir.

— C'est à cause de tes lèvres?

— Si tu veux. Tu vois. Toi qui tiens à m'éviter des cuites, tu y es arrivé. (Il se mit à rire.) Mais je préférerais que tu essaies une autre méthode.

— J'aimerais mieux te payer à boire, dit Julien.

— Ne t'inquiète pas. On se rattrapera. Tu payeras et tu te saouleras avec moi.

Riter avait apporté une étude sur la peinture contemporaine. Il en lut quelques passages à Julien, et essaya de l'amener à discuter le point de vue de l'auteur. Il connaissait ses goûts et cherchait à le piquer, Julien le sentait, mais ne trouvait rien à répondre. Il regardait la bouche tuméfiée de son camarade et s'en voulait terriblement. Riter se tut, ferma le livre qu'il posa sur le rebord du bassin, et dit :

— Je crois que je t'intéresserais autant avec le manuel du parfait soldat. Veux-tu que je te dise à quoi tu penses? Tu écoutes. Tu espères que la grille va claquer ou que le téléphone va sonner et que ce sera elle. Et tu te précipiteras. Et tu te coucheras à ses pieds comme un gros chien tout con. Elle te foutra n'importe quel bobard, et tu marcheras. Et tu seras l'homme que Verlaine décrit en deux vers : « *Au plein pouvoir de la petite fée — que depuis lors je supplie en tremblant.* »

Il soupira, jeta quelques graviers dans le bassin et ajouta :

— Si je veux rester ici avec toi jusqu'à ce que tu sois guéri, j'ai le temps d'oublier le goût du vin, ou alors, faut faire venir une feuillette à domicile.

A 6 heures, Carento rentra pour relever Julien. Il vint s'asseoir à côté d'eux et parla du film qu'il avait vu. Tisserand et le sergent arrivèrent ensuite et, chaque fois que la grille claquait, chaque fois que sonnait le téléphone, le cœur de Julien bondissait. Mais il s'agissait toujours d'une vérification de ligne du Relais de transmissions, ou du retour d'un soldat.

Ils préparèrent le repas. La soupe était sur la table lorsque le dernier arriva. C'était le petit Laurencin. A présent, Julien savait que la grille ne claquerait plus. Il ne faisait pas nuit et ils avaient laissé la porte ouverte. Julien regardait l'allée.

Le repas terminé, Verpillat demanda qui était de garde après 10 heures.

— Moi, dit Tisserand.

— Je reste, proposa Julien, si tu veux descendre ou remonter plus tard.

— Putain non, fit le Toulonnais, je veux même pas ressortir.

Laurencin et Verpillat s'habillèrent et descendirent l'allée. Julien vit la porte s'ouvrir et leurs deux silhouettes se détacher sur le ciel du couchant. La porte battit, mais se rouvrit aussitôt. La voix de Verpillat monta.

— Héo! Dubois! Arrive un peu. On te demande.

Le regard de Julien croisa celui de Riter. Riter hochait la tête. Bondissant vers la porte, Julien eut le temps de l'entendre dire :

— Je crois tout de même que je vais sortir...

Sylvie était sur le chemin, à quelques pas de la grille. Verpillat et Laurencin s'éloignaient. Elle fut tout de suite dans les bras de Julien. Quand leurs bouches se séparèrent, elle dit, presque effrayée :

— Mon chéri, tu pleures, tu pleures.

— Sylvie, je ne peux pas te dire. Je ne peux pas...

L'émotion lui brisait la voix. Elle était là, contre lui, ses yeux tout pleins d'or lui disaient qu'elle ne pouvait pas l'avoir trahi. Un pas sonna derrière lui. La grille grinça. Il se retourna pour voir passer Riter. Le Parisien imitait à la perfection l'acteur Louis Jouvet. Arrivé à leur hauteur, il leva lentement la main comme pour un adieu un peu cérémonieux, et lança :

— Bonsoir, bonsoir. Je suis le dernier des Casanova. Les amoureux sont seuls au monde. Le soir fait oublier le jour...

Il dit encore quelque chose, mais sans s'arrêter ni tourner la tête, et Julien ne put saisir ses paroles. Lorsqu'il se fut éloigné, Sylvie dit :

— Il est encore soûl. Et tu as vu, ce qu'il a à la lèvre? Il s'est battu...

— Sylvie, tais-toi. Je t'en supplie, tais-toi...

— Mais qu'est-ce que tu as? Tu ne vas pas pleurer encore, dis?

— Viens. Je ne veux pas rester ici.

— J'ai peu de temps, tu sais. Je me suis sauvée juste pour que tu ne sois pas trop inquiet. Mais j'espère au moins que ton poète t'a dit qu'il m'avait vue.

— Que...

Julien se tut.

— Il ne t'a rien dit?

— Non.

— L'imbécile. Il n'a pas compris. Je l'ai assez regardé pourtant. Mais s'il t'avait dit, toi, tu aurais compris, au moins.

— Je t'ai attendue. J'ai cru devenir fou, tu sais.

— Je n'ai pas pu te prévenir. Il est arrivé à midi. On ne l'attendait pas. Personne ne l'attendait.

Elle disait cela avec de la joie dans la voix. Elle dut sentir que Julien souffrait, car elle se hâta d'ajouter :

— C'est une bonne nouvelle pour nous, mon chéri...

— Tu lui as parlé? Tu es libre?

Il l'avait attirée contre lui. Elle baissa la tête.

— Non, mais c'est une bonne nouvelle tout de même : Il ne viendra pas en vacances cet été. Il part pour Maubeuge où ils ont une autre usine. Les Allemands veulent la réquisitionner. Il faut que quelqu'un s'en occupe. Son père l'envoie là-bas.

Elle se tut un moment, avant d'ajouter d'une voix dure :

— Ce sont des gens qui ne voient que l'argent, tu comprends, que l'argent.

Ils s'embrassèrent.

— Tu m'en veux, pour hier? demanda-t-elle.

— Comme si je pouvais t'en vouloir, à toi?

— Je suis venue dès que j'ai pu, tu vois. Et j'ai couru, tu sais. Sens comme mon cœur bat fort.

— Tu es adorable.

— Et maintenant, il faut que je parte. Demain, à 1 heure, si tu veux. Chemin des Porches.

— Je suis de garde, dit Julien, mais je me débrouillerai.

Elle s'était déjà éloignée de quelques pas. Elle se retourna pour lancer :

— Demande à ton petit poète de te remplacer. Il peut bien faire ça pour nous. Les poètes sont les amis des gens qui s'aiment.

Elle agita la main et partit en courant.

Julien rentra lentement. Toute la lumière du soir était en lui, la lumière et la fraîcheur qui avaient déjà guéri son mal.

Cette nuit-là, Riter ne rentra pas. Le lendemain matin, en descendant chercher le courrier, Carento le découvrit en bas de l'allée, ivre mort, allongé par terre, la face contre le mur.

QUATRIÈME PARTIE

37

Au mois d'août, il y eut une tentative de débarquement anglais dans la région de Dieppe. Durant quelques jours, il ne fut question que de cela et la guerre parut se rapprocher. Lorsque Sylvie en parla, ce fut surtout pour remarquer que Maubeuge se trouvait au nord de Dieppe. Son visage était calme alors, presque sans expression. La nouvelle de ce débarquement fit passer un courant d'espoir. Personne ne voulait croire la presse de Vichy qui parlait d'un échec total et annonçait un nombre impressionnant de victimes parmi les Anglais. Lorsque le doute ne fut plus permis, on se hâta d'oublier l'événement.

Au cours de l'été et au début de l'automne, Sylvie et Julien firent encore trois voyages à Albi. C'était, chaque fois, un bonheur qui laissait à Julien le cœur chaud et débordant d'espérance. Ils continuaient de cacher leur amour, mais commettaient souvent des imprudences dont ils riaient ensemble lorsque le danger était écarté. Un jour, Riter avait dit à Julien :

— Tu n'as pas à t'en faire, il y a un bon Dieu pour les amoureux. D'ailleurs, il est certainement de mèche avec le Dieu des ivrognes, parce que le soir où tu as récupéré ta fée, j'avais une telle soif que si ta Dulcinée ne m'avait pas débarrassé de toi, je crevais au poste, la gueule ouverte.

Octobre laissa sur les arbres du Mail des traces de rouille et, lorsqu'il attendait Sylvie, Julien écrivait pour elle des poèmes où les feuilles emportées par le vent tenaient une grande place. La mort y apparaissait aussi, de loin en loin, avec ce qui annonce l'hiver. Ils lisaient ces vers ensemble, et Sylvie devait aimer cette mélancolie, cet amour attristé, plein de larmes retenues et de ciels brouillés. Les jours où le temps restait gris, ils demeuraient de longs moments sans échanger un mot, fixant l'eau croupie des bassins. Leur amour connaissait des heures de repos, de tendresse immobile et profonde. Ils attendaient sans bien savoir quoi. Ils espéraient sans jamais formuler leur espoir. La guerre demeurait lointaine, mais elle pesait pourtant sur tout ce qui vivait. Sans voir où elle irait, sans idée sur son issue, chacun attendait sa fin qui apporterait une solution à tous les problèmes.

Le 8 novembre, dans la soirée, le bruit courut que les Américains et les Anglais avaient attaqué la base navale de Casablanca. Les hommes du poste de guet se rassemblèrent autour du récepteur pour tenter d'écouter la B.B.C., mais le brouillage des émissions était tel que rien n'était audible.

— Ça prouve qu'il y a quelque chose de grave, dit Carento. Les autres soirs, les Fritz brouillent moins.

— Tais-toi, nez de bœuf, lança Laurencin, c'est notre poste qui est foutu.

— Putain, fit Tisserand, Laurencin a raison. Depuis le coup de Dieppe, on me la fait plus, avec les débarquements.

Ils se chamaillèrent un moment, puis Tisserand, qui prenait le premier tour de garde, s'installa près du téléphone, tandis que les autres gagnaient la chambre. Seul Riter était encore en ville.

Ils furent réveillés avant l'aube. En ouvrant les yeux, Julien vit Carento penché sur le lit du sergent Verpillat. La lumière était allumée, les hommes se soulevaient sur un coude ou se tournaient de côté, ramenant sur leur tête un pan de couverture.

— Tu pourrais pas la mettre en veilleuse? lança Tisserand, on voudrait roupiller!

Le visage de Verpillat était crispé. Carento qui parlait à mi-voix semblait très animé. Soudain, Verpillat rejeta ses couvertures et se leva en criant :

— Tout le monde debout. Et vite!

— Ça va pas, grogna une voix.

— Je vous dis de vous lever. Dans cinq minutes, tout le monde en bas et en tenue. Moi, je descends téléphoner à la compagnie.

Comme les hommes hésitaient, le sergent expliqua rapidement que Carento venait de recevoir du capitaine l'ordre d'alerter le poste. Son visage grave impressionna les hommes.

— Alors, ce serait vrai? ils auraient débarqué?

Carento était déjà redescendu. Verpillat sortit en boutonnant sa veste. Ils écoutèrent traîner sur les marches de pierre ses souliers ferrés qu'il n'avait pas pris le temps de lacer. Ils s'habillaient avec des gestes maladroits, sans hâte, regardant les vitres où la nuit collait encore. Seul, Riter ne bougeait pas.

— Il a dû rentrer tard, et avec une bonne cuite, remarqua Laurencin.

Julien secoua son camarade qui s'étira en disant :

— Je connais la comédie, inutile de se lever pour se recoucher dans une heure.

— Mais les Américains ont débarqué! cria Tisserand.

— Alors, quand vous les verrez sur la route du Sidobre, vous viendrez m'avertir. J'aurai le temps de me préparer avant qu'ils ne commencent à distribuer du tabac.

Ils descendirent. La grande salle du poste sentait le feu de bois et le café. Carento se tenait debout près du bureau où le sergent s'était installé.

— Tu ne peux pas avoir Carcassonne? demanda Julien.

— Je ne peux même pas avoir le Central P.T.T.

Il raccrochait, tournait la manivelle d'un geste nerveux, décrochait, raccrochait encore. Il y eut enfin un grelottement. Le sergent demanda :

— Mademoiselle. Vite, Carcassonne en priorité numéro un. Vite, vite... merci.

— Qu'est-ce qu'elle te dit?

— Que tout le monde a mangé du cheval, ce matin, dans l'armée. Il n'y a plus un circuit de libre.

Il fallut attendre encore. Tisserand servit le café qu'avait préparé Carento. Les quarts étaient sur la table; la buée montait autour de la lampe avec la fumée des premières cigarettes. Laurencin avait branché le récepteur radio et cherchait une station diffusant des informations. Il maintenait le niveau très bas, à cause du sergent toujours à l'écoute de son téléphone. Tous parlaient, s'excitant à mesure qu'ils se réveillaient. Ils affectaient de ne pas croire à cette attaque de l'Afrique du Nord, mais les visages exprimaient un grand espoir.

L'aube commençait de poindre, lorsque Verpillat perçut enfin la sonnerie grelottant à l'autre bout du fil. Sans se retourner, il demanda :

— Riter, toi qui écris vite, viens ici; s'il y a un message, tu le prendras.

— Riter est pas là. Y roupille.

— Fumier! dit seulement le sergent.

Verpillat s'emportait rarement. Il ne jurait pas et ils sentirent qu'il n'était plus le même homme.

— Qu'il descende immédiatement, ragea-t-il. Toi, Dubois, prends le bloc et un crayon et reste à côté de moi.

Lorsqu'il eut obtenu la communication avec le bureau de la Compagnie, il fallut encore parlementer et attendre un long moment. Le capitaine était occupé sur une autre ligne. Il répondit enfin. Sa voix, dont Julien percevait l'écho sans pouvoir comprendre ce qu'il disait, devait être sèche. La conversation fut courte. Verpillat répétait seulement, de loin en loin :

— Oui, mon capitaine... Entendu, mon capitaine...

Lorsqu'il eut achevé, il se retourna lentement vers ses hommes. La sueur perlait sur son front et il l'essuya d'un revers de main. Julien se demanda s'il allait se mettre à rire ou à pleurer, tant ses traits étaient tendus.

— C'est bien vrai, dit-il. Ils ont attaqué l'Afrique du Nord hier matin. Pour nous, les ordres sont de ne pas bouger et de se tenir prêts à partir : paquetage complet, armes et munitions.

Il y eut un murmure, une hésitation puis tous se mirent à parler. Partir où? Se battre? Mais avec qui? Contre qui? Avec quoi?

— Les munitions, cria Tisserand, mais, putain, tu lui as pas dit, au pitaine, qu'on n'en a pas ?

— C'est vrai, j'aurais dû le dire.

— Retéléphone, ils nous en enverront.

Il y eut une longue discussion, mais le capitaine avait recommandé de n'user du téléphone qu'en cas d'urgence, pour éviter l'encombrement du réseau surchargé.

— Si tu trouves que c'est pas urgent, rien à foutre dans nos flingues !

— Ton flingue, tu sais même pas t'en servir.

— Ils sont rouillés.

— Si on les préparait ?

— Tu t'en ressens, petit gars ?

Le sergent dut crier pour obtenir le silence. Laurencin venait enfin de capter un poste qui annonçait un bulletin d'informations. Ils se turent. Il y eut quelques mesures de musique militaire, puis une voix d'homme :

— « *Les Américains et les Anglais ont attaqué hier notre Afrique du Nord. Aussitôt, nos troupes ont riposté tandis que le maréchal Pétain, chef du Gouvernement, stigmatisait l'agression et donnait l'ordre de la résistance. Nos marins et nos soldats se battent héroïquement...* »

Le bulletin était bref, et, lorsqu'il fut terminé, tous les hommes se regardèrent. A présent, il était certain que ce n'était pas un faux bruit, une alerte d'exercice ou une erreur.

— Si ça fait comme Dieppe, dit Laurencin.

— Non, cette fois, c'est sérieux.

Ils ne savaient rien de précis, mais la discussion reprit. Ils avaient besoin de parler, de se convaincre, d'inventer les détails qui leur manquaient.

A 8 heures, Verpillat signa un ordre de mission pour Tisserand qui descendit à la poste et remonta le journal. Toute la première page était consacrée au débarquement. Ils apprirent que tout avait commencé par un bombardement aérien de la base navale de Casablanca, et par une bataille entre cuirassés et contre-torpilleurs français et anglais. Là aussi on insistait sur le fait que les troupes françaises se battaient courageusement, mais l'article parlait aussi d'un mouvement de dissidence au Maroc. Ce fut cette nouvelle qui retint l'attention des hommes.

— Oui, mais ils disent que le mouvement a été réduit.

— Ils le disent, c'est pas forcément vrai.

— De toute façon, ça prouve que tous les mecs ne sont pas décidés à marcher avec Pétain.

— Pétain va peut-être nous donner l'ordre d'attaquer les Boches.

La matinée passa ainsi, fiévreuse, tout occupée de discussions qui n'en finissaient plus, et dans l'attente d'informations nouvelles qui ne venaient pas.

Au milieu de l'après-midi, un lieutenant adjoint au capitaine téléphona pour dire qu'un départ pouvait être ordonné d'un instant à l'autre, de nuit comme de jour. Les hommes ne devaient s'éloigner du poste que pour les corvées indispensables, la garde devait être doublée et soldats et gradés devaient dormir sans se déshabiller.

Lorsque Verpillat lut ce message, il y eut des éclats de rire et des récriminations.

— Ils jouent à la petite guerre! Du vrai cinéma!

— Ils se croient sur le front! Faut pas nous la faire à l'impression.

Pourtant, personne n'était vraiment de mauvaise humeur et les hommes se chamaillaient surtout par habitude, pour passer le temps, parce que ce mystère, cet inconnu ouvert devant eux les excitaient. Ils ignoraient ce qu'on allait leur demander, mais une porte s'entrouvrait par où leur arrivait un parfum d'aventure.

— On va nous embarquer, disait Carento en se frottant les mains. Ils nous expédieront au Maroc pour qu'on se batte contre les Amerloques et nous passerons avec eux.

— Compte dessus. Ils vont te laisser filer, tiens!

— Putain, oui, on passera. Tout le monde va passer. Les officiers en tête. Qui veux-tu qui nous arrête?

— Compte sur les officiers. Ils se foutent pas mal de passer. Ce qui les intéresse, c'est leurs galons. Ils ont retrouvé leurs pantoufles; si tu crois qu'ils vont bouger.

— Ils nous ont vendus en 40, ils nous vendront encore.

— T'as bien la gueule d'un vendu, toi! En 40, t'étais pas sevré.

De temps à autre, lorsque le ton montait, Verpillat devait intervenir. La radio et le téléphone apportaient des nouvelles confuses qu'ils s'efforçaient d'interpréter.

Julien pensait à Sylvie. La fièvre des autres le gagnait, mais la pensée de Sylvie l'empêchait de participer vraiment à leur espoir. S'il partait, que deviendrait-elle? Dans l'immédiat, il devait trouver un moyen de sortir pour la voir. A 6 heures, elle serait au jardin Briguiboul, il ne pouvait se plier à l'idée de la laisser attendre en vain. A mesure que le temps passait, l'espoir s'amenuisait de voir arriver un ordre levant la consigne générale. A 5 heures du soir, n'y tenant plus, Julien dit au sergent :

— A 6 heures, faut que je sorte.

— Non, dit Verpillat, personne ne sort.

Sa voix était calme mais dure, son regard tendu derrière les verres épais de ses lunettes. Julien soupira, hésita un instant, puis répéta :

— Il faut absolument que je sorte.

Verpillat se leva. Il était soudain devenu très rouge.

— Nom de Dieu, cria-t-il, voilà ce que c'est, d'être chic avec vous. A présent, vous ne voulez plus obéir. Vous faites à votre tête et c'est moi qui risque de trinquer.

Les hommes prenaient fait et cause pour Verpillat.

— Dubois, tu es un salaud, fit Carento. Tu peux le faire passer au tourniquet.

Julien sentait parfaitement ce que son comportement avait d'odieux, mais il pensait à Sylvie. Il l'imaginait seule dans le jardin, il se souvenait de son après-midi sur la route du Sidobre. Il répéta :

— Je ferai vite, mais il faut que je descende.

— Putain, lança Tisserand, tu n'es pas le seul à avoir une gonzesse en ville. Pour un cul, tu ferais...

Les poings serrés, Julien se tourna vers le Toulonnais qui se tut. Verpillat se planta entre eux.

— Où veux-tu aller? demanda-t-il.

Julien expliqua qu'il ferait l'aller et le retour en courant. Le sergent l'entraîna dans le jardin.

— Dubois, tu n'es pas un gamin, dit-il. Est-ce que c'est vraiment sérieux?

— Crois-tu que je le fasse pour le plaisir de t'emmerder?

— C'est bon, je vais te faire un ordre de mission. Mais j'ai ta parole : une demi-heure, pas une minute de plus!

Julien promit. Il regarda Verpillat, et il eut le sentiment que ce garçon un peu froid souffrait véritablement.

38

Julien descendit en courant. Comme il était porteur d'un ordre de mission, le sergent avait exigé qu'il restât en tenue de campagne. Son casque lui battait les fesses et il tenait dans sa main gauche sa baïonnette qui heurtait son genou dès qu'il la lâchait. Il se sentait maladroit et ridicule dans cet accoutrement dont il avait perdu l'habitude. Il avait bien calculé et se trouva au portail du jardin en même temps que Sylvie. Elle avait le visage sombre et Julien comprit qu'elle avait pleuré. Dès qu'il l'eut embrassée, elle dit :

— Tu vas partir, n'est-ce pas?

— Je ne sais pas.

— Si. Vous allez tous partir. Une femme dont le mari est adjudant au quartier Drouot me l'a dit. Vous allez partir. (Elle éclata en sanglots.) Tu vas partir et je serai seule. Et je ne pourrai pas vivre sans toi.

Julien était désemparé. Il avait promis de remonter rapidement, et, à présent, il n'avait plus le courage de quitter Sylvie. Ils étaient debout dans l'allée où se trouvait le gros arbre à kakis. Sylvie pleurait, la tête contre l'épaule de Julien qui regardait le jardin à travers ses cheveux. Il pensait au premier soir de leur rencontre. Le temps était le même, le crépuscule enveloppait tout le jardin où l'ombre progressait lentement. Un instant, Julien eut le désir violent de se retrouver à ce premier rendez-vous, un an plus tôt. Et, un instant, il le crut vraiment. Cette sensation le troubla et il dut faire un effort pour revenir au présent. Les sanglots de Sylvie s'étaient apaisés. Il l'embrassa longuement avant de dire :

— Il faut que je rentre tout de suite.

Il s'attendait à ce qu'elle tentât de le retenir, mais elle ne dit rien. Elle laissa son visage enfoui au creux de son épaule.

— Nous ne partirons peut-être pas, dit-il. Mais il est possible que je ne puisse pas quitter le poste demain soir.

Elle soupira èn murmurant :

— Je monterai sur le chemin des Fourches.

— Sylvie. Je t'aime. Je te jure que même si je partais très loin, rien...

Elle l'embrassa pour l'empêcher de parler. Lorsqu'elle desserra son étreinte ce fut pour dire :

— Ne jure pas. Je ne veux pas que tu partes.

Comme le premier soir, ils revinrent ensemble jusqu'à l'entrée du Pont-Biais. Mais Sylvie était à pied, et ce fut Julien qui partit le premier.

Il courut jusqu'au bout du pont avant de se retourner. Lorsqu'il regarda, Sylvie n'avait pas bougé. Debout sur le bord du trottoir, elle leva la main en signe d'adieu.

39

Le lendemain matin, lorsqu'il remonta le courrier et le journal, Carento entraîna Julien jusque dans le jardin. Dès qu'ils furent de l'autre côté du bassin, le Savoyard demanda :

— Est-ce que tu regrettes toujours de n'être pas parti avec Berthier?

Ses yeux brillaient. Il paraissait très excité. Sans réfléchir, Julien répondit :

— Bien sûr, que je regrette. A présent, il doit être en Afrique.

— Tu sais que j'ai fait la connaissance de plusieurs civils, en voulant entrer au Club de rugby. Je les ai vus. Ils prétendent que les Boches vont nous ramasser, qu'on est livrés d'avance.

Julien regardait la ville, au pied de la colline. Le temps était clair, mais un peu de brume traînait, comme accrochée aux toitures. Carento fit une pause et reprit :

— Ils disent qu'à présent, on ne peut plus passer par l'Espagne à cause des S.S. qui gardent la frontière. Mais qu'il faut foutre le camp se cacher dans la montagne. Il paraît que pas mal de gars sont déjà partis. Surtout des gens de zone occupée qui étaient venus en zone libre pour échapper aux Fritz.

Carento parla encore des chances qu'ils avaient de partir pour l'Afrique du Nord et de déserter. Il pesait le pour et le contre, faisait les demandes et les réponses. Julien pensait à Sylvie. Prisonnier, c'était l'Allemagne; l'Afrique du Nord, c'était l'absence, pour plusieurs mois, plusieurs années peut-être.

— Où veulent-ils se cacher, tes copains?

Se retournant lentement, Carento regarda en direction du poste, avec un geste vague vers le Sud, il dit :

— Montagne Noire, c'est tout ce que je sais.

— Et nous partirons nombreux?

— Ils ont une traction. On peut y tenir quatre avec le barda. Ils sont deux, et j'ai pensé à toi.

— Tu es chic.

Carento sourit.

— C'est parce qu'on est copains, évidemment, mais c'est aussi parce que, dans une aventure pareille, on ne peut emmener que des mecs qui puissent tenir, physiquement.

— Et quand partirions-nous?

— Dès qu'il y aura un danger d'être pris.

Ils se serrèrent la main avant de regagner

le poste. Carento souriait. Sa poignée de main était solide et franche. Un instant, Julien pensa à Berthier.

Le journal ne faisait que confirmer les nouvelles données la veille et déjà répétées par la radio. Le Poste de commandement de Carcassonne confirma également ses ordres.

Dans l'après-midi un lieutenant du quartier Drouot vint au poste. Il devait avoir une trentaine d'années; grand et sec, avec un visage maigre et barré d'une petite moustache très noire. Il n'était pas en mission officielle. Il était seulement monté parce que le commandant des cavaliers savait que les guetteurs du poste étaient loin de leur capitaine. Le téléphone pouvait être coupé, les ordres mal formulés... Il marchait de long en large dans la salle du poste, tirant nerveusement de rapides bouffées d'une cigarette mal roulée et qu'il rallumait souvent. Julien comprit qu'il était monté les voir avec une intention précise, et qu'il cherchait à connaître leur état d'esprit. Verpillat dut le comprendre également, car il dit :

— Ici, nous sommes prêts à exécuter l'ordre que nous recevrons. Nous souhaitons seulement qu'il corresponde à ce que nous avaient laissé espérer les officiers qui nous ont accueillis dans cette armée.

Le visage du lieutenant se détentit. Il les regarda tous l'un après l'autre. Silence. Ils attendaient. Ensuite, il fit encore deux aller et retour puis, s'arrêtant soudain, un peu théâtral, il lança :

— Je suis heureux de voir que votre idéal est le même que celui de nos cavaliers.

Là-dessus, il entama un discours qu'il avait certainement préparé avec beaucoup de soin. Il pesait ses mots, les lâchait savamment, variait son débit, étudiait les réactions des hommes. Selon lui, les Allemands ne pouvaient pas courir le risque d'un débarquement dans le Midi. Ils allaient donc certainement tenter d'envahir la zone libre, à moins qu'ils ne chargent les Italiens de garder la côte méditerranéenne jusqu'à l'Espagne. Dans ce cas, on rirait un bon coup. On se souvenait de Menton. Lui, il méprisait les Italiens et se frottait les mains de plaisir à la perspective d'en occire quelques-uns. L'armée d'armistice refuserait de se ranger au côté des Allemands. Déjà, certains chefs d'unité avaient envisagé un dispersement de leurs troupes qui, cachées dans les montagnes, harcèleraient les Allemands. D'autres préconisaient un regroupement des forces sur la côte afin qu'une tête de pont fût ménagée aux Alliés. Là, il s'agirait de tenir coûte que coûte jusqu'à l'arrivée des renforts. Il y avait aussi une troisième solution : le baroud d'honneur. Rester sur place, tuer le plus de Boches possible, se battre jusqu'à la dernière cartouche, jusqu'au dernier souffle de vie. Cette période de son discours était certainement celle qu'il préférait. Il évoqua le sacrifice des Cadets de Saumur. Sa voix vibrait. Son menton se plissait. Il termina en disant que les cavaliers étaient prêts pour le baroud d'honneur, et qu'ils avaient prévu d'accueillir parmi eux les hommes du poste, trop peu nombreux pour se battre seuls. Verpillat remercia et demanda :

— Vous ne pensez pas qu'on puisse nous embarquer pour l'Afrique du Nord?

L'officier eut un sourire qui semblait dire : « Que vous êtes donc naïf, mon pauvre garçon. » Il fit quelques pas, puis expliqua :

— Impossible. Nous n'avons pas de moyens de transport, et vous ne pensez pas que les Boches nous laisseraient filer alors que la plupart de nos troupes d'Afrique ont déjà pris place dans les rangs alliés.

Il parla encore, donnant pour certaines des informations sans doute très fantaisistes. Enfin, il demanda à monter sur la terrasse d'observation. On ne savait pas. C'était une position qu'il voulait reconnaître. Dès qu'il fut sorti en compagnie de Verpillat, Riter dit à Julien :

— Dangereux, ce maboul. Ce sont des gens qui feraient étriper un régiment pour une date de plus à broder sur un drapeau. Le jour où il faudra descendre chez lui, crois-moi, le moment sera venu de s'éclipser en douce.

— Tu préférerais le dispersement dans la nature? demanda Julien.

Riter se mit à rire.

— Oui, dit-il. Mais en civil. Et sans armes

ni intention belliqueuse. Ce type est de ceux qui sont assez stupides pour juger un peuple d'après ses exploits militaires. Pour ces gens-là, plus des individus ont tué, plus ils sont dignes de respect, d'admiration. Je crois bien que c'est Balzac qui nomme la gloire le soleil des morts. Eh bien, mon vieux, je préfère ma peau intacte d'ivrogne crasseux dans l'ombre fraîche d'un tonneau, à la plus glorieuse des carcasses desséchées par le bain de soleil que nous propose ce grand sifflet en culotte de peau! Ce gaillard-là, c'est le traîneur de sabre modèle 1912, revu 1942.

Riter prit un livre et monta dans la chambre en répétant :

— Mauvais, la fréquentation de ces gens-là. Très mauvais pour la santé des pauvres poètes comme moi...

40

Le soir, Sylvie retrouva Julien devant la grille du poste. Ils partirent vers la campagne, sans trop s'éloigner. Ils marchaient lentement, sans parler, serrés l'un contre l'autre. Le soleil avait déjà disparu et l'espace qui les séparait de la Montagne Noire était noyé de pénombre. Çà et là tremblotait le point d'or d'une fenêtre éclairée, comme un reflet des premières étoiles. Le vent venait du sud. Il avait traversé les bois de cette montagne et Julien le respirait en y pensant. Ils entrèrent dans un pré où ils étaient venus souvent. Il y avait là un arbre abattu sur lequel ils pouvaient s'asseoir. Ils demeurèrent encore un long moment silencieux, écoutant et respirant le vent qui leur arrivait en pleine face. Le ciel s'assombrissait. Les étoiles brillaient davantage et le mystère de la terre s'épaississait.

— Alors, demanda Sylvie, est-ce que vous savez quelque chose?

Julien expliqua ce qu'ils redoutaient, ce qu'ils souhaitaient, et, à mesure qu'il parlait, il sentait la main de Sylvie serrer davantage la sienne.

— Je ne veux pas que tu partes, dit-elle. Mon père prétend qu'on va démobiliser tous les soldats.

— Ce n'est pas du tout l'avis de nos chefs.

Il sentait que Sylvie ne quittait pas des yeux la montagne qui n'était plus qu'une masse d'ombre, prolongeant une étendue d'ombre dense et venant jusqu'à leurs pieds. Plus rien ne les séparait de l'horizon. Les distances n'existaient plus.

— La Montagne Noire, dit-elle, ça n'est pas loin, tu sais.

— Tu crois qu'il vaut mieux...

Il n'acheva pas. Ils se regardèrent.

— Je sais qu'il y a des gens qui s'y cachent depuis quelque temps. Mon père prétend que ces gens-là sont en contact avec Londres.

— C'est ce que disent les gars avec qui nous devons partir.

— Crois-tu vraiment que vous risquiez d'être prisonniers?

— On ne sait plus, personne ne sait rien.

Très bas, d'une voix qui tremblait, Sylvie murmura :

— Mon chéri. Est-ce que vraiment la guerre va venir jusqu'ici? Je ne veux pas qu'on t'emmène loin de moi. Je ne veux pas.

Ils se séparèrent en convenant que Sylvie monterait ici chaque soir. Julien avait promis de faire n'importe quoi pour éviter d'être prisonnier.

Les jours suivants ne furent qu'une suite d'ordres et de contrordres, de bruits aussitôt démentis, de préparatifs qu'il fallait interrompre. Le 11 novembre à midi, un message annonça que les Allemands avaient franchi la ligne de démarcation à l'aube. Le vaguemestre du quartier Drouot, que Tisserand avait rencontré à la poste, prétendait qu'à Auch le 2e dragons résistait. Verpillat essaya de téléphoner à Carcassonne, mais il n'y parvint qu'au début de l'après-midi. Ses hommes qui l'entouraient le virent pâlir. Lorsqu'il raccrocha l'appareil, ses mains tremblaient. Il se leva lentement, paru respirer avec peine, regarda autour de lui, comme égaré et finit par dire :

— C'est terminé.

— Qu'est-ce qu'il y a?

Verpillat se reprit :

— Bon Dieu, fit-il, c'est dur à avaler.

— Quoi? Parle, nom de Dieu!

Ils s'énervaient, le pressaient de questions.

— Le planton qui m'a répondu m'a dit textuellement : « Mon vieux, en te parlant, je regarde par la fenêtre et je peux te dire que la sentinelle qui se trouve devant la caserne a un uniforme vert, des bottes et une grenade à manche à son ceinturon. »

Il se tut. Les autres se regardèrent en silence, puis, sans conviction, Tisserand grogna :

— Putain, tu déconnes?

— Non. J'ai demandé ce qu'on doit faire, le gars m'a répondu : « Démerdez-vous, le pitaine est chez le commandant de la place. » (Il marqua un temps.) En tout cas, ils sont bouclés.

Il avait prononcé cette dernière phrase un peu plus haut, d'une voix tendue et il se mit soudain à rire nerveusement.

— Ah! On pouvait en parler. Qu'est-ce qu'on va leur mettre, aux Fridolins! Comment on les a eus, avec l'armée d'armistice! Couillonné, ce vieil Adolph, couillonné par le bon papa Pétain!

Sa colère déclencha celle des autres, et tous se mirent à crier. Ils sortaient de temps à autre pour surveiller les routes. Du côté du quartier Drouot, tout était calme.

— Je pense à cet imbécile de lieutenant et à son baroud d'honneur, ricanait le sergent. S'ils veulent se battre, c'est pas dans une caserne qu'ils doivent le faire. Fallait qu'ils sortent. A présent, ils sont bouclés comme tous les autres. Ils vont attendre qu'on les cueille comme les autres. Et s'ils résistent, regardez la gueule qu'ils auront : une batterie ici et les Fritz se payent leur caserne comme à l'exercice.

La rage lui brisait la voix. Carento qui le regardait entraîna Julien à l'écart pour lui dire :

— Ça me fait de la peine rien que de le voir. Si je savais qu'on puisse l'emmener...

— Il ne viendrait pas. Verpillat est un brave type, mais il obéira. Et il est le chef, il n'abandonnera pas ses hommes.

Carento ne répondit pas.

A la tombée de nuit, Sylvie revint. Elle était allée jusque devant la caserne pour voir ce qui s'y passait. Tout paraissait en ordre.

— Ils attendent sagement d'être pris, dit-elle. C'est l'avis de tous les civils.

Elle fut soudain secouée de sanglots et dit très vite :

— Pars. Pars, mon amour. Je ne veux pas que tu sois prisonnier. C'est moi qui te demande de partir.

Julien descendit avec elle jusqu'au bas du chemin et, de là, immobile contre un mur de clôture, il la regarda s'éloigner dans la nuit.

41

Deux jours plus tard, un message enjoignait au chef de poste de préparer les armes et de les remettre aux G.M.R. qui passeraient les chercher. Le message arriva au moment où les hommes allaient monter se coucher. Verpillat le lut à haute voix et, tandis qu'ils se mettaient tous à le commenter, Carento quitta la pièce. Il avait adressé un signe à Julien qui comprit que l'heure était venue de prendre une décision. Les autres discutèrent encore un moment, puis montèrent dans la chambre. Riter était de garde jusqu'à minuit et Julien s'en réjouit. Il demeura près de lui. Il attendit un peu avant de dire :

— Je vais encore te demander un service.

— Marche toujours, je suis ton ami.

Julien expliqua ce qu'ils allaient faire.

— Je te croyais tout de même moins con, dit seulement le Parisien.

— Mais enfin, comprends...

Riter leva la main.

— Stop, dit-il. Tu sais qu'avec moi c'est de la salive perdue. Garde ton baratin et borne-toi à m'expliquer ce que tu veux que je fasse.

— Pour commencer, tu ne nous vois pas prendre nos flingues et nous débiner avec.

Riter se mit à rire.

— Ah, parce que vous emportez vos tromblons? Je pense que vous avez fait une commande de cartouches à la Manufacture de Saint-Etienne!

Julien haussa les épaules.

— Tu as raison, te fatigue pas à m'expliquer quoi que ce soit, reprit Riter, je m'en balance. Vous pouvez emmener tout l'arsenal du poste; moi, je suis allé sur la terrasse, en revenant, je n'ai même pas vu qu'il manquait deux seringues au râtelier.

Il prenait un air stupide, et Julien l'imaginait, le lendemain, jouant le rôle de l'homme berné par ses camarades.

— Et vos paquetages?

— On a descendu nos sacs hier, personne n'a rien vu, ils sont dans le jardin, sous les buis.

— Tu emportes ton costume civil?

— Non, dit Julien, on ne part pas pour se débiner, mais pour se battre. On doit rejoindre d'autres gars.

— Décidément.

Le poète se tut. Son visage exprimait à la fois de l'ironie et de la compassion. Julien cessa de le regarder. Un silence passa. Ils écoutèrent. Carento rentrait.

— Il a fait vite, dit Julien.

Carento était essoufflé et la sueur ruisselait sur son visage.

— Tu peux parler, lui dit Julien.

— Les gars nous attendront au pied du chemin des Fourches. On a une demi-heure pour se préparer.

Julien s'assit à la table et écrivit à Sylvie. Il n'avait pas à chercher des formules compliquées. Il avait l'excuse d'un départ précipité. Il expliqua seulement qu'il ne pouvait plus attendre. A présent, il se sentait pressé. Il regardait la salle du poste, les deux lits, la table où ils prenaient leurs repas, le bureau du téléphone où Riter restait accoudé, le regard perdu dans la fumée de sa pipe. Julien cacheta la lettre et se leva.

— Voilà. Tu descendras demain à 1 heure et demie. Tu l'attendras au bout du Pont-Biais. Je ne peux pas lui envoyer par la poste, à cause de ses vieux...

— Je sais. Tu as un mot pour tes parents aussi?

— Il est prêt depuis plusieurs jours, tu le trouveras dans ma caisse à paquetage, sous mon lit. Tu y trouveras aussi tous mes bouquins. Si des fois je...

Il se tut. Comme il hésitait, Riter dit en souriant :

— Ne dis pas de conneries. On croirait que tu pars vraiment à la guerre. Ne t'inquiète pas, je te garderai tes bouquins. Et je te garderai surtout ton costume, parce que j'ai l'impression que tu en auras besoin. Et tu sais que tu peux compter sur moi, pour tout.

Riter ne riait plus. Il n'y avait plus rien de moqueur ni dans sa voix ni dans son regard, et Julien sentit que le Parisien était vraiment son ami.

42

Ils attendirent la voiture pendant plus d'une demi-heure. Ils ne tenaient plus en place. La nuit était épaisse et le vent assez fort devait charrier des nuages. Il ne faisait pas très froid, mais, sans doute parce qu'il avait beaucoup couru, à plusieurs reprises Carento éternua. Il s'efforçait de ne pas faire de bruit, mais Julien avait le sentiment que tout le quartier entendait.

— Tu es certain que ton gars est sérieux?

— Oui, dit Carento. Mais fallait qu'il aille chercher l'autre. Il a pu être retardé.

— Si Verpillat descendait, s'il s'apercevait qu'on est partis?

— Et alors?

— Qu'est-ce que tu crois qu'il ferait?

— Je ne sais pas. C'est un brave mec, mais il est assez réglo.

— Est-ce que tu penses qu'il sera emmerdé?

Carento ne répondit pas. A présent que ses yeux s'étaient habitués à l'obscurité, Julien commençait à le voir. Il le devinait aussi impatient, aussi fébrile que lui.

— Je me demande combien de temps il attendra pour nous porter déserteurs, dit-il encore.

— On s'en fout, demain matin on sera en sûreté.

Le Savoyard se tut. La nuit venait de s'éveiller soudain, en contrebas, entre les murs de la ruelle. Ils se levèrent et se coulèrent derrière une haie.

— Vaut mieux se planquer, des fois que ce serait quelqu'un d'autre.

Ils écoutèrent. Le bruit approchait. Julien crut distinguer une lueur vague avançant au-dessus des toits.

— Au bruit, c'est pas une traction, souffla-t-il.

— On dirait...

Les phares débouchèrent à l'angle du mur, une vitesse grinça et la haie fut illuminée. La voiture ralentit et s'arrêta devant le chemin des Fourches. Julien vit qu'il s'agissait d'une Rosalie. Le moteur au ralenti faisait brimbaler la carrosserie et le bruit paraissait énorme. Il y eut un léger coup de sifflet. Carento se leva en disant :

— C'est bien eux.

Dans la voiture, il n'y avait qu'un homme, qui ordonna très vite à Carento :

— Foutez votre barda derrière, ton pote mettra les pieds dessus. Il y a une bâche pour tout camoufler.

Ils couchèrent les fusils dans le fond de la voiture, coincèrent leurs sacs entre la banquette et le dossier du chauffeur qui dit encore :

— Monte à côté de moi, Francis.

— T'es tout seul?

— Montez, je t'expliquerai.

Ils montèrent, et la voiture démarra aussitôt dans un grondement de moteur et de tôle. Julien scruta les chemins éclairés par les phares, et vit que l'homme empruntait de petites rues pour atteindre l'avenue de Villeneuve à son extrémité, plus loin que la maison de Sylvie. Il était un peu plus de 11 heures; est-ce que Sylvie dormait? S'ils étaient passés devant chez elle, aurait-elle entendu ce moteur? Pensait-elle à Julien? Demain, ce serait Riter qui l'attendrait au bout du Pont-Biais. Elle comprendrait certainement dès qu'elle le verrait là. Julien sentit qu'il devait tout faire pour éviter de penser à Sylvie. C'était trop tôt. Il pouvait encore demander à l'homme qui conduisait de s'arrêter; il pouvait descendre et regagner le poste. Se coucher. Personne ne saurait jamais... Si, Riter, Carento.

Julien se pencha vers le chauffeur pour s'approcher de l'air frais qui entrait par la glace ouverte. Ils avaient quitté la ville.

— C'est la route de Labruguière? demanda Julien.

Sans se retourner, l'homme expliqua :

— Je passe par là pour éviter Mazamet. La route est moins bonne, mais on n'y verra sûrement personne.

— Et alors, demanda Carento, pourquoi t'es tout seul?

— J'ai pas pu trouver Jean-Paul. Pas chez lui. Je pouvais pas prendre la traction, j'ai pas la clef. Alors j'ai pris ce tank qui doit être à un client de son père. J'espère qu'il tombera pas en panne.

— Mais le gars va le chercher?

— Je vous conduis là-bas, et je rentre à toute allure. Avec Jean-Paul on vous rejoindra plus tard.

Carento se retourna. Son visage était seulement éclairé par le reflet irrégulier des phares, mais Julien comprit qu'il avait la même pensée que lui : ils allaient être seuls. Seuls dans un pays inconnu. Comme s'il eût deviné leur angoisse, le conducteur dit :

— Je vous ai apporté une carte. Je vous la laisserai en vous montrant où on se retrouvera. Je vous indiquerai aussi une ferme que je connais.

Il se tut. Carento se retourna de nouveau, mais Julien qui s'était adossé dans l'angle ne bougea pas.

— Et vous viendrez quand? demanda le Savoyard.

— Dès que possible. Peut-être demain. Nous, tu comprends, ça presse moins, on ne risque pas d'être pris par les Boches.

L'homme regarda un instant Carento puis, fixant de nouveau la route, il ajouta :

— Mais n'aie pas peur, on vous laissera pas tomber. Et puis là-haut, vous allez retrouver des amis à nous.

43

Passé Labruguière, l'homme avait roulé encore longtemps sur une route de plus en plus accidentée et qui s'était vite enfoncée dans la forêt. Il s'était arrêté à un carrefour en expliquant qu'ils se trouvaient à l'embranchement de deux routes forestières. A la lumière des phares, il avait ouvert sa carte et montré du doigt un point au milieu d'une tache verte. De tout ce qu'il avait expliqué très rapidement, Julien n'avait retenu que des noms inconnus. Fontbruno, Pas du Rien, La Prade, Les Escudiès... La ferme Bandorelli. L'homme était reparti en disant : « A bientôt. » Le bruit de ferraille de sa voiture s'était perdu dans le vent, la lueur des phares avait fait place à une nuit très noire, où tout semblait en mouvement. Assis au pied d'un arbre, à quelques dizaines de mètres de la route, les deux garçons attendaient. Le sol était couvert de feuilles mortes et chaque remous du vent s'accompagnait d'un bruit de grêle. Julien attendit longtemps avant de demander :

— Tu crois vraiment qu'ils viendront nous rejoindre?

— J'en suis certain. Si ce n'était pas un gars bien, est-ce qu'il se serait dérangé pour nous amener jusqu'ici?

Julien ne répondit pas. Il se sentait las, mais confortablement installé dans cette lassitude. Il pensait à Sylvie, mais aussi à cette forêt inconnue, à cette vie d'aventures qui les attendait. A Lons, quand ils apprendraient sa désertion, ses camarades diraient : « C'est un mec gonflé, comme Berthier. » Est-ce que Berthier avait pu passer? N'eût-il pas été préférable de partir avec lui? Ici, c'était aussi continuer la guerre, dire non à Pétain et aux Allemands, mais c'était également demeurer tout près de Sylvie. Il essaya de s'orienter. Ils étaient assis au flanc de la montagne, face au nord, probablement. Donc, Sylvie était là-bas, devant lui. Il se trouvait sur la montagne qu'ils avaient souvent regardée ensemble, depuis le chemin qui serpente dans les terres par-delà le poste. De jour, il verrait sans doute la colline de Castres. L'homme avait parlé de 30 kilomètres, à vol d'oiseau, cela faisait peut-être 20. Carento alluma son briquet, à l'abri de sa capote, il consulta sa montre.

— Il est 1 heure et demie, dit-il, ça fait encore du temps avant le jour. Qu'est-ce qu'on fait? On essaie de roupiller un peu ici, ou bien on monte?

L'homme avait dit : « Montez toujours, vous ne risquez pas de vous tromper. » Il leur avait laissé une bâche assez lourde, roulée et maintenue en boudin par trois courroies.

— On va monter, dit Julien, vaut mieux s'éloigner le plus possible de la route.

Il se leva, boucla son sac et se baissa pour prendre la bâche.

— Donne ton fusil et ta musette, dit Carento. On se relayera.

La bâche était lourde et mal commode à porter. A cheval sur la nuque ou sur l'épaule, elle entravait la marche, s'accrochait aux branches basses ou aux troncs que la nuit dérobait. Carento allait devant, et Julien l'entendait heurter les arbres de la crosse de son fusil. Après dix minutes de marche, ils étaient essoufflés. Julien sentait la sueur couler sur son visage et son corps. Il attendait chaque souffle de vent qu'il recevait comme une caresse glacée. Mais le vent se démenait surtout à la cime des arbres où il menait grand train. Lorsque Carento s'arrêta, Julien dit :

— Tu n'as pas peur qu'on se paume?

— Ma foi...

— A présent, on doit être assez loin de la route.

Ils parlèrent un moment et décidèrent d'attendre le jour. A tâtons, ils déroulèrent la bâche, l'étendirent sur un replat, puis, la tête sur leur sac, ils ramenèrent sur eux la moitié de la toile.

Ce fut une sensation de froid qui réveilla Julien. Le grondement du vent avait fait place à un crépitement régulier : il pleuvait. Tout en dormant, ils avaient dû, aux premières gouttes, cacher leur visage sous la bâche; cependant, l'eau accumulée dans les plis avait fini par couler et Julien avait le cou et la poitrine trempés. La nuit était grise. Des formes se dessinaient comme dans un bain de brume épaisse mêlée de fumée noire. Il faisait froid et Julien pensa que Carento devait être mouillé aussi. Il le secoua. Le Savoyard avait les jambes trempées.

— On va prendre la crève. Faut se lever et marcher.

Ils eurent beaucoup de peine à rouler la toile raidie par l'eau froide.

— Bon Dieu, ce que ça va être lourd!

Il y avait, dans cette phrase de Carento, presque de la détresse. Julien le regarda. Il était pâle et semblait grelotter. Dans cette aube malade et ruisselante, sous ces arbres dont les branches nues se perdaient dans la grisaille, le Savoyard semblait écrasé. Son dos se voûtait avant même qu'il eût chargé son sac, et Julien éprouva un instant le sentiment que son camarade était devenu un garçon frêle et peureux.

— On va manger, dit-il, ça te fera du bien.

— Non, si ça ne te fait rien, j'aimerais mieux marcher un moment; je sens que je vais prendre la crève. En portant la bâche, je serai vite réchauffé.

Julien l'aida à charger ce rouleau de tissu, qui, à présent, se pliait à peine. Ils marchèrent. Julien, qui avait pris les deux sacs, les musettes et les fusils, allait devant. De loin en loin il s'arrêtait pour attendre Carento qui peinait, le souffle court et rauque. Après quelques minutes seulement de montée, Julien entendit derrière lui le bruit d'une chute. Il se retourna. Carento avait laissé tomber la bâche à ses pieds et se tenait accroupi, le dos à un arbre, le visage cramoisi.

— Bon Dieu, je peux plus, gémit-il. Je peux plus.

Il leva les yeux. Il devait être malade.

— Faut que tu prennes quelque chose.

Il l'obligea à manger du pain et du chocolat et à boire un quart de vin bien sucré. La brume avait blanchi légèrement, et ils comprirent qu'ils se trouvaient au cœur des nuages. Ils ne parlaient pas, mais, chaque fois que leurs regards se croisaient, Julien sentait que son compagnon regrettait déjà d'avoir entrepris cette aventure.

Ils continuèrent de monter jusqu'à midi. Ils allaient lentement, s'arrêtant chaque fois que Carento manquait de souffle. C'était Julien qui portait la bâche, mais il avait malgré tout gardé son sac et sa musette. Simplement avec son propre fourniment et les fusils, le Savoyard était cassé en deux. A chaque halte, il répétait :

— Bon Dieu, je me reconnais plus. Faut que je sois malade pour être une lavette pareille.

Une fois, il ajouta :

— Tu dois me maudire de t'avoir entraîné dans cette histoire.

— Tais-toi donc, dit Julien. D'ailleurs, tu ne m'as pas entraîné.

La pluie avait traversé leurs vêtements. Elle continuait de tomber, régulière et serrée, secouée seulement de loin en loin par une rafale qu'ils entendaient dévaler la montagne, qui passait sur eux en les fouettant de gouttes énormes, puis continuait sa course dans ce vide opaque qu'ils devinaient derrière eux.

— Si seulement le temps se levait, on verrait où on est. Depuis qu'on marche, j'ai pas vu la moindre trace d'un bonhomme. Bonsoir, c'est pas un pays civilisé!

— C'est bien ce qu'on cherche, dit Julien. Si tu rencontrais un touriste à chaque arbre, tu gueulerais que ton copain s'est foutu de toi.

Il essayait de plaisanter, mais il sentait que rien ne pourrait faire sourire Carento. Ils se regardaient tristement, reprenaient leur charge et repartaient. Les pieds glissaient dans la glaise ou sur les rochers, enfonçaient dans des trous que cachaient les feuilles mortes. Vers la fin de la matinée, ils bataillèrent une bonne heure pour traverser un passage de taillis où les ronces leur arrivaient parfois à hauteur des épaules. Julien s'impatientait. Il sentait la fatigue nouer son dos et monter le long de ses jambes. Des crampes durcissaient les muscles de son cou, et les doigts lui faisaient mal à force de se crisper sur la bâche. Il avait envie de jurer pour se soulager, mais il se contraignait au silence à cause de Carento dont il sentait les forces diminuer.

— Bon Dieu, on s'est paumé, commençait à dire le Savoyard, on s'en sortira jamais, Dubois. On crèvera ici, je sens qu'on va y crever. On a dû traverser ce foutu chemin pendant la nuit sans le voir.

— Cause pas tant, tu t'essouffles.

Ils repartaient, aussi trempés de sueur que de pluie. Bientôt, Julien eut l'impression qu'il devenait une machine insensible. Son corps allait, toujours douloureux, avec des élancements sans cesse atténués, plus liés l'un à l'autre, comme une seule interminable douleur que l'effort alimentait sans cesse. De loin en loin, sans se retourner, il répétait :

— C'est un bon entraînement, va. Un bon truc pour toi qui joues au rugby.

Mais, à présent, le Savoyard ne répondait plus. Il ne jurait même plus, et Julien l'entendait seulement geindre comme un vieil asthmatique.

Enfin, à midi, alors qu'ils allaient s'arrêter pour manger, ils arrivèrent sur un chemin qui semblait courir horizontalement au flanc de la montagne. Julien lâcha la bâche sur le sol, et Carento se laissa tomber dessus. Aussitôt assis, il posa les fusils et eut un mouvement d'épaules pour faire glisser les bretelles de son sac. Ils se regardèrent. Ils étaient sales. Couverts de boue et de feuilles mortes collées par l'eau. Carento ébaucha un sourire.

— On est propres. D'ici que les paysans nous reçoivent à coups de fusil.

— Les paysans, on n'y est pas encore.

Le visage de Carento s'assombrit de nouveau. Il eut un ricanement aigre pour lancer :

— C'est vrai. On est cons. De me voir sur ce chemin, je me suis cru arrivé. Qu'est-ce qu'il a dit? Trois heures de marche sur le chemin? Tu parles, crevés comme on est, si on arrive à la nuit, on aura de la chance.

44

Ils durent s'arrêter bien avant la nuit. Ils avaient suivi le chemin, à plat d'abord, puis en descente, puis en montée et toujours épousant les caprices de la montagne. Et le ciel ne s'était pas ouvert, et la fin de l'après-midi ramena cette suie qui se mêlait à la brume pour un interminable crépuscule.

Comme Carento paraissait de plus en plus épuisé, Julien tenta un moment de tout porter, mais le Savoyard s'y opposa.

— Tu vas me laisser avec le bordel, dit-il. Tu trouveras cette ferme. Moi je vais dormir ici, dans la bâche, et demain tu viendras me chercher.

Julien refusa et, comme il était impossible d'obliger Carento à marcher encore, ils firent une centaine de mètres dans le bois pour s'écarter du chemin. Ils tendirent la bâche entre deux arbres. Ils n'avaient pas de piquets; ils plantèrent leurs deux baïonnettes dans deux angles, et Julien apporta de grosses pierres pour maintenir les autres. Comme tout ce que contenaient leurs sacs était aussi mouillé que les vêtements qu'ils portaient sur eux, ils se couchèrent sans se dévêtir, à même le tapis de feuilles mortes qui regorgeait d'eau boueuse. Le froid était en eux, pareil à celui qui tombait du ciel ou montait de la terre. Collés l'un contre l'autre, ils restèrent immobiles. Carento tremblait, toussant constamment. A plusieurs reprises, Julien lui frictionna vigoureusement le dos pour le réchauffer, mais, alors que le jour filtrait encore à travers la brume épaisse, il sentit la fatigue alourdir sa tête et il s'endormit.

Lorsqu'il se réveilla, Julien était transi. Le bruit sur la toile était toujours le même, trottinement régulier de la pluie et claquement des grosses gouttes tombant des arbres. Quand il se souleva sur son coude, il y eut un clapotement et il s'aperçut qu'ils étaient tous deux dans l'eau. Le jour malade pointait. Julien ouvrit la toile et secoua Carento qui dormait, la respiration sifflante et précipitée. Le Savoyard grogna mais ne bougea pas. Julien le retourna sur le dos et constata qu'il avait le visage et les mains brûlants.

— Carento, Carento! Faut pas rester comme ça. Lève-toi, vieux. Je vais te mener à la ferme. Je reviendrai chercher le bordel après.

Carento ouvrit les yeux. Son regard était

vide et brillant. Il prononça quelques mots sans suite.

— Francis, je te porterai, vieux. Allez, faut bouger.

Julien essaya de le soulever, mais, gêné par la toile, il dut y renoncer. Cet effort lui avait permis de comprendre qu'il était incapable d'emporter son camarade inerte.

— Un kilomètre, je le ferais peut-être. Pas plus.

Alors quoi? Rester ici? Attendre que Carento reprenne conscience? Et s'il était vraiment malade? S'il allait mourir? Julien sentit la peur le gagner et fit un effort pour réfléchir. Tenter d'emporter son camarade, c'était courir le risque de tomber de fatigue avec lui, en pleine forêt, sans bâche ni rien à manger. A la ferme, ils avaient certainement une voiture. Seul et sans charge...

Julien se redressa. Il venait de comprendre qu'il avait commis une faute en cédant à sa fatigue.

— C'est hier soir, que j'aurais dû le laisser ici et aller chercher du secours.

Il quitta sa capote pour être plus à l'aise, l'étendit sur Carento qui dormait en gémissant, et partit en courant.

Sur le chemin, l'eau emplissait les ornières, ruisselait sur les passages rocheux, dévalait la pente en petits torrents boueux. Les nuages étaient toujours là, collés à la montagne, coulant par endroits comme des rivières figées, montant ailleurs comme une fumée lourde et glacée. Quand le chemin descendait, Julien courait, mais, dès qu'il abordait un replat ou une montée, il devait reprendre le pas, à bout de souffle et les jambes douloureuses. Ses mollets et ses cuisses étaient comme percés de longs traits qui poussaient leur blessure jusque dans son ventre. Il marcha ainsi près d'une heure, avant d'atteindre une clairière dont la brume éloignait les limites. A quelques enjambées du chemin, il y avait une baraque de rondins couverte de deux tôles ondulées. A côté de la porte, se trouvait un énorme billot où étaient plantées une serpe et une hache. Ce n'était certainement pas la ferme dont l'homme leur avait parlé, mais peut-être un secours. Il frappa du poing contre les rondins de la porte. Il y eut aussitôt un grognement, puis un bruit de planches.

— C'est toi, Martoud? Entre!

La voix était éraillée. Julien tira la porte. Une odeur tiède d'urine et de tabac l'empêcha un instant d'avancer. Il faisait sombre à l'intérieur, et il devina une forme claire qui remuait vaguement.

— Qu'est-ce que c'est?

Julien restait sur le pas de la porte. A présent, il ne savait ce qu'il devait faire. Sa fatigue le paralysait. Un vieillard, en corps de chemise, avança dans la lumière et le regarda.

— Mille Dieux! Un poilu!

Le vieux eut un ricanement bizarre. Il ne paraissait pas inquiet. Sans se soucier ni de Julien ni de la pluie, enfilant ses pieds dans ses sabots, il fit quatre pas devant sa baraque et se mit à pisser. Lorsqu'il eut terminé, il revint en disant :

— Ça m'étonnait aussi que le Martoud s'amène à pareille heure avec ce temps. Qu'est-ce que tu veux, toi? Entre donc.

Julien entra et, tandis que l'homme allumait un gros poêle à bois et faisait chauffer du café, il se mit à parler. A mesure qu'il racontait, il voyait le visage du vieux s'éclairer. Ses petits yeux sans cesse clignotants luisaient, chaque ride semblait se détendre. De loin en loin il répétait :

— Mille Dieux, sacrés gaillards!

Quand Julien expliqua qu'ils étaient partis pour échapper aux Allemands, le vieux montra sa main gauche amputée du pouce et de l'index.

— Tu parles si j'ai de bonnes raisons de les aimer, ces fumiers-là. Quatre ans dans la merde. (Il regarda Julien de la tête aux pieds.) Quatre ans aussi crotté que tu es aujourd'hui.

Julien pensait à Carento. Il sentait sa fatigue se figer en lui et voulait repartir le plus vite possible. Il s'accrochait à cette idée que Carento pouvait mourir seul et sans soins.

— La ferme, expliqua le vieux, elle est à plus de deux kilomètres d'ici. Et ça descend tout le long, ce qui veut dire qu'au retour, la côte est raide. Tout bien regardé, on a meilleur compte d'amener ton copain ici.

— Vous avez une charrette?

Le vieux sourit. Il paraissait presque heureux de cette aventure imprévue. Julien eut le sentiment que ce vieux voulait jouer à la petite guerre.

— J'ai pas de charrette. Ici, je fagote et je nettoie les coupes. Quand les fagots sont faits, ceux de la ferme montent avec le cheval. J'ai pas de charrette, mais des blessés, j'en ai transporté d'autres. Viens toujours.

Le café brûlant avait réchauffé Julien. Ils sortirent et le vieux, qui avait enfilé une veste de chasse, glissa dans sa poche de dos sa serpe et deux rouleaux de corde.

Lorsqu'ils arrivèrent près de Carento, Julien avait déjà entendu une bonne partie de la guerre de 14-18. Ce vieillard sec et court sur pattes, au pas régulier, racontait les mêmes souvenirs que le père Dubois, les mêmes que le passeur de la Loue. Il se taisait seulement le temps de reprendre haleine, ou lorsque la pente devenait plus raide, mais Julien était trop las pour l'écouter vraiment. Sa voix allait, mêlée au clapotis de leur pas et au grand bruit de la forêt mouillée.

Pour ramener Carento, le vieux coupa deux longs baliveaux de frêne qu'il ébrancha. Il attacha en travers les deux fusils, puis étendit dans ce rectangle la capote de Julien. A l'arrière, il avait laissé dépasser toute la pointe des arbres souples.

— On prend devant tous les deux, chacun d'un côté. Le gars est pas mal, ça fait ressort, et puis c'est moins crevant que de porter.

Ils ficelèrent aussi la bâche autour de cette

espèce de traîneau, avant d'y étendre le malade. Inconscient, Carento continuait de gémir, le visage toujours cramoisi.

— C'est une « congexion », dit le vieux. Je connais ça, mon frère en est mort. Il avait trente-deux ans. Tout pareil. Exactement. On dirait que c'est lui.

Il disait cela calmement. Toujours avec ce demi-sourire auquel participaient toutes ses rides. Lorsque tout fut prêt, le vieux empoigna le sac de Carento et le chargea sur ses épaules.

— Laissez-donc, dit Julien, je le prendrai.

Le vieux fronça les sourcils.

— Qu'est-ce que tu crois? lança-t-il. Que j'ai jamais porté le sac? Allons, empoigne de l'autre côté, et règle ton pas sur le mien. On a la chance qu'il pleuve, le bois glissera mieux dans les ornières.

45

Ils eurent beaucoup de mal à regagner la cabane du bûcheron. Presque partout le chemin était incliné et le traîneau avait tendance à partir sur la gauche, chaque fois que les bois quittaient les ornières ou passaient sur une roche. Dans les raidillons, les deux hommes cherchaient du pied les racines saillantes qui offraient de meilleures prises, mais ils glissaient malgré tout et, par deux fois, le vieux tomba lourdement sur les genoux. Bousculé, le malade geignait, le visage ruisselant et les mains sans cesse agitées de tremblements. Le vieux jurait contre ses chaussures, répétant sans cesse que ce n'était pas l'âge et qu'il se sentait encore fort. Julien se taisait, les dents serrées, la tête vide, accroché du regard à chaque tournant du chemin, à chaque arbre, à chaque pan de brume dépassé. Il ne voulait rien dire, il savait que s'il laissait éclater sa rage, elle emporterait ses dernières forces.

Lorsqu'ils eurent atteint la baraque, ils se hâtèrent de détacher Carento et l'allongèrent par terre entre le fourneau et la table poussée contre le mur.

— Faut le déshabiller, dit le vieux. Et on le couchera dans mon lit.

Le bûcheron n'avait pas de serviette, et ils durent frotter le corps nu de Carento avec un vieux sac poussiéreux.

— C'est bon, disait le vieux, c'est du crin.

Le malade ne dormait pas vraiment, mais son regard ne fixait rien, ses yeux troubles restaient comme noyés dans un monde de fièvre.

Ils le couchèrent sur la paillasse. Il n'y avait pas de draps, mais deux peaux de chèvre et une grosse couverture brune rapiécée et trouée.

— C'est de l'armée, dit fièrement le vieux. Elle a fait l'Orient. Il sera bien, ton copain.

— Faut tout de même le soigner, ça ne suffit pas de le coucher.

— C'est une « congexion », répéta le vieux. Ça fait pas de doute.

Il regarda Julien, parut réfléchir, puis, posément, il expliqua :

— Tu vas te coucher. Il y a de la paille derrière. Moi, je vais descendre à la ferme. Ils ont sûrement ce qu'il faut.

— Faudrait un médecin...

— T'occupe pas. T'as pas bonne gueule non

plus, toi. Tu vas manger un bout et t'iras dormir.

Julien imagina le chemin très pentu décrit par le vieux, mais il n'eut pas le courage de refuser. Il pensait à la boue, à la marche pénible du bûcheron, mais il pensait aussi à la paille, à cette fatigue qui le clouait sur le billot où il s'était assis. Dès qu'il eut mangé un morceau de pain et de fromage, il suivit le vieux qui contourna la bâtisse et ouvrit une porte pareille à celle de sa chambre. Dans un réduit d'un mètre sur deux, il y avait un petit tas de paille.

— Déshabille-toi aussi, fit le vieux, tu te bouchonneras comme on fait pour les chevaux, c'est le meilleur remède.

Julien fit « oui » de la tête et se laissa tomber. Une fois nu et enfoui dans la paille, il demeura un moment à écouter la pluie qui crépitait sur la tôle du toit. Il devait y avoir un baquet sous un angle, car dans tout ce bruit d'eau, un autre bruit d'eau perçait. Julien entendit aussi le pas du vieux qui s'éloignait puis, avant de s'endormir, la plainte de Carento dont il n'était séparé que par des planches disjointes.

Dans le milieu de l'après-midi, Julien fut tiré de son sommeil par les voix du vieux et d'un autre homme. Il fut soudain saisi par la peur, à l'idée que le vieux avait pu les dénoncer, et remonter accompagné des gendarmes. Il colla son oreille à une fente des planches. Le vieux et l'inconnu parlaient patois et Julien se sentit rassuré. Il voulut s'habiller, mais ses vêtements étaient toujours trempés. Leur seul contact le fit frissonner. Il hésita un instant puis, frappant à la cloison, il cria :

— Vous n'auriez pas un pantalon sec et une vieille veste?

— On y a pensé, mon gars, cria le vieux. J'y vais.

Il l'entendit patauger. La pluie tombait toujours aussi dru. Les habits que le bûcheron lui lança sentaient bon les plantes que les ménagères mettent dans leurs armoires, et Julien pensa à sa mère. Le pantalon, la chemise et la veste étaient largement assez grands pour lui et n'appartenaient donc pas au vieux. C'était du gros velours à côtes, un peu usé mais encore chaud. Julien regagna l'autre pièce. L'homme qui avait accompagné le vieux devait avoir une quarantaine d'années. Il était haut et large. Le propriétaire des vêtements en velours, sans doute.

— Ton copain a l'air mal en point, dit-il.

— Vous êtes monsieur Bandorelli?

— Oui. Robert, qui vous a amenés, est mon copain. Quand j'étais à Castres, on a joué au rugby ensemble. S'il vous a envoyés, je sais que je peux vous faire confiance. Seulement, il aurait peut-être pas dû. Qu'est-ce que vous allez devenir? Et avec lui, encore, dans cet état?

— C'est une « congexion », fit le vieux. C'est sûr.

— Je vous ai monté des ventouses, dit

l'homme. Et des cachets d'aspirine, et encore du sirop que ma femme avait. Il y a aussi de la farine de moutarde avec des linges. Seulement, je peux pas rester.

— On fera, on fera, dit le vieux. T'inquiète pas, petit. Va tranquille. Et t'inquiète pas non plus pour ce qui est du manger; si besoin est, on descendra. Va vite, petit. Va vite.

La casquette sale posée sur le crâne pelé du bûcheron arrivait à peine à hauteur de poitrine du fermier, qu'il appelait pourtant « petit » sur un ton protecteur. Il semblait avoir hâte de le voir partir, et lui dit encore qu'il devait descendre. L'homme tira de son havresac deux gros boudins noirs, un pot de grès vernissé et des pommes de terre qu'il vida dans une corbeille; il jeta le sac vide sur son épaule, eut un geste d'impuissance en regardant Carento, et s'en alla. Dès qu'il eut fait une dizaine de pas dans la clairière, sa silhouette devint grise et confuse. Le vieux ferma la porte. La fenêtre était toute petite, et ses deux vitres sales ne laissaient filtrer qu'une lueur plus triste encore que le jour gris de la forêt.

— On va rallumer le feu, dit le vieux. Et on s'occupera de ton copain.

Il y avait presque de la joie dans sa voix, et, lorsque la flamme du foyer plein de brindilles éclaira son visage, Julien vit qu'il souriait.

— Vous croyez qu'on pourra le soigner? Est-ce qu'il n'aurait pas fallu un docteur?

— Un docteur? fit le vieux. Tu en trouveras un, pour grimper ici? Et un qui ne dise rien à personne? T'en fais pas. On va le mitonner, ton copain. J'en ai vu d'autres. J'en ai vu de dures, moi qui te parle.

Ils firent chauffer de l'eau et le bûcheron appliqua sur le torse de Carento un large cataplasme. Ensuite, l'ayant retourné avec l'aide de Julien, il lui posa des ventouses sur le dos. Il avait déchiré de petits carrés de journal qu'il enflammait à une bougie avant de les laisser tomber dans les verres. Julien admirait son adresse, la précision de ses gestes, la façon qu'il avait de tenir les verres entre la paume et les trois doigts de sa main mutilée. Tout en continuant, il expliquait qu'il avait soigné son frère et d'autres gens de son village, et des charbonniers aussi, malades en pleine forêt. Il semblait tout prendre comme une tâche naturelle; il parlait de la mort comme du feu où il fallait mettre une bûche et de la pluie qui continuait.

— Si ton copain doit y laisser sa peau, disait-il, un médecin n'aurait rien fait de plus que moi. Rien, si ce n'est réclamer de l'argent. A la guerre, tu sais, faut savoir se démerder tout seul. Tu verras, on se défendra, nous trois.

— Ça vous donne un mal de chien.

Le vieux avait terminé. Il recouvrit Carento et se retourna, la bougie à la main. Il parut hésiter un peu, mais finit par dire :

— Mille Dieux, pour une fois que j'ai du

monde, tu voudrais pas que je refuse de m'en occuper.

De plus en plus, Julien avait le sentiment que ce vieillard était heureux de leur présence. Il parlait sans cesse de sa guerre, mais aussi de celle qui avait poussé les deux garçons jusqu'à lui. Il avait appris seulement par Julien le débarquement des Américains en Afrique du Nord et, dans sa tête, tout était encore confus. Cependant, il y avait les Allemands; il savait qu'ils se trouvaient de nouveau non loin de lui, et cette pensée l'excitait. Il avait combattu dans les Vosges et il les comparait sans cesse aux montagnes où ils se trouvaient. Il parlait même de « positions », de « secteurs », et imaginait des combats qui ressemblaient à ceux qu'ils avait vécus.

Après le repas, ils demeurèrent longtemps assis à côté du fourneau. Pour économiser sa bougie, le vieux l'avait éteinte, et seule la lueur du foyer dansait sur la terre battue, léchant leurs jambes étendues. Julien s'engourdissait, le vieux continuait son intarissable récit. Il raconta même que de 1914 à 1918, un homme qui ne voulait pas faire la guerre était resté caché dans la Montagne Noire. Jamais les gendarmes ne l'avaient découvert. On l'avait seulement arrêté après la guerre, lorsqu'il était rentré chez lui. On l'avait emprisonné, puis relâché au bout de quelques mois. Lui, il avait fait le contraire : il avait passé presque toute sa vie dans cette forêt, et l'avait seulement quittée pour faire la guerre. Et les quatre années de cette guerre tenaient plus de place dans sa mémoire que tout le reste de sa longue existence paisible et solitaire.

Il y avait donc partout, sur chaque coin de terre, un homme que l'autre guerre avait marqué ainsi; un homme qui racontait sans haine véritable, sans tristesse; un homme qui portait, en lui, une guerre vivante, mais une guerre avec laquelle il avait fait amitié comme un malade se lie avec une vieille douleur.

46

Le lendemain, la pluie avait cessé, mais la montagne demeurait emmaillotée de nuages gris. Par moments, une lame de vent les déchirait, mais jamais assez pour que paraisse le ciel ou la plaine. Les hommes étaient là, enfermés dans cette mer de grisaille, prisonniers de cet univers luisant d'humidité, où la terre et les arbres paraissaient parfois plus lumineux que le ciel.

Carento était très calme, comme assommé par la fièvre. Pourtant, il transpirait moins et, lorsqu'ils le réveillèrent pour lui faire boire du sirop et de l'infusion de tilleul, il demanda où il se trouvait.

— T'inquiètes pas, dit Julien. Tout va bien.

— Tu es chez un ancien, fit le vieux. Roupille et on se charge du reste.

Le vieux lui posa encore un cataplasme, et dit à Julien :

— Tu vas rester avec lui. Moi, faut que j'aille travailler.

— Il n'a besoin de personne, fit Julien. Je vais avec vous.

Le vieux essaya mollement de se défendre, mais sa joie était visible et il entraîna Julien vers la coupe.

Il faisait froid. Les branches qu'ils empoignaient étaient couvertes de fines gouttelettes presque gelées. Julien besogna ferme pour se réchauffer. Il y avait tout un tas de fagots déjà faits qu'il fallait porter jusqu'au chemin où la voiture viendrait les chercher. Le vieux fagotait, adroit et rapide malgré sa main estropiée. Vers la fin de la matinée, la densité des nuages diminua, mais le soleil ne parvint pas à percer. Il y eut seulement une grande lueur trouble, d'un jaune indéfini et qui fit miroiter cet univers imprégné d'eau.

— Demain, il fera beau, affirma le vieux.

Le soleil vint en effet le lendemain. Il y eut alors quelques journées de froid sec et vif, avec le vent du nord qui giflait la montagne de plein fouet. Julien regardait le vide entre les arbres, cherchait le point de l'horizon où pouvait se situer Castres. Sylvie était là-bas. Elle avait respiré avant lui le vent qui lui cinglait le visage. Pourtant, à cause des futaies, à cause d'une buée violette qui semblait s'accrocher à la terre malgré la bise, il ne distinguait que des formes bleues qui se confondaient souvent avec le bas du ciel.

Carento allait mieux. Robuste et volontaire,

il luttait contre le mal. Il avait dominé le gros de sa fièvre et s'efforçait de sourire. Le cinquième jour, il se leva un peu et voulut même éplucher les pommes de terre. Le vieux était heureux.

— Tu vois, disait-il, je ne suis pas docteur, mais j'en sais autant que le meilleur.

Ils avaient de bonnes veillées devant le fourneau où flambaient les bûches. Il faisait chaud dans la petite cabane, malgré la bise qui secouait la porte et pleurait en s'accrochant aux tôles du toit. Le vieux ne voulait rien entendre pour reprendre sa couchette, et Julien était persuadé qu'il éprouvait une joie d'enfant à venir coucher avec lui dans la paille du bûcher. Là, à cause des planches mal jointes, ils entendaient mieux la bise. Le froid était vif, mais ils avaient des peaux de chèvre et tiraient sur eux une épaisse couche de paille. Au bout d'un moment, la chaleur de leur corps s'accumulait autour d'eux comme un bon édredon douillet.

Un matin, le fermier monta chercher une voiture de bois. Julien aida au chargement, puis revint à la cabane pour lire les journaux que l'homme avait apportés en même temps que du pain et des pommes de terre. Carento avait déjà regardé l'essentiel des informations. Il annonça que Pétain avait accordé les pleins pouvoirs au président Laval.

— Nous voilà propres, dit le vieux. J'ai toujours entendu parler de ce Laval comme d'une fripouille.

— Les Espagnols doivent craindre que les Américains passent chez eux, annonça le Savoyard, ils ont mobilisé sept cent mille hommes.

— Et on ne parle pas de l'armée? demanda Julien.

— Non. On parle des Allemands, des tickets d'alimentation qu'ils ont. On dit aussi qu'à cause de l'occupation de la zone libre les mesures de défense passive sont étendues. Mais le comble, c'est que la ligne de démarcation subsiste.

Julien qui pensait au fiancé de Sylvie fut soulagé par cette nouvelle.

Le vieux demandait des explications. Il ne comprenait pas bien qu'une armée française demeurât dans les casernes avec des Allemands tout autour.

— Cette guerre n'est pas une guerre, disait-il. Vous avez bien fait de vous en sauver. Tout ce fourbi ne me dit rien qui vaille. Ça fera un coup de chambard avant peu.

Le dimanche 30 novembre, le petit berger de la ferme apporta un journal. C'était celui de la veille. Sur toute la largeur de la première page, ils purent lire : « DÉMOBILISATION DE L'ARMEE D'ARMISTICE. » Ils se regardèrent un instant sans mot dire, puis reprirent leur lecture : « *Les mesures de démobilisation de l'Armée française annoncées par le chancelier Hitler dans sa lettre au Maréchal de France, chef de l'Etat, mesures dont l'exécution avait commencé au cours de la nuit, se poursuivent sans incident.* »

Carento eut un ricanement.

— Tu sais à quoi je pense? dit-il.

— A retourner chez toi.

— Evidemment, mais je pense surtout au grand con de lieutenant qui était venu nous faire son baratin. Merde alors, son baroud d'honneur, ils n'en parlent pas beaucoup, dans le canard!

Ils discutèrent sur ce qu'ils allaient faire. Ils se sentaient un peu ridicules, cachés ici avec leurs fusils sans cartouches, alors que leurs camarades avaient peut-être déjà rejoint leurs familles.

— C'est égal, dit encore le Savoyard, ça doit faire quelque chose, de donner son flingue aux Boches sans même avoir essayé de s'en servir.

— Est-ce que tu crois qu'il n'y en aura pas eu quelques-uns pour faire comme nous?

— Si, il y a un tout petit article qui dit qu'à Toulon quelques bateaux ont tenté de se saborder. Seulement, faudrait avoir d'autres nouvelles que cette presse pourrie.

Ils ne savaient rien. Le fermier, qui redoutait des poursuites, leur avait fait promettre de ne pas descendre chez lui. De plus, Carento était encore trop faible pour qu'ils puissent envisager de partir. Ils étaient là, isolés du monde, presque sans nouvelles, avec cette montagne, cette forêt tout habitée de vent et qui semblait se refermer autour d'eux. Carento revenait sans cesse sur le fait que l'ordre de démobilisation avait été lancé par Hitler. Selon lui, les Français ne pouvaient pas l'accepter ainsi. Quelque chose allait arriver, et mieux valait encore être ici que dans une ville occupée par l'ennemi.

47

Dès qu'il cessa de tousser, Carento se mit à travailler. Il y avait de nombreuses coupes à nettoyer, des bûches et des fagots à transporter, et même quelques arbres à débiter. Le fermier paraissait satisfait de leur présence. Il montait des vivres, regardait le travail et descendait du bois. Il leur donna même un peu d'argent en disant :

— Je sais bien que ce n'est pas ici que vous le dépenserez, mais si vous étiez obligés de partir, vous seriez bien contents d'en avoir un peu.

Un dimanche, l'homme qui les avait emmenés jusqu'à la forêt monta les voir. Il expliqua que quelques soldats et officiers avaient, eux aussi, pris le chemin de la montagne. Il ignorait où ils se cachaient, mais des hommes comme lui travaillaient à établir des liaisons. Il viendrait ici lorsqu'il le faudrait, mais, pour le moment, il était plus utile à Castres où il attendait des ordres de Londres. Il parla aussi du poste de guet.

— Vos copains n'ont pas été démobilisés, dit-il. Ils portent à présent l'uniforme bleu des aviateurs avec un brassard S.A.P.... Ça veut dire Sécurité Aérienne Publique.

— Alors, demanda Julien, ils travaillent pour les Boches?

— Je ne crois pas. Les Boches ont installé un poste de guet à eux dans le château. Vos copains sont seulement là pour donner l'alerte aux civils s'il vient des avions. En quelque sorte, ils sont soldats sans l'être vraiment. D'ailleurs, on les a désarmés. Et puis, je n'ai pas l'impression qu'ils se prennent très au sérieux. Quand on leur demande ce que veut dire S.A.P., ils répondent généralement : Secours Aux Putains.

Quand Julien parla d'écrire à Sylvie, l'homme et le fermier se fâchèrent. Les gendarmes recherchaient les déserteurs et les livraient à la police allemande. Julien insista, et l'homme finit par accepter une lettre destinée à Riter qui la transmettrait à Sylvie. Il exigea de la lire pour être certain que Julien ne disait rien qui pût trahir leur retraite.

Le fermier continuait de leur apporter quelques journaux qui étaient leur seul lien avec le monde en guerre. Ainsi, le 14 décembre, ils apprirent que Pétain avait adressé à Hitler une lettre où il lui proposait de réorganiser une armée dans un esprit de « collaboration européenne » et pour permettre à la France de reconquérir son Empire colonial. Dans ces journaux, ils cherchaient surtout ce qui pouvait leur indiquer que d'autres hommes avaient, comme eux, refusé cette entente avec l'Allemagne. Au début de janvier, ils lurent plusieurs articles parlant d'incidents à Marseille où une bombe avait été jetée dans l'hôtel occupé par les services allemands. Il y avait eu des morts et le couvre-feu était instauré de 20 heures à 6 heures. L'article précisait : « *Les troupes allemandes ont reçu l'ordre de faire usage de leurs armes en cas de résistance aux ordres donnés.* »

Le fermier assura que tout était calme dans la région de Castres, mais Julien pensait de plus en plus à Sylvie. Il était là, loin de la guerre, plus tranquille même qu'au poste de guet, et Sylvie devait, chaque jour, côtoyer des Allemands. A chaque instant un incident pouvait se produire, des coups de feu pouvaient être tirés, une balle risquait d'atteindre Sylvie. A présent, il évoquait souvent le chef. Le chef qui était mort en voulant rejoindre sa femme. Avant de risquer cette traversée de la ligne de démarcation, le chef avait dit : « Est-ce que tu crois que c'est drôle, de sentir sa femme entourée de Boches? » Aujourd'hui, si Julien tentait d'aller voir Sylvie, courrait-il le même risque que le chef? Que ferait Sylvie, si on venait lui annoncer que Julien était mort en voulant la rejoindre? S'il mourait, Riter donnerait à Sylvie ses livres préférés, ceux qui étaient restés au poste, dans sa caisse à paquetage et dans sa valise. La valise du petit gars de Dombasle disparu pendant la débâcle.

Un peu plus tard, la presse annonça que des arrestations avaient été opérées pour « menées terroristes et antinationales ». On avait saisi des armes provenant de parachutages. Carento se réjouissait. Il y avait donc vraiment des hommes qui se préparaient à se battre.

— Si ça se trouve, dit-il, on va se bagarrer avant ton copain Berthier; et certainement plus dur que lui.

Ils vécurent ainsi jusqu'au mois de février. Ils connaissaient par cœur les histoires du vieux, mais ils le laissaient raconter. Le vieux les commandait, c'était lui qui faisait la cuisine et distribuait les corvées. Un jour, pour plaisanter, Carento l'avait appelé sergent. Le vieux avait paru heureux et, depuis, ils ne l'appelaient plus autrement.

Au début de février, le journal leur apprit la « Création de la Milice Française et d'un corps d'élite : la Franc-Garde ». Le fermier qui avait apporté le journal paraissait inquiet.

— Tant qu'il n'y avait que les Fritz, dit-il, on pouvait les couillonner, mais si des Français s'en mêlent, ce sera moins facile.

— Vous croyez vraiment que ce serait pour...

Julien n'acheva pas sa phrase. Ils se comprenaient. L'homme hocha la tête. Ce fut tout. C'était le soir d'un dimanche, le 1er de février. Le temps était gris et bas, le vent d'ouest portait quelques gouttes de pluie.

— Il faut que je parte, dit le fermier. Le mauvais temps n'attendra peut-être pas la nuit.

Il se leva, les regarda encore dans le demi-jour terne qui coulait de la lucarne, puis, comme s'il eût regretté de les quitter sur une note triste, il se pencha vers la table et chercha un instant sur les journaux qu'il avait apportés. Ayant trouvé un article, il s'approcha de la lumière et dit lentement :

— Peut-être que la guerre finira plus tôt qu'on ne croit; vous lirez ça. « *A Stalingrad, après une résistance héroïque de deux mois, la VIe Armée du Maréchal Paulus a dû céder devant des forces supérieures en nombre.* » J'ai écouté Londres. Selon la BBC, ce n'est pas une défaite, mais une véritable débâcle.

Il leur serra la main et sortit. Dès qu'il eut refermé la porte, le bûcheron revint vers le journal.

— Faudra me lire ça, dit-il. Les Cosaques, c'est des sacrés soldats. Et pourtant, en 14, le rouleau compresseur russe... Mais enfin, ça fait rien, c'est des soldats...

Le vieux reprit le fil de ses souvenirs, mais Julien ne l'écoutait pas. Il était à Castres avec un groupe de camarades descendus des montagnes. Arrivés par le sud, ils avaient attaqué les Allemands installés près de l'octroi. Ils se battaient avenue de Villeneuve et Julien, blessé, trouvait abri dans la maison de Sylvie. C'étaient Sylvie et sa mère qui le soignaient, tandis que le père Garuel, cet homme terrible, pleurait d'émotion.

48

Un soir, en rentrant de la coupe, ils trouvèrent le petit berger de la ferme qui les attendait dans la cabane. Julien eut tout de suite le sentiment que le garçon était porteur d'une mauvaise nouvelle. Une lettre était sur la table. Une enveloppe blanche qui mettait une tache trop claire, dans cette demeure où tout avait la couleur chaude du bois. Avant de prendre la lettre, Julien demanda :

— Qu'est-ce qu'il y a?

— Le patron vous a tout écrit là-dedans. Il m'a fait monter parce que des gendarmes sont venus, au début de l'après-midi.

Les trois hommes se regardèrent sans mot dire. Julien découvrait soudain à quel point il s'était attaché à cette cabane, à ce vieux, à cette vie qu'ils avaient ici et qui était un peu comme un jeu.

— Regarde ce qu'il y a d'écrit, dit le bûcheron.

Julien ouvrit l'enveloppe. Le fermier leur demandait de partir au plus vite. Il indiquait un point de la montagne, et leur recommandait d'éviter les chemins importants.

— Il est fou, dit le vieux. Vous ne pouvez pas partir comme ça sans personne pour vous guider. (Il hésita.) J'irai. Je vais avec vous.

— Non, dit Carento.

— Le patron m'a dit de vous accompagner jusqu'au Rocher Cassé, fit le berger. Ensuite, vous n'aurez qu'à monter droit devant vous.

Carento et Julien se regardèrent. Julien comprit que le Savoyard pensait, comme lui, à leur première nuit.

— Parce qu'il voudrait les faire partir ce soir même? demanda le vieux.

— Bien sûr, fit le berger, le patron dit que si les gendarmes sont venus, c'est qu'ils se doutent de quelque chose et qu'ils peuvent monter demain matin. Depuis le village, des gens ont pu vous voir, quand vous étiez dans les coupes du bas. Le patron m'a dit aussi de brûler sa lettre dès que vous aurez lu.

Le vieux haussa les épaules. Il était là, debout entre le fourneau éteint et la table, avec ses grosses mains ouvertes au bout de ses bras inutiles. Il paraissait sans force, écrasé par la nouvelle. Il ne savait que répéter en bougonnant :

— Il est fou... Il est fou... Vous ne pouvez pas partir si vite...

Sans un mot, Julien et son camarade s'étaient préparés. Ils avaient tiré de la paille leurs équipements, leurs fusils, leurs sacs. Le berger leur donna une miche de pain, du lard et du fromage qu'il avait apportés pour eux. Dans sa lettre, le patron disait qu'un groupe d'hommes était déjà constitué. On avertirait de leur arrivée, un éclaireur viendrait à leur rencontre. Julien et son camarade devaient seulement lui demander à quel endroit on pouvait trouver de l'eau potable. C'était le mot de reconnaissance. Julien pensait à cela, et c'était un certain réconfort. Est-ce que vraiment l'aventure commençait? Est-ce qu'ils allaient enfin prendre part à la guerre? Il l'espérait et le redoutait tout à la fois; il imaginait un camp avec des hommes armés, et regardait aussi la cabane où ils avaient vécu heureux, en compagnie du vieux.

Lorsqu'ils sortirent, la nuit commençait de monter du bas-fond, noyant de pénombre les arbres en contrebas. Le ciel était encore éclairé, mais de longs nuages gris, très estompés, s'effilochaient en progressant lentement vers l'est.

Le vieux voulut aller jusqu'au bout de la clairière. Il ne grommelait plus. Il les regardait seulement avec des yeux plus brillants que de coutume. Lorsqu'ils eurent atteint la limite des arbres, ils s'arrêtèrent. D'une voix qui tremblait beaucoup, le bûcheron dit :

— Traînez pas, mes petits gars. Le temps pourrait se gâter... Et pensez que je suis là.

Pensez-y. On sait jamais... Pensez que je suis là.

Sa voix s'étrangla. Julien qui allait lui tendre la main s'avança davantage, se pencha vers lui et embrassa ses joues creuses envahies par la barbe.

— Au revoir, sergent, dit-il. Et merci. Merci bien.

— Dis donc pas de conneries, bredouilla le vieux.

Carento l'embrassa aussi, puis ils se mirent à marcher très vite dans le chemin où le berger les avait précédés.

Avant la première descente, ils se retournèrent. Le vieux n'avait pas bougé. La tête rentrée dans les épaules, le corps légèrement voûté et les genoux fléchis, il avait l'air d'un tronc très court et ébranlé, oublié sous les arbres au bord du chemin dont les ornières étaient deux serpents de ciel immobiles sur la terre morte.

49

Après avoir quitté le berger, ils marchèrent longtemps sans mot dire. Le terrain montait, presque régulier, planté de chênes et de hêtres déjà gros. Ils avaient chaud, mais l'hiver passé dans la forêt leur avait donné l'habitude de la marche sur ce sol où couraient les racines, où des pierres dépassaient la terre. Ils avaient pris soin de plier leur bâche, de telle sorte qu'elle était comme un gros fer à cheval qui s'adaptait parfaitement à un sac à dos. Pour éviter de la détacher constamment, de loin en loin ils échangeaient leurs sacs, s'arrêtant seulement le temps de modifier la longueur des bretelles. Celui qui ne portait pas la bâche se chargeait des musettes. Ils pouvaient ainsi conserver toujours leur fusil, qu'ils utilisaient à la manière d'une canne ou pour se tirer l'un l'autre dans les passages abrupts.

Le vieux leur avait parlé d'une large garrigue, en leur recommandant de la traverser de nuit. Lorsqu'ils y parvinrent, l'obscurité était déjà très épaisse. Ils s'arrêtèrent.

— Qu'est-ce qu'on fait? demanda Carento, on couche ici ou on va jusqu'à l'autre versant?

— On va coucher là, qui veux-tu qui vienne nous dénicher dans un coin pareil?

— Et cette garrigue, si on se réveille après le jour?

Ils ne se voyaient presque pas. Julien s'approcha de son camarade et demanda :

— Est-ce que tu n'as pas l'impression que ce vieux a la guerre incrustée dans la peau? Il te ferait ramper pour traverser une clairière. C'est un brave homme, mais il a la nostalgie de la guerre et il la voit plus près qu'elle n'est.

— Tu as raison. Sur ce versant, on est encore abrité du vent, et on sait ce qui nous sépare des chemins; vaut mieux passer la nuit ici.

Ils avaient prévu un système de cordes et de courroies qui leur permît d'installer assez vite leur tente basse et étroite, en utilisant une partie de la bâche comme tapis de sol. A cause de la pente, la terre était à peine humide. Ils mangèrent à tâtons du pain et du fromage, et burent un quart de vin. Ils avaient monté vite, et cette fatigue, ajoutée à celle de leur journée dans le bois, les étreignit dès qu'ils furent allongés côte à côte, enroulés dans leur capote.

Le froid les réveilla un peu avant l'aube, et ils atteignirent l'autre rive de l'espace découvert, au moment où les arbres commençaient à émerger de la nuit. Sous bois, malgré l'absence de feuilles, il faisait encore sombre. A présent, le sol était à peu près horizontal, inégal mais sans obstacles sérieux.

A 10 heures, ils se trouvèrent soudain devant une combe plantée d'un taillis tellement épais qu'ils décidèrent de le contourner. Bien que la montée eût cessé, ils avaient le sentiment d'avoir constamment marché dans la bonne direction.

— J'ai le sens de l'orientation, disait le Savoyard, tu peux me faire confiance, je me suis jamais paumé en forêt. C'est pas parce qu'on va dévier d'un kilomètre ou deux qu'on se perdra.

Julien le suivait. Il se sentait bien, son corps le servait parfaitement, sans réclamer de repos, et il y avait en lui cet espoir de rencontrer bientôt un groupe de résistants organisés. Le ciel restait bas, mais il ne pensait pas à cette menace du temps. La température lui paraissait idéale pour la marche, le vent était agréable et son bruit dans la futaie tenait compagnie.

Comme le taillis semblait remonter sur leur droite, ils décidèrent de le traverser.

— Ça n'est jamais long, dit Carento, ça doit être seulement une petite vallée avec un ruisseau de rien du tout au fond.

Pourtant, à mesure qu'ils avançaient, le terrain accentuait sa pente et les arbres se resserraient. Ils furent bientôt engagés de telle sorte dans un roncier qu'ils durent renoncer à poursuivre leur marche.

— Faut qu'on retourne sur nos pas, dit Julien.

— Non, faut obliquer à gauche. C'est moins épais, on trouvera forcément un passage.

La fatigue aidant, ils en vinrent assez vite à se chamailler.

Carento s'accrochait à son idée de traverser ce fourré, alors que Dubois voulait en sortir et le contourner. Depuis leur départ de Castres, c'était la première fois qu'ils se disputaient.

— Si on commence à s'engueuler, dit Carento, c'est foutu.

— Mais tu vois bien qu'on ne peut pas continuer.

Le Savoyard se mit soudain à rire.

— Si on bouffait, dit-il. Et après, si tu persistes dans ton idée de retourner, on le joue à pile ou face.

Ils s'installèrent à même les broussailles.

— En tout cas, remarqua Julien, le mec qui voudrait nous trouver ici...

Ils ne voyaient qu'un pan déchiqueté de ciel, au-dessus de leur tête. Tout autour, la vue se perdait à quelques mètres dans les genêts, les arbustes, les lianes entremêlées. Ils avaient presque achevé leur repas, lorsque, de ce lambeau de ciel, commencèrent à tomber les premiers flocons d'une neige lourde, gorgée d'eau et qui semblait traîner derrière elle un crépuscule glacé.

— Bon Dieu, manquait plus que ça! ragea Carento.

Ils se levèrent.

— Cette fois, j'espère que tu admettras qu'il faut sortir de là.

— Au contraire, faut pas perdre de temps. Faut prendre...

— Merde, cria Julien, mais tu es con, ma parole!

Ils se regardèrent. Carento ricana :

— On va pas se battre, non!

Il sortit une pièce de sa poche et demanda :

— Qu'est-ce que tu prends?

— Face.

La pièce tourna et tomba sur la main du Savoyard.

— Pile.

— Tu le regretteras, grogna Julien.

Carento prit la tête, écartant les branches, taillant les ronces à grands coups de sa baïonnette.

Julien suivait, portant la bâche et mâchonnant sa rage. A présent, la colère était en lui. Il maudissait le ciel et cette neige, l'entêtement du Savoyard, la hâte du fermier à se débarrasser d'eux. Longtemps il se contint avant de crier :

— Fumier de con! Il avait la pétoche, ce salaud-là! Comme si les cognes allaient revenir!

Carento s'arrêta et se retourna pour dire :

— Râle pas comme ça. Ça sert à rien.

Julien allait se remettre à crier, il allait peut-être insulter son camarade, mais il lut une telle détresse dans son regard qu'il se tut. Carento paraissait à bout de forces.

— Qu'est-ce que tu as? demanda Julien, le coup de pompe?

L'autre soupira, baissa les yeux puis les releva pour un regard presque implorant.

— Je crois que tu avais raison, souffla-t-il. On peut pas continuer, faut retourner.

Comme il faisait le geste de remettre son arme dans le fourreau, Julien vit qu'il avait les deux mains en sang.

— Tu veux que je passe devant? fit-il.

— Oui, mais pour retourner. Et moi je vais prendre la bâche.

Son visage était écorché aussi et couvert de sueur. Soudain, Julien eut peur qu'il ne tombât malade. Rassemblant toutes ses forces, il fit volte-face et se remit à marcher.

— Viens, dit-il, tu t'es crevé après ces ronces. Moi, je ne suis pas fatigué.

— Donne-moi la bâche.

Julien ne s'arrêta pas. Un moment encore il entendit derrière lui la voix haletante de son camarade qui s'accusait de s'être trompé et s'injuriait. Puis, bientôt, il n'y eut plus que le bruit de leur marche, et le crépitement régulier de la neige lourde sur le sol recouvert de feuilles et de branches pourries.

50

Dans la nuit, cette neige se mua en une pluie torrentielle. Ils avaient pu sortir du taillis, mais, à présent, dans l'aube mouillée, ils ne savaient plus très bien où ils se trouvaient. La forêt était un vaste bourbier où paraissaient çà et là des rochers comme des îlots perdus. Ils s'y arrêtaient le temps de reprendre leur souffle, mais plusieurs fois, Julien eut le sentiment qu'ils repassaient sans cesse au même endroit.

— Non, non, affirmait Carento, t'inquiète pas, on avance.

Mais sa voix était sans conviction. Rien ne permettait plus de s'orienter, même approximativement. Ils descendirent longtemps, traversèrent une lande pelée, avec des rochers à fleur de terre où l'eau ruisselait, une lande dont le rideau serré de la pluie dérobait les limites. Ils descendirent pour se trouver devant un torrent boueux qu'ils traversèrent en s'accrochant aux branches et aux racines. Ils avaient de l'eau à mi-corps, mais rien ne pouvait plus les atteindre. Ils avançaient comme des machines, et, lorsque la nuit revint, ils installèrent leur toile avec des gestes lourds, des mains que le froid et la boue rendaient malhabiles. Ce soir-là, ils n'échangèrent pas un mot en partageant le reste de leur pain imbibé comme une éponge. Ce pain avait le goût de la boue, il craquait sous leurs dents. Plusieurs fois Carento toussa. Julien sentait en lui une immense détresse, qui l'étreignait aussi fort que sa fatigue. Sa pensée se limitait au regard de Sylvie, et à cette idée qu'ils s'étaient perdus, en plein centre de la France, à quelques kilomètres de Castres où était Sylvie. Ils s'étaient perdus et pouvaient tourner en rond sous l'averse jusqu'à l'épuisement.

Le lendemain, la pluie continua. Ils étaient deux bêtes boueuses; deux bêtes qui n'avaient plus la force de se plaindre. Leurs bidons étaient vides. Ils n'avaient plus de pain et ils mangèrent leur dernier morceau de lard.

La pluie ayant cessé avec le crépuscule, ils renoncèrent à monter leur tente et s'enroulèrent dans la bâche, au pied d'un rocher en surplomb.

— Nous crèverons, disait Carento. C'est moi qui nous ai perdus. Je suis un con. Je suis un con.

Julien le sentait au bord des larmes.

Le lendemain, le ciel s'était dégagé et le temps avait fraîchi. Ils grelottaient, le ventre creux, mais la meilleure visibilité leur redonna des forces. Ils marchèrent une bonne heure puis trouvèrent enfin un chemin pareil à celui qui menait à la cabane du bûcheron. Le bois était moins dense et, entre les arbres, ils apercevaient, en contrebas, une immense étendue qui leur parut plate. Le soleil y faisait miroiter de larges traînées de brume toute blanche.

— Je ne crois pas qu'on soit au bon endroit, dit Carento, mais on va sûrement trouver une ferme pour bouffer et roupiller au sec.

Avant midi, ils débouchèrent sur un pré d'où ils dominaient un hameau de quelques feux. Ils se regardèrent. Ils étaient aussi sales que lorsqu'ils avaient atteint la cabane du vieux, mais avec une barbe beaucoup plus fournie.

— Tu crois qu'on peut y aller comme ça?

Ils s'arrêtèrent à l'abri d'un bosquet pour observer les maisons. A deux reprises, une forme noire traversa un espace découvert.

— Et si c'était un gendarme?

— Tu crois?

— Va savoir! A cette distance, on peut se tromper. Au lieu de nos flingues, on aurait mieux fait de piquer les jumelles du poste.

— Bon Dieu, on est trop près pour retailler! On va pas crever de faim à côté de ces fermes.

— A présent qu'on est là, faut pas se dégonfler, dit Carento, mais faut pas faire de connerie non plus. Tu vas rester ici avec le barda. Je vais quitter ma capote, mon calot et ma vareuse. En pull-over, c'est pas parce qu'il est kaki, je peux bien être un démobilisé qui a gardé sa tenue.

— Et pourquoi toi?

— Je cours plus vite que toi, s'il faut se tailler...

Ils discutèrent un moment, puis Julien finit par céder. Il lui semblait que Carento voulait à tout prix racheter son entêtement au sujet du taillis.

— Si tu étais en difficulté, siffle, dit seulement Julien.

Le Savoyard partit. A cause des bosquets, Julien le perdit des yeux un moment. Il s'était dévêtu, lui aussi, et leurs habits trempés, étendus au soleil, fumaient légèrement. Il faisait chaud. Julien s'engourdissait un peu, mais les crampes de son estomac vide le tenaient éveillé. Tout petit, Carento reparut à l'angle d'une terre nue. Il s'arrêta et Julien pensa qu'il devait regarder dans sa direction. A quelques pas des maisons, il marqua encore un arrêt qui parut interminable à Julien. Si près du but, Carento allait-il renoncer? La forme noire parut dans une cour. Le Savoyard dut la voir, car il reprit sa marche et se dirigea rapidement vers les maisons. Le cœur de Julien battait très fort. Carento avait rejoint la forme noire qui gesticulait. Ce devait être un homme assez grand. Ils disparurent tous deux, puis reparurent accompagnés de trois autres personnes. Se séparant du groupe, Carento reprit la direction de la montagne. Du pas de leur porte, les autres devaient le regarder s'en aller. Dès qu'il eut atteint les premiers bosquets, ils rentrèrent dans la ferme.

Quand le Savoyard revint, il lança sur le pré, devant Julien, un morceau de pain qui ne devait guère peser plus de 200 grammes. Il était essoufflé, son front bas était creusé de rides sales, son visage exprimait une colère mal contenue.

— Des fumiers! ragea-t-il. Des fumiers!

Julien s'était levé. Il regardait le pain qu'il avait ramassé. C'était du beau pain à la mie bien blanche et à la croûte épaisse. La salive emplissait sa bouche.

— Tu peux le bouffer, grogna Carento. Moi, j'aimerais mieux crever.

Il insulta encore les paysans puis, lorsque Julien eut réussi à le calmer un peu, il expliqua que ces gens l'avaient chassé comme un mendiant en lui donnant ce morceau de pain.

— Ils ont peur, dit Julien. Ce sont des salauds, mais qu'est-ce que tu veux faire?

— Je sais ce qu'il faut faire.

Il y avait dans les yeux du Savoyard une résolution presque inquiétante. Il expliqua :

— Ces gens-là ont peur des gendarmes autant que nous. Ils se cachent autant que nous, mais pour d'autres raisons. Un des types qui sont sortis avec le péquenot avait un grand tablier de boucher plein de sang et un couteau à la main. Le couteau, c'était peut-être pour me faire peur, mais c'était aussi pour dépecer une bestiole. L'odeur de la viande, je la connais. Ça puait la bidoche, dans leur grange...

Il se tut un instant. Son regard quitta les yeux de Julien et se porta sur les fusils posés contre la haie.

— Des flingues, dit-il, on sait jamais si c'est chargé ou pas, quand on vous les colle sous le nez.

De nouveau, il regarda Julien qui baissa la tête. Il y eut entre eux un long silence. Julien tenait toujours le pain. Il le prit à deux mains et le partagea.

— Tiens, dit-il. Mange toujours ça. Après, on verra.

Ils mangèrent lentement, savourant chaque bouchée. De temps à autre, Carento insultait les paysans.

— Ils ont du pain blanc, les salauds.

— Te plains pas, t'en bouffes.

Julien essayait de plaisanter, mais il sentait que la colère de son camarade était entrée en lui. Et ces quelques bouchées de pain ne firent qu'exciter sa faim.

— Si encore on voyait une autre maison.

— Tu es certain que ces gens-là sont les seuls dans ce hameau?

— Tout le reste est bouclé.

Ils ne pouvaient se raccrocher à rien. Lentement, à mesure que le temps passait, l'idée de cette viande à leur portée faisait son chemin. Julien l'imaginait. Il pensait à l'odeur dont Carento avait parlé.

— Quand j'étais apprenti pâtissier à Dole, expliqua-t-il, il y avait un gros sac qui s'appelait Ramigeon. Quand il venait au magasin, le soir, on le regardait bouffer par l'entrebâillement de la porte. J'ai jamais vu un mec avaler autant de marchandise...

— Ta gueule! hurla le Savoyard. Tu as juré de me faire devenir dingue?

Julien se tut. Le gros Ramigeon était là, bâfrant dans le salon de thé du père Petiot. Vidant les plateaux de gâteaux. Il y avait en lui ce souvenir, et celui de son père l'obligeant à manger des plats qu'il n'aimait pas. « Un jour, tu auras faim, et tu y penseras, à ce gésier de poulet. » Il entendait aussi sa mère lui disant : « Mon pauvre petit, j'ai bien peur que tu sois en train de manger ton pain blanc le premier. » Tout cela était là, comme pour le rendre fou.

Julien regarda du côté des maisons. Une cheminée fumait. Le ciel encore clair se colorait de rouge sur leur droite, où quelques nuages sortaient lentement de l'horizon. Sans un mot, Julien se leva et commença d'enfiler ses vêtements mouillés et raidis par la boue.

51

Ils descendirent en se cachant jusqu'à un repli de terrain qui se trouvait à une centaine de mètres des maisons. Là, à plat ventre derrière des buissons, ils se mirent à surveiller. Ils avaient décidé d'attendre le crépuscule afin de pouvoir disparaître plus facilement. Ils n'avaient pris avec eux que leurs fusils, et laissé leurs sacs et la toile sur une roche où ils pourraient les reprendre au passage, sans perdre de temps. A présent, le ciel était aux trois quarts couvert de nuages rouges aux ventres lourds et violets. L'ombre coulait aux limites de la forêt, la terre s'assombrissait rapidement.

— Dans un petit quart d'heure, dit Carento, ce sera bon.

Ils avaient mis au point leur plan et le répétèrent encore une fois. Ce soir, Julien avait le sentiment de prendre pied dans la guerre.

Les hommes qui se trouvaient dans cette maison n'étaient pas les ennemis qu'il avait si longtemps imaginé de combattre, mais sa faim, les propos de Carento, la fatigue qui était en lui le faisaient haïr ces gens.

— Si on peut piquer de la barbaque, dit Carento, faudra monter assez loin dans la montagne pour la faire cuire. Mouillé comme il est, le bois fait de la fumée.

— Tu crois qu'on pourra allumer du feu?

— Oui... Bien sûr, si on avait au moins un bout de papier sec, ça irait mieux... Si tu en voyais, essaie d'en faucher aussi...

Carento se tait. Un bruit de moteur vient des maisons. Ils se soulèvent sur les coudes pour mieux voir. Il semble qu'on ait ouvert un portail de grange. Une lueur tache l'ombre de la cour. Le moteur a des ratés puis gronde plus fort. Les deux garçons se regardent.

— Bon Dieu, s'ils se tirent avec la viande, on est marrons!

Julien sent ses nerfs se nouer sur son estomac vide. Ils se regardent encore puis, ensemble, sans un mot, ils se lèvent et se mettent à courir. Le dos ployé, leur fusil à la main, dans cette terre labourée et molle, ils sont comme deux poilus boueux, d'un autre âge, partant à l'assaut d'un hameau désert.

— Si le vieux nous voyait, ricane Carento.

C'est exactement ce que pensait Julien, mais il ne dit rien. Il fixe le portail d'où sort lentement une camionnette. Un homme la suit, puis un autre. Carento, qui a pris quelques foulées d'avance sur Julien, ralentit et se retourne en lui faisant signe de se hâter. Julien a aux pieds d'énormes paquets de boue.

Ils atteignent la cour au moment où la camionnette amorce une manœuvre qui la mettra face au chemin qu'ils ont vu de la montagne et qui file vers la plaine. Est-ce que les hommes ont entendu leur pas? L'un d'eux se retourne. Il est encore dans la lumière de la grange et Julien remarque qu'il est court et ventru.

— Donne ton flingue, dit Carento.

Ils ont décidé que Julien devait avoir les mains libres pour prendre la viande, pendant que Carento tiendrait les hommes en respect. Pas un instant ils n'ont imaginé que ces hommes résisteraient. Ils se sont réparti les tâches ainsi, parce que Julien est plus fort pour porter la viande, parce que Carento restera derrière pour couvrir sa fuite et devra le rattraper ensuite.

Un fusil en bandoulière et l'autre sous le bras, le canon en avant, Carento s'arrête au moment où le gros homme crie :

— Attention, Nestor, v'là des mecs!

— Haut les mains! hurle Carento. Bouge pas, ou je tire.

Il avance. Son fusil est juste à la limite de la lumière. Julien le laisse se placer puis, comme le gros homme lève les bras, il va jusqu'à lui.

— Ouvre ta camionnette, dit-il. Et file-moi un bout de viande, on ne te fera rien.

Sa gorge est serrée. Son cœur cogne, mais sa voix ne tremble pas. Le gros homme ne bouge pas. La portière de la camionnette grince et Julien tourne la tête pour crier à Carento :

— Empêche les autres de descendre!

Carento fait un pas vers la gauche et, sans doute parce qu'il n'est plus sous la menace du fusil, le gros homme lance son poing en avant. Mais Julien se méfie. Il doit venir le coup assez tôt pour esquiver. En un éclair sa fatigue s'est évanouie. Il retrouve ses réflexes et, tandis que son buste est encore incliné à gauche, avant même que le gros homme ait pu reprendre son équilibre, Julien plie sa jambe droite qu'il lève avec un « han » de bûcheron. Il a l'impression que son genou écrase du cartilage et de la boue. Le gros homme hurle, son visage s'incline, mais le poing gauche de Julien monte à sa rencontre et le renvoie en arrière. La masse s'écroule, faisant sonner la tôle de la camionnette.

Silence. Le moteur a cessé de tourner.

— Vite! vite! La barbaque! crie Carento.

Avant de soulever la bâche, Julien a le temps de voir un autre homme debout, les mains en l'air au fond de la grange. L'air sent l'essence, mais, sous la bâche, il y a une autre odeur. Tout est noir. Les mains de Julien avancent. Il touche de la toile. Il la soulève et rencontre enfin de la viande. Il tâte encore. Ce doit être une patte d'animal. Il empoigne et tire. Il y a une résistance.

— Vite! répète Carento.

D'un grand effort, Julien arrache la bête morte. Il remarque seulement qu'elle a ses quatre pattes et il la prend à la manière des bouchers, en travers de sa nuque. Lorsqu'il se retourne, il voit que Carento s'est avancé dans la grange.

— Francis, tu es fou!

Julien a peur que le Savoyard ne soit pris à revers par les gens de la camionnette. Mais non, Carento s'est seulement approché d'un établi où il prend des journaux. Il a pensé au feu et au bois mouillé. Julien avait oublié cela.

— Sauve-toi! crie Carento en reculant.

Julien court. Déjà il entre dans la terre labourée où ses pieds enfoncent encore plus que tout à l'heure. Il marche. C'est long. La nuit a reculé les limites du champ.

— Fumiers! On vous fera fusiller!

La voix qui a crié cela est lointaine. Plus proche, celle de Carento lance :

— T'inquiète pas, fonce. Et laisse-les gueuler. On a l'entrecôte.

Julien avance dans l'obscurité. Il ne voit pas Carento, mais il le sent à côté de lui. Et il devine que le Savoyard est aussi heureux que s'il avait déjà l'estomac plein.

52

Lorsqu'ils s'étaient arrêtés pour prendre leurs sacs, ils avaient coupé, à même la tête, de fines tranches de viande qu'ils avaient mangées crues.

— Comme les Gaulois, disait Carento.

— Non. Les Gaulois étaient plus civilisés que nous, ils faisaient du feu.

Tapant sur sa poitrine, Carento qui avait placé les journaux sous sa vareuse dit :

— On en fera, du feu. Mais faut s'éloigner.

— Faudrait marcher une heure au moins.

Ils avaient marché une heure en montant toujours. Il y avait des prés, des bois, des places sans arbres avec une végétation maigre et basse. Les nuages n'étaient pas très épais, et le ciel versait dans cette nuit une lueur laiteuse qui leur permettait de se diriger. La bête, qui devait être un mouton, était lourde et mal commode à porter. Ils avaient marché une heure, mais ils savaient bien qu'ils n'étaient pas très loin des maisons. Au début de leur course, ils avaient entendu la voiture s'éloigner. Ils s'étaient retournés : seuls les phares trouaient la nuit, la lampe de la grange était éteinte ou la porte fermée.

A présent, ils se tenaient au fond d'un pli de terrain, où le Savoyard avait allumé du feu. La flamme, timide au début, avait grandi en se nourrissant de brindilles minuscules, puis de branches plus grosses. Le vent la couchait par moments, et ils apportèrent des pierres pour fermer trois côtés du foyer. Ensuite, ayant coupé des tranches de viande, ils les enfilèrent dans une baïonnette qu'ils posèrent en travers des pierres. La flamme léchait la viande, faisant bouillir la graisse qui coulait sur les braises avec un grésillement qui leur mettait la salive à la bouche. Muets, ils regardaient, le visage et les mains offerts à la chaleur, respirant l'odeur qui les nourrissait déjà.

— Quand on aura bouffé, dit Carento, on changera de place.

— Tu crois? Dans ce creux, on peut pas nous repérer.

— Vaut mieux se méfier. On n'est pas obligés d'aller bien loin.

Dès que la viande fut cuite, ils la posèrent sur les pierres, à côté du feu et ils embrochèrent d'autres tranches.

— Faut bouffer le plus possible.

— Avec le froid, ça se gardera.

— On pourra pas tout traîner.

— Merde, tu voudrais en laisser?

Cette idée révoltait Julien. Carento dit :

— Pourvu qu'on ait de quoi tenir deux jours. Il ne nous faudra pas plus pour rejoindre les autres.

— Tu crois?

— Bien sûr. Suffira de suivre le flanc de la montagne. On trouvera bien un des repaires que le fermier nous a indiqués.

Quelques bouchées de viande avaient suffi pour rendre son optimisme à Carento. A présent, il voyait leur misère toucher à sa fin. Julien l'écoutait. Il essayait de se convaincre que le Savoyard avait raison, mais cette nuit qui luttait contre le cercle rouge de leur foyer, le souvenir de la haine qu'il avait lue dans le regard du gros homme, tout l'inquiétait.

— Est-ce que tu crois que la gendarmerie est loin des bicoques où on a piqué cette bestiole?

— Je ne sais pas, répondit Carento, mais je suis certain qu'ils ne nous dénonceront pas. Ces gens-là font de l'abattage clandestin; tu ne penses pas qu'ils vont aller raconter qu'on leur a fauché un mouton?

Il paraissait sûr de lui. Pourtant, Julien demanda :

— Et s'ils nous dénonçaient sans dire qu'on leur a volé de la viande? Simplement en racontant qu'ils ont vu des troufions avec des armes?

Carento se pencha vers le foyer pour retourner la viande. Tout le bas de son visage était luisant de graisse comme si sa barbe eût été vernissée.

— Merde, dit-il. Bouffe. Ensuite, on se tire, et s'ils nous piquent on n'aura pas le ventre creux.

Tandis que la deuxième brochette achevait de cuire, ils regardèrent les pages de journaux qu'ils n'avaient pas utilisées pour le feu. L'une était du 16 février, l'autre du 22.

— Ça fait pas vieux. Si je calcule bien, on doit être le 27.

— C'est vrai, dit Julien. Vendredi 27.

Il prit le journal du 16 et lut le début d'un article annonçant la création du service obligatoire du travail en Allemagne pour les jeunes gens nés entre le 1er janvier 1920 et le 31 décembre 1922.

— On ne serait pas pris, dit Carento, puisqu'on est de la classe 43, mais tu verras, ils en prendront d'autrcs. Raison de plus pour ne pas se faire poisser.

Tout en parlant, il parcourait l'autre journal, il le tendit à Julien en disant :

— Tiens, il y a un article qui t'intéresse, toi qui es du Jura.

Julien prit le journal. Sur trois colonnes en tête de la première page on annonçait : « ASSOUPLISSEMENT DE LA LIGNE DE DÉMARCATION. LES LAISSEZ-PASSER DÉLIVRÉS PAR LES AUTORITÉS ALLEMANDES VONT ÊTRE REMPLACÉS PAR UN SIMPLE CONTRÔLE DE POLICE. » Aussitôt, Julien pensa au chef et à Guernezer. Il fixa le foyer un moment, les yeux mi-clos, puis revint au journal. En sous-titre, il put lire : « *La circulation redevient libre entre le Nord, le Pas-de-Clais et le reste de la France.* » Il relut plusieurs fois ces deux lignes. Carento qui retirait la viande grillée ne le regardait pas.

A présent, Julien pensait à Sylvie. Plus rien ne la séparait de ce garçon parti dans le Nord. Si, son amour pour Julien. Cette force qui les avait attirés l'un vers l'autre. Et pourtant, est-ce qu'elle saurait résister à tout? Il y aurait ses parents, ce garçon, l'argent, le silence de Julien. S'il pouvait écrire. Un mot, un simple mot pour dire qu'il était encore vivant. Encore capable de défendre son bien.

— Tu ne manges plus?

La voix de son camarade le fit tressaillir. Il s'avança et prit une tranche de viande.

— On dirait que tu en es déjà dégoûté, remarqua le Savoyard.

— Non.

— C'est dommage qu'on n'ait pas de sel. Ça écœure un peu. Mais tout de même, si on veut tenir, faut bouffer.

Cette nuit-là, le froid les tira de leur sommeil plusieurs heures avant l'aube. Ils levèrent le camp, les mains raidies par le givre qui recouvrait la bâche. Ils avaient gardé quelques tranches de viande grillée, mais elle était gelée et ils ne purent en manger que quelques bouchées.

Vers 8 heures, le soleil perça et ce fut, sur

la forêt, une véritable féerie de lumière qui dura le temps de les arroser, car le soleil transformait en pluie glacée le givre des branches. Ce jour-là, ils marchèrent lentement. La fatigue leur serrait les reins et leur nouait les mollets. Ils perdirent beaucoup de temps à cause de leur charge, et ils s'attardèrent longtemps, dans le milieu du jour, à côté d'un feu qui parvint pourtant à sécher leurs vêtements.

Le soir, lorsqu'ils montèrent la toile, une bise aigre sifflait dans les arbres, et Julien sentit qu'ils ne dormiraient pas longtemps cette nuit-là.

53

La toux de Carento réveilla Julien. Il sentit que son camarade s'était assis, secoué par une quinte qui n'en finissait plus.

— Francis, qu'est-ce que tu as?

Carento parvint à dire :

— Cherche mon briquet... Allume.

Julien fouilla les poches des capotes étendues sur eux, sans savoir s'il tenait la sienne ou celle de son ami. La toux du Savoyard redoublait, sèche, puis suivie d'un gargouillis inquiétant. Lorsque Julien parvint enfin à éclairer, il vit que son compagnon avait le visage et les mains barbouillés de sang. Il voulut tout d'abord croire qu'il avait vomi.

— C'est la bidoche, dit-il.

Mais l'autre secoua la tête de droite à gauche.

— C'est du sang. J'en suis sûr... Je suis foutu. Bon Dieu, Dubois, je suis foutu.

Son visage se plissa soudain, il grimaça puis se mit à sangloter. Julien vit encore un flot de sang jaillir de sa bouche. La flamme du briquet faiblit et s'éteignit. Carento hoquetait, toussait, sanglotait. Effrayé, Julien tenta vainement de rallumer le briquet.

— Foutu, répétait Carento.

Julien souleva un pan de la tente, la nuit était noire et le vent glacé.

— Ferme, dit Carento, je suis gelé.

— Faut te coucher.

— Je peux pas, ça m'étouffe. Je vais claquer, je te dis. Je vais me saigner.

— Tu vas rester là; je vais te couvrir et j'irai chercher du secours. On nous foutra peut-être en tôle, mais on te soignera.

— Non, non, me laisse pas. Me laisse pas, Dubois.

La peur perçait dans sa voix, il avait saisi la manche de Julien et s'y cramponnait. Il resta ainsi un long moment puis, comme sa toux se calmait et qu'il ne saignait plus, Julien installa leurs sacs et leurs musettes de façon qu'il pût s'y adosser sans être couché.

— Mon pauvre vieux, murmura le Savoyard.

— Surtout, ne parle pas.

— Si je m'endors, jure-moi que tu me laisseras pas.

— Je te le jure.

Julien comprit que son camarade était redevenu un garçon de dix ans. Il se mit à lui parler à mi-voix.

— C'est rien. C'est un vaisseau rompu. Ça arrive. Si tu étais tubard, tu aurais toussé ces jours-ci. Ça ne vient pas d'un seul coup.

— Tu crois?

— C'est certain. J'ai vu le cas. Un copain à moi, quand j'étais apprenti. Il avait saigné plus que toi.

Julien inventa une histoire. Il sentait que le malade s'y accrochait. De temps à autre, il se taisait pour écouter la nuit qui gémissait dans les arbres. A présent, ils n'avaient plus de briquet pour regarder l'heure, et le temps semblait s'être marié à cette nuit qu'il entraînait à sa suite.

L'aube vint alors que Julien s'était assoupi. Elle amena un jour clair qui fleurait bon le printemps. Comme Carento se sentait capable de marcher, ils décidèrent de descendre lentement, en obliquant sur leur gauche, de façon à s'éloigner le plus possible du hameau où ils avaient volé la viande. Carento portait seulement son sac et son fusil sur lequel il s'appuyait souvent. Julien avait enveloppé le reste du mouton dans la bâche et arrimé le tout sur son sac. Cette charge ajoutée aux deux musettes et à son propre fusil lui sciait les épaules. Ils allaient lentement et s'arrêtaient souvent. Carento ne parlait qu'à mi-voix, et, à voir la lenteur de ses gestes, Julien comprit qu'il redoutait une nouvelle hémorragie. Son visage était livide sous sa barbe.

Vers 10 heures, ils atteignirent un petit cours d'eau. Comme le soleil était chaud, ils s'arrêtèrent pour se laver et se raser. C'était la première fois qu'ils pouvaient le faire depuis qu'ils avaient quitté la cabane du bûcheron. En se voyant dans leur petit miroir, Carento remarqua sa pâleur.

— C'est rien, dit Julien. La fatigue, et puis cette barbe.

— Mais toi, tu n'es pas aussi pâle.

— Si, c'est la glace qui trompe.

Carento ne dit rien, mais ses yeux reflétaient son angoisse. Ils mangèrent un peu, et, avant de repartir, ils déplièrent la carte routière. Elle ne portait aucun sentier de forêt, mais ils pensèrent qu'ils devaient se trouver à proximité de la route conduisant de Carcassonne à Mazamet. Carento n'avait pas perdu la foi en son sens de l'orientation, et la position du soleil confirmait à peu près ses dires. Ils marchèrent une bonne heure avant d'atteindre une route étroite, mais bien empierrée, et qui descendait lentement vers un petit val où il y avait des toits rouges.

— On est sauvés, dit Julien.

Ils marchèrent plus vite. Ils allaient atteindre un virage, lorsqu'ils virent déboucher un homme qui poussait une bicyclette à côté de lui. Dès qu'ils les aperçut, l'homme s'arrêta.

— Héo! cria Julien en levant la main.

D'un geste brusque, l'homme souleva son vélo, le tourna dans le sens de la descente, puis, l'ayant enjambé à la volée il disparut.

— Bon Dieu, le con!

Ils se regardèrent. Carento se laissa tomber au bord du fossé, et se mit à répéter :

— On est foutus. On est foutus.

— Quoi, il va nous dénoncer? Et alors? Au point où on en est... même en prison, ils te soigneront.

Le Savoyard se dressa, comme électrisé. Depuis le matin, il n'avait pas fait un geste aussi vif. De nouveau ses yeux pleins de larmes brillaient autrement que de fièvre. Très vite il dit :

— Non! Non! Tu m'entends. J'aimerais mieux crever que d'être livré aux Boches. Ecoute-moi bien, Dubois. Je t'ai paumé une fois parce qu'il pleuvait. Mais je sais ce que je fais. Je suis certain de pouvoir me diriger, même de nuit. A cette saison, ce temps va durer. A présent, je me sens bien; tu devais avoir raison, c'était rien. Ou bien on trouve les mecs qu'on cherche, ou bien on retourne chez le vieux.

Comme Julien s'apprêtait à parler, Carento l'arrêta d'un geste autoritaire.

— N'aie pas peur, dit-il. Je suis capable de t'y conduire en ligne droite. Regarde la carte, tu verras que le massif où on est ne fait pas plus de dix bornes...

Il se tut. En contrebas, une motocyclette pétaradait.

— Ça peut être des Fritz. Allez, viens.

Ils se jetèrent dans le bois, grimpant droit devant eux. Comme Julien peinait sous sa charge, le Savoyard reprit sa musette et dit :

— On tente le tout pour le tout. On fonce droit sur la baraque du vieux, même en marchant de nuit. Allez, balance la tente, c'est trop lourd. Il regarda son fusil rouillé et couvert de boue desséchée, puis, le lançant dans un fourré, il cria :

— Et puis merde, on n'a pas besoin de ces saloperies!

Julien hésita un instant et se débarrassa également de son arme. Ils taillèrent rapidement quelques tranches de viande, puis laissèrent sur place la carcasse du mouton et la toile de tente. Derrière eux, la moto s'était tue, mais il leur sembla entendre des appels.

— Faut pas traîner.

Julien prit la tête, se retournant souvent pour aider Carento essoufflé. La peur lui donnait des forces. Il était persuadé que l'homme avait alerté un poste et que les Allemands leur donnaient la chasse. A présent il était comme le chef au bord de la Loue. Dans un moment, des balles siffleraient autour de lui. Les dents serrées, il grimpait, talonné par la respiration de son ami. Soudain, il s'arrêta. Carento venait de tousser. Se retournant, il le vit à genoux, cassé en avant, agrippé des deux mains à une racine et le dos secoué par sa toux.

— Bon Dieu, Francis!

Le sang coulait. Jaillissant chaque fois que le garçon hoquetait. Julien l'empoigna pour le tirer et l'adosser à un arbre. La quinte s'apaisa un peu. Carento respirait avec peine.

— Fous le camp, bredouilla-t-il, fous le camp... Je suis foutu.

— Déconne pas.

En dessous d'eux, on criait toujours.

— C'est des Fritz, dit Carento.

Julien déboucla son sac et celui de Carento, puis, s'accroupissant devant lui, il dit :

— Donne tes mains.

— T'es fou.

— Donne, je te dis!

Il avait crié. Il sentit les mains brûlantes du Savoyard. Il le hissa sur son dos et se releva. Renonçant à monter tout droit, il partit en oblique, pensant que les poursuivants continueraient l'ascension. Carento ne toussait plus, mais Julien sentait sur sa tempe la brûlure de son souffle rauque. Il courait, marchait, trébuchait, heurtait les souches et glissait sur les racines; mais il allait dans le vide, avec, en lui, un terrible martèlement continu.

Il courut ainsi jusqu'au moment où Carento cria :

— Arrête.

C'était plus un râle qu'un cri. Et, aussitôt, Julien sentit un flot de sang sur son épaule et son cou. Il déposa le Savoyard contre un arbre. Le garçon n'avait plus la force de se tenir et Julien dut l'étendre sur le sol.

— Bon Dieu, Francis.

C'était tout ce qu'il pouvait dire. Les yeux révulsés, le visage verdâtre et maculé de sang, Carento râlait, des bulles roses tout autour des lèvres. Julien essuya plusieurs fois ce sang. Il lui semblait que Carento voulait encore parler, mais le souffle lui manquait. Julien sentit des larmes de rage lui brûler les paupières.

— Carento, bon Dieu! Francis, tu vas pas lâcher!

Il se redressa pour tendre l'oreille.

Silence. Seule la forêt grondait sourdement. Il leva les yeux. Le soleil éclairait encore la cime des arbres qui se balançaient sur un ciel d'un bleu transparent, où flottaient de minuscules nuages blancs.

Carento avait saisi sa manche à deux mains. Il tremblait. Julien lui parla encore. Le sang coulait toujours de sa bouche entrouverte, et Julien dut lui tourner la tête sur le côté.

— Francis. Mon vieux Francis.

Après un hoquet, Carento murmura :

— Georgette... Georgette...

Un hoquet lui emplit la bouche, et tout son corps fut comme secoué par une décharge électrique. Ensuite, Julien qui soutenait sa tête, la sentit devenir lourde.

— Francis! Francis!

A genoux, Julien le secoua comme pour le réveiller, mais les mains du Savoyard avaient lâché sa manche. Son bras gauche s'était replié sur sa poitrine, le droit était à terre, tendu en direction du val qu'ils avaient voulu fuir. D'un geste qu'il ne commanda pas, Julien ferma les paupières de Carento, puis demeura un instant immobile, murmurant encore :

— Francis... Francis.

Le vent courut plus fort. Un arbre craqua. Se levant soudain, Julien sentit sa peur. Elle lui tordait le ventre. Il regarda encore Carento puis, parce qu'il avait cru entendre crier sur sa gauche, plongeant entre les troncs où ses mains étendues claquaient et s'écorchaient, il dévala vers la droite.

La mort était derrière lui, il la sentait, il la fuyait, le ventre mordu par la peur et le regard brouillé par une buée de larmes.

CINQUIÈME PARTIE

54

La prison était une pièce de deux mètres sur trois, basse à toucher le plafond de la main. Une petite lucarne placée à ras de ce plafond, et dont une vitre était cassée, laissait entrer un peu de lumière et un filet d'air. La porte donnait directement sur la cour de la caserne, que Julien pouvait observer en collant son œil à l'une des fentes. Deux fois par jour, une corvée lui apportait un morceau de pain et un plat où la soupe, la viande et les légumes étaient mélangés. Presque chaque soir, par le carreau brisé, arrivait un morceau de fromage ou une demi-tablette de chocolat. Le premier soir, il avait crié « Merci », mais, contre la porte, une voix avait grogné : « Ferme ta gueule. » Il s'était précipité à la fente pour regarder, mais l'homme était hors de son champ de vision.

Julien était seul. Avant de le conduire dans

cette caserne de Carcassonne, on l'avait laissé trois jours dans le cachot d'une brigade de gendarmerie. Il se souvenait de son réveil dans ce cachot, du gendarme qui lui avait dit :

— T'as du pot d'être tombé sur nous. On a demandé des ordres, on sait pas; on pourra peut-être te foutre dans une prison française.

Il était resté là, replié sur lui, grelottant, incapable de penser. Tout était mêlé dans sa tête. Le souvenir de Carento étendu sous les arbres, sa fuite éperdue, la nuit dans la forêt où la peur l'avait contraint à marcher des heures et des heures, puis à se terrer dans un fossé comme une bête. Il pensait avoir erré une nuit, une journée, puis encore une autre nuit. Après, il y avait un trou dans sa mémoire. Il était revenu à lui dans la voiture des gendarmes. On l'avait conduit dans cette caserne à la tombée de nuit, dans une camionnette fermée. Et, depuis cinq jours il était là, isolé, avec seulement la visite des hommes de corvée surveillés par un sergent, et qui restaient muets à toutes ses questions.

Le matin du sixième jour, un sergent et deux soldats vinrent le chercher.

— Tu vas chez le capitaine, dit le sergent.

Ils traversèrent une partie de la cour, puis montèrent au premier étage de la caserne. Le capitaine occupait là un petit bureau meublé d'un lit de sangle, d'une table de bois blanc, de trois chaises et d'un classeur. C'était un homme long et sec, d'une cinquantaine d'années et qui portait une petite moustache grise et en brosse comme ses cheveux. Il renvoya les deux soldats et le sous-officier, puis resta un moment debout derrière sa table, examinant Julien de la tête aux pieds.

— Tu es beau, dit-il enfin.

Julien se tenait au garde-à-vous. Le capitaine s'approcha et, touchant du doigt la vareuse déchirée de Julien, il suivit une longue traînée brunâtre qui partait de l'épaule et descendait jusqu'au ceinturon.

— C'est du sang? demanda-t-il.

Julien fit un signe affirmatif et baissa la tête.

— Tu es blessé?

Julien soupira, regarda l'homme qui plongea dans ses yeux un regard dur, et finit par dire :

— Non, ce n'est pas moi qui ai saigné.

— Alors, explique; tu t'es battu?

— Non, le copain qui était avec moi a eu une hémorragie. Je l'ai porté, il a saigné sur moi.

— C'était grave?

De nouveau, Julien baissa la tête.

— Il est mort, souffla-t-il.

Il y eut un silence durant lequel il entendit le capitaine respirer profondément, comme si cette nouvelle l'eût soulagé d'un grand poids. Le capitaine posa sa main sur l'épaule de Julien et dit :

— Regarde-moi... Il est mort pendant que tu le portais?

Julien raconta la mort de Carento. A mesure qu'il parlait, les traits de l'officier se détendaient. Lorsque Julien se tut, l'officier lui dit de s'asseoir et regagna sa place. Accoudé à sa table, il tapotait son briquet, le faisait tourner dans ses doigts et passer d'une main dans l'autre. Cela dura un long moment. Tassé sur sa chaise, les mains sur ses genoux, Julien ne bougeait pas. Enfin, le capitaine se mit à parler.

— J'ai regardé ton dossier. Tu es du Jura. Je connais. Mon frère a été instituteur à Saint-Claude. J'allais le voir. Franc-Comtois : tête dure. « Comtois rends-toi, nenni ma foi. » Je connais. On pense à Lacuzon. Carento, Savoyard, même race. Ça m'aurait (il chercha le mot) ça m'aurait fait mal au cœur d'apprendre que tu avais abandonné ton copain vivant...

Julien se redressa.

— Moi!

— Je voulais en être certain.

— Vous saviez qu'il...

— Oui. On l'a retrouvé avant même que tu ne sois arrêté.

Il expliqua comment les G.M.R. lancés à leur poursuite avaient retrouvé le corps, puis perdu la trace de Julien.

— Au fond, dit-il, tu as eu de la chance. S'ils t'avaient pris, il est probable qu'ils t'auraient livré aux Fritz immédiatement. Les gendarmes ont été corrects, ils m'ont prévenu avant de rien faire d'autre. Ils sont couverts.

Ils n'étaient pas chargés de vous retrouver. Ils ont seulement mis la main sur un soldat qui avait des papiers prouvant qu'il appartient à mon unité.

Il se tut un moment pour réfléchir. Son briquet allait d'une main dans l'autre. Il sortit de son tiroir un paquet de cigarettes et le tendit à Julien qui refusa. Le capitaine en alluma une et dit :

— C'est vrai, tu es sportif, tu ne fumes pas. A propos de sport, c'est toi qui as sonné le boucher?

Julien n'hésita pas.

— Oui, dit-il. Et je le regrette pas.

Le capitaine se mit à rire.

— Tu aurais tort de le regretter, et si on regarde les choses sous cet angle, on peut dire que tu as bien choisi. Ces salauds-là abattent des bêtes en douce, mais, pour être protégés, ils vendent de la viande aux Boches.

Julien éprouva un grand soulagement. Le capitaine dut s'en apercevoir, car il fronça les sourcils et demanda :

— Tu ne pensais tout de même pas que j'étais avec eux?

Le regard de Julien s'arrêta sur le brassard blanc aux lettres noires S.A.P. que le capitaine portait sur son uniforme bleu marine.

— Tu penses peut-être que nous sommes leurs larbins, que nous sommes vendus à la politique de Kollaboration, que je me suis battu contre eux pour venir à présent cirer leurs bottes! Tu es de ces imbéciles qui croient qu'on ne leur résiste qu'à Londres! Tu pensais : le capitaine est un vendu!

Il se tut soudain. Il avait crié très fort et regarda du côté de la porte. Julien n'avait pas baissé les yeux. D'une voix devenue calme, presque douce, l'officier reprit :

— J'étais parti pour t'engueuler un bon coup, mais je n'en ai plus envie. Tu as trinqué. La mort de ton copain... Je sais que c'est dur. Mais il faut pourtant que je te dise une chose : tu es un gamin. Vous avez agi comme des gamins. Trop vite. Trop tôt... Carento est mort pour rien... On pourrait presque dire : par erreur... par sottise...

Il se tut pour rallumer sa cigarette puis, se penchant par-dessus son bureau, à mi-voix, il expliqua :

— Cette guerre a un drôle de visage. Une sale gueule. On ne sait pas par quel bout la prendre, mais on n'a pas le droit de s'emballer. Chaque précipitation est source d'erreur et chaque erreur peut coûter cher.

Julien baissa les yeux. « Carento est mort pour rien... Par erreur. Par sottise. » Le capitaine poursuivit :

— Ce n'est pas plus ta faute que la sienne, mais vous n'aviez pas choisi le moyen le plus efficace. Si on est plus sûr d'atteindre son but en rampant qu'en marchant la tête haute, il faut savoir ramper. Il est moins glorieux de se traîner dans la boue que de courir, mais souvent le moyen est plus efficace. Pense à ceci : l'efficacité. Savoir attendre son heure. C'est ce que font 80 pour 100 d'entre nous.

Il se tut un long moment avant d'ajouter, plus tristement :

— A présent, la S.A.P., c'est grillé pour toi. Ce qu'il faut que nous fassions, c'est te tirer du guêpier où tu t'es flanqué. Et si je t'ai laissé moisir si longtemps en cabane, c'est que je voulais que tout soit prêt. Tu as la chance inouïe que le sergent Verpillat soit un type bien et qu'il puisse répondre de tous ses hommes. Je l'ai fait venir. On ne peut rien faire par téléphone, tout est surveillé. Il est reparti hier. Ils t'attendent.

— Mais...

— Tais-toi. (Il parlait vite.) Si tu t'évades, on te recherchera entre ici et ton pays. Ils n'iront jamais penser que tu puisses être assez bête pour retourner à Castres. Ils iront certainement rendre visite à tes parents, mais je ne pense pas qu'ils leur fassent quoi que ce soit.

Julien ferma les yeux... Sylvie! A présent, il ne voyait plus que Sylvie. Sylvie et le visage douloureux de la mère Dubois. Est-ce que les Boches oseraient?...

— Tu m'écoutes bien?

— Oui, mon capitaine.

— Tu as un costume civil à Castres. Je le sais. Ils te cacheront au poste le temps que tu sois oublié et qu'on puisse te procurer de faux papiers. Mais caché, hein? Pas de connerie, ou bien tout le monde trinque.

— Mon capitaine, je ne sais comment vous...

— Tais-toi. Je ne te libère pas. J'espère bien qu'on se retrouvera un jour dans la Montagne Noire ou ailleurs. Et ce jour-là...

Il se tut. Son regard s'était éclairé. Il sembla se perdre un instant dans un rêve puis, se reprenant, il se leva et s'approcha de Julien.

— Pour l'instant, faut jouer serré. Tu es déserteur, recherché, j'ai essayé qu'on me laisse le soin de te punir : rien à faire. Tribunal militaire. Je dois te conduire ce soir à la Place. Comme les Boches ont regard sur tout : tu m'as compris?

Julien fit « oui » de la tête. Il s'était levé également, et se trouvait tout près du capitaine qui le tenait à présent par un bouton de sa vareuse. Le capitaine avait éteint son mégot, mais son haleine sentait fort le tabac et la carie dentaire. Il parlait bas, détachant bien chaque phrase.

— Retiens bien ce que je te dis. Et d'abord, réponds-moi : pendant que tu étais en tôle, est-ce que tu as mangé assez pour reprendre tes forces?

— Oui, mon capitaine. Mais, le chocolat, c'était...?

— Tais-toi.

Les yeux de l'homme riaient dans son visage brun et maigre. Julien reconnaissait la voix qui avait crié : « Ferme ta gueule! »

— Donc, tu es en forme potable? C'est une

chance que tu sois costaud et que tu saches cogner.

Le capitaine se détourna, quitta sa veste qu'il alla suspendre à une patère fixée à la porte, et revint avec son portefeuille dans sa main.

— Tiens.

Julien hésitait.

— Prends, je te dis. Moi, je sors pour aller chercher un planton; tu me fauches mon portefeuille et une poignée d'ordres de mission dans ce tiroir.

Il donna quelques papiers à Julien, en posa un sur sa table et, ayant appliqué un tampon au bas de l'imprimé, il le fit remplir par Julien qui dut également le signer en imitant la griffe du capitaine.

— Si par malheur tu étais pris, il faut que tous ceux que j'ai mis dans le coup soient couverts, tu comprends? Je te fais confiance. Tu prends tout à ton compte, hein?

— Oui, mon capitaine.

Julien le regardait au fond des yeux. Il eût aimé l'embrasser, mais il n'osa pas.

Le capitaine expliqua tout ce qu'il avait mis au point pour cette fausse évasion, dont chaque détail avait été étudié avec un soin extrême. Lorsqu'il eut tout répété deux fois, il regarda encore Julien intensément en lui serrant la main très fort. Ils étaient de la même taille. Un silence passa entre eux, puis le capitaine dit :

— Mille fois merde... Et à l'avenir, n'oublie

pas : l'efficacité. Et ne jamais rien faire à la légère.

Il fit un pas vers la porte, se retourna et ajouta d'une voix qui tremblait un peu :

— A bientôt... mon petit.

55

Lorsque le capitaine revint dans son bureau, il avait un visage dur et fermé. Un caporal l'accompagnait.

— Voilà l'individu, fit le capitaine en désignant Julien. Ce n'est pas un être bien ragoûtant. Et ce n'est pas pour lui que je veux qu'il se nettoie un peu, mais par respect pour l'armée. (Il se tourna vers Julien pour hurler.) J'aurais honte pour toi, saligaud, si tu te présentais dans cette tenue au commandant!... J'espère qu'ils vont te saler, au tribunal. Et fais-moi confiance, je te recommanderai, moi, je saurai leur parler de toi!

La dernière phrase s'était terminée par un ricanement. Les talons joints, la tête basse, Julien attendait. Décidément, ce capitaine était un type très fort. Il y eut un silence suivi d'une espèce d'aboiement.

— Allez, rompez, et que ça ne traînasse pas!

Julien sortit devant le caporal qui était un garçon de taille moyenne, au visage anguleux et au regard brun. Dans les couloirs, ils croisèrent quelques soldats qui regardèrent Julien avec étonnement. D'une voix métallique et sifflante, le caporal leur lançait :

— Vous pouvez admirer, c'est le déserteur.

La caserne, très vaste, n'était plus occupée que par les bureaux de cette compagnie de guet. Ils montèrent au deuxième étage et traversèrent une chambrée déserte, pour accéder à une espèce de couloir assez large, bordé de chaque côté par une longue auge de fer où s'alignaient des robinets. Le caporal donna un morceau de savon et un torchon à Julien, ainsi qu'une petite boîte contenant un rasoir mécanique.

— Il y a eu un con pour prêter son rasoir, grogna-t-il. Mais il pourra le désinfecter. Moi, je te laisserais crever dans ta crasse. Je ne comprends pas le capitaine : plus tu serais dégoûtant, plus le commandant aurait envie de te faire saler.

Julien le regardait à la dérobée. L'homme continuait de l'insulter, de se moquer de leur fuite. A un certain moment, il dit :

— S'il y avait un bon Dieu, tu aurais crevé comme cette petite crapule de Carento. J'ai vu le corps. Il n'était pas beau. Mais tu seras fusillé. Désertion, passage à l'ennemi avec armes et bagages, ça ne pardonne pas.

A mesure qu'il parlait, Julien se sentait envahi d'une espèce de joie sourde. Quand le capitaine lui avait dit : « Je te ferai accompagner par le plus sale individu de la Compagnie », il avait redouté de se trouver en face d'un niais. Plus l'homme l'insultait, plus il se réjouissait. Plusieurs fois, son regard se porta à la pointe de son menton, sur son nez qu'il avait assez long et fin. « Ne le tue pas, avait dit le capitaine, mais cogne assez fort pour qu'il soit bien marqué. Qu'on ne puisse pas nous soupçonner de simulacre. » Tout en se rasant, Julien observait l'homme dans le miroir taché du lavabo. Il se répétait : « Soyez tranquille, mon capitaine, demain il aura le nez comme une courge, et quelques dents en moins. »

— Dépêche-toi, grogna le caporal, t'es une vraie gonzesse. Tu veux pas de l'eau de Cologne, des fois?

Julien ne put résister.

— Si vous en aviez un peu.

L'autre leva la main.

— Tu veux mon poing sur la gueule?

Julien simula la peur. Il pensait : « Frappe, frappe, tu me rendras service », mais le caporal se contenta de lancer :

— J'aurais trop peur de me salir!

Il parla encore de tribunal, de prison et dit qu'il serait volontaire pour faire partie du peloton d'exécution. Le capitaine n'avait pas exagéré : l'ordure, l'ordure intégrale!

Dès que Julien eut achevé sa toilette, ils reprirent leur marche dans les couloirs déserts.

Julien compta sept portes et deux descentes d'escalier. Il savait qu'il devrait revenir à la première. Ils pénétrèrent dans le magasin d'habillement, et Julien remarqua que le caporal laissait sur la porte la clef qu'il avait tirée de sa poche. Dans la pièce, il y avait plusieurs allées entre des rayonnages montant jusqu'au plafond et chargés de vêtements. Le caporal lança un pantalon, une chemise, une veste sur une banquette.

— Commence de t'habiller. Je vais te trouver des chaussures. Du combien tu chausses?

— Quarante-quatre.

Julien quitta ses vêtements déchirés, couverts de poussière qui était la boue desséchée de la forêt. Il regarda encore la tache brune du sang de Carento et son cœur se serra. Il passa l'uniforme bleu et enfila les chaussures que le caporal venait de lui lancer. Il avait un genou à terre pour nouer les lacets. Il regardait devant lui, les pieds et les jambes du caporal. A présent, il retrouvait en lui le trac qu'il avait connu avant les matches de lutte ou les compétitions de poids et haltères. Ici, l'enjeu était sa propre vie. Il le savait. Il pensa à Sylvie. Fort. Très fort en fermant les yeux. Les deux chaussures lacées, il se releva lentement, gardant seulement le buste légèrement fléchi en avant.

— Ça y est? fit le caporal.

Le regard au ras des sourcils, Julien surveillait l'homme.

— Ils me font un peu mal, dit-il.

Machinalement le caporal baissa la tête pour regarder les pieds de Julien. Sa nuque rasée s'offrait. Il ricana :

— Pas assez, je voudrais...

Il n'acheva pas. Malgré sa répugnance, Julien avait frappé derrière la tête. Comme le caporal fléchissait sur ses genoux, Julien l'empoigna par le col de sa vareuse et le releva en grognant :

— Pour Carento, bon Dieu... Pour le peloton d'exécution... Pour... Pour...

Aveuglé par la rage, il ponctuait chaque phrase d'un coup de poing. Lorsqu'il le lâcha, le caporal avait le visage en sang. Il s'écroula comme un pantin disloqué, la face sur le plancher. Julien respira profondément pour retrouver son calme. Il s'essuya les mains dans une chemise prise sur la pile et dont il se servit ensuite pour bâillonner le caporal. Il lui ligota également les chevilles et les poignets avec des ceinturons puis, pour plus de sûreté, il l'attacha par les pieds au montant d'un rayonnage. Le capitaine avait dit : « Il faut que tu aies au moins deux heures devant toi. Moi, je ne prendrai pas ma veste avant midi, débrouille-toi pour que ce merdeux ne se détache pas facilement. » Le merdeux avait les pieds à plus d'un mètre du sol, et il n'était pas du tout taillé en athlète.

Cette besogne avait permis à Julien de retrouver son calme. Ses mains tremblaient encore un peu. Mais il parvint pourtant facilement à agrafer un brassard marqué *S.A.P.* sur sa manche gauche. Il allait sortir, lorsqu'il pensa à la coiffure. « Si tu rencontres des officiers allemands, avait dit le capitaine, salue-les. C'est dur, mais rien ne t'empêche de penser : merde. » Il ferma la porte et mit la clef dans sa poche. A présent, il fallait filer sans courir, sans paraître pressé.

Dans la cour, il croisa deux hommes en treillis qui portaient une grande poubelle. Les hommes le regardèrent.

— Salut les gars, lança-t-il.

— Salut.

Et il quitta posément la cour de la caserne, en adressant un signe amical au soldat vêtu comme lui, et qui montait la garde sans arme devant la guérite. Il avait montré son ordre de mission, mais le factionnaire l'avait à peine regardé.

Le capitaine avait vraiment préparé cette évasion avec un soin méticuleux. Son propre chauffeur, qui se trouvait régulièrement en permission ce jour-là, attendait au volant d'une voiture à gaz prêtée par un ami et en station dans une petite rue, à quelques centaines de mètres de la caserne. Le chauffeur, qui portait un vêtement civil, recommanda seulement à Julien de quitter son béret, de dégrafer son brassard, de le mettre dans sa poche et de plier sa veste, la doublure à l'extérieur.

— Une chemise bleue, dit-il, tout le monde peut en avoir une. Le seul contrôle qu'on risque, c'est pour le marché noir, mais ils ne vont pas jusqu'à regarder une veste.

C'était un Parisien à l'accent très gouailleur et qui répétait :

— Le vieux, c'est un bath mec. Un vrai bath mec. T'as un pot de cocu. De vrai cocu.

Il ne cessa guère de parler, et Julien fut heureux de n'avoir à prononcer que des « oui » et des « non ». Il pensait à Sylvie. Uniquement à Sylvie. Avec, dans sa fièvre, une pointe d'angoisse qui lui serrait la gorge.

Le voyage fut rapide et sans incident. Le chauffeur, selon l'ordre du capitaine, laissa Julien en bas du chemin des Fourches. Il était 11 h 30. Julien regarda la voiture s'éloigner puis, montant lentement le chemin, il revit Carento, peinant sous son sac, le jour où ils étaient arrivés au poste.

56

La vie au poste de guet n'avait pas changé. A cause de la mort de Carento, le retour de Julien fut triste, mais il sentait que les autres le regardaient parfois avec envie. Le petit Laurencin lui reprocha de ne pas l'avoir emmené.

— Tu n'y as rien perdu, dit Julien.

L'autre eut un regard vers la Montagne Noire et murmura :

— Tout de même, ce que tu as fait, c'est quelque chose!

— Un jour, dit Julien, on partira tous. Et pour de bon; mais faut attendre le moment.

Et, reprenant les termes mêmes du sermon de son capitaine, il expliqua comment on pouvait résister sans rien brusquer. Ramper au lieu de foncer la tête en avant.

Julien avait retrouvé son lit, ses livres, et il lui arrivait même de répondre au téléphone. Il avait constamment dans sa poche la clef de la serre par laquelle on pouvait communiquer avec la propriété voisine. Ils avaient également installé une clochette, qui sonnait dès que l'on poussait le portail de fer donnant accès au jardin. En cas de visite suspecte, Julien pouvait filer par la propriété voisine, dont le jardinier était un vieux brave homme à qui les soldats donnaient du tabac en échange de quelques légumes frais. Les deux premiers jours, Verpillat interdit à Julien toute communication avec l'extérieur, mais Julien ne pouvait vivre là sans revoir Sylvie. Il était malade à force de penser à elle. Riter l'avait compris et il dut parler au sergent qui prit conscience du danger.

— Si elle veut monter ici, dit Verpillat, vous pouvez bien vous voir sans que tu sortes. Le jardin est assez grand. Et puis, il y a les champs, à condition de ne pas aller du côté des maisons.

Riter se chargea de prévenir Sylvie qui monta le soir même.

Lorsqu'elle arriva, ils pleurèrent un long moment, enlacés, sans pouvoir prononcer un mot. A présent, plus rien n'existait que Sylvie. Elle était là, elle n'avait pas oublié, elle n'avait pas cessé d'aimer. Ils étaient dans le chemin, à quelques centaines de mètres du poste. Tous les soldats, discrètement, étaient rentrés. Seul Riter s'était assis sur le bord du talus, devant la porte, prêt à prévenir Julien en cas de danger. Mais il n'y avait plus de danger, le seul vrai danger avait été de perdre

Sylvie et Sylvie était là. Le crépuscule montait lentement de la ville et, lorsque Julien releva son visage enfoui dans les cheveux de Sylvie, à travers les larmes de bonheur qui brouillaient encore sa vision, il devina la masse d'ombre de la Montagne Noire, là-bas, au bord du ciel.

Ici, il y avait Sylvie retrouvée, là-bas, le vieux bûcheron seul dans sa cabane, la forêt froide et sinistre, avec la mort cachée partout. La mort qui avait saisi Carento alors que Julien tentait de l'emporter, la mort qu'il avait sentie derrière lui, de jour et de nuit, alors qu'il n'était plus qu'un animal fou de peur et qui s'enfuit.

Il avait fui devant le vide. Devant les arbres, devant l'ombre des arbres; il avait fui, poursuivi par le bruit de son propre sang lui battant les tempes. Il avait eu peur, peur à vomir, peur à perdre le contrôle de son corps, peur à tomber sans vie au bord d'une route. Il y avait eu cela, puis la prison, puis la face écrasée du caporal, cette gueule de merdeux qu'il avait frappée si fort que son poing demeurait douloureux et marqué. Il y avait eu tout cela, et puis Sylvie. Sylvie retrouvée. Avait-il encore droit à ce bonheur? Est-ce qu'elle n'allait pas, un jour ou l'autre, lire sur son visage qu'il avait eu peur? Peur pour lui, pour sa peau à lui, pour son bonheur, pour Sylvie qu'il avait tant redouté de perdre... Mais aussi pour sa propre vie menacée?

Le sang vomi par Carento, ses yeux soudain

sans regard, ses mains lâchant cette manche où il avait cherché à se cramponner... Peut-on continuer d'aimer, d'embrasser une fille quand on a touché la mort? Car il avait touché la mort en fermant les yeux du Savoyard. Avant, il y avait eu l'oncle Pierre, puis le chef, mais ceux-là, il ne les avait pas touchés. Carento était son premier vrai mort. Mort contre lui, mort en essayant de se cramponner à sa vie à lui, comme pour en réclamer une toute petite part. Avait-il tout fait pour sauver Carento? Pour l'aider à vivre?

Le Savoyard aussi avait dû voir la mort approcher, la sentir, la fuir de toute sa force. Lui aussi avait voulu sauver sa peau et retrouver son bonheur à lui, ce bonheur qui se nommait Georgette et qu'il avait appelée avant de mourir. Est-ce que Georgette savait? Avait-elle appris la mort de Francis? Mort pour rien, par erreur, par sottise... Est-ce que tous les morts de la guerre ne sont pas des morts pour rien?

Lorsque Julien avait parlé de cela, Riter avait dit : « L'erreur, la sottise, l'absurdité, ce n'est pas la mort de Carento, c'est la guerre. La guerre en soi, dans sa totalité. Carento, comme toutes les victimes de la guerre, est mort pour des industriels, pour des chefs d'Etat, pour des fous d'orgueil... Tu vois qu'il n'est pas mort pour rien. Chaque soldat qui meurt a reçu dans le corps un morceau de ferraille qui a rapporté de l'argent à un fabricant de canons; avec chaque cadavre on enterre un uniforme qui a permis à un père Riter de faire marcher un métier à tisser. La guerre c'est ça. » Les autres avaient crié et parlé d'Hitler, mais chaque fois qu'on prononçait ce nom, Riter répondait par celui de Krupp. « Sans les industriels, disait-il, même Hitler n'aurait pas fait de guerre. Entre l'industrie et les hommes politiques, croyez-moi, la guerre n'est rien d'autre qu'un pot-de-vin. Un énorme pot-de-vin. Une barrique de vin. » Et Riter finissait toujours ainsi, en éclatant d'un rire mauvais; après quoi il vidait son quart.

A présent, il y avait Sylvie. Et, à mesure que passaient les jours, à mesure que s'éloignait la crainte de voir paraître les G.M.R. ou les Allemands, la guerre aussi reprenait de la distance. Le souvenir des morts demeurait, mais moins douloureux de jour en jour. Il y avait le sourire de Sylvie. Sa joie et son désir de bonheur. Elle riait même de cette situation qui les obligeait à se cacher sans cesse.

— Il faut te laisser les cheveux longs, avait-elle dit, ça te change le visage. Un jour, tu te coifferas comme ton ami le poète.

A mesure que le temps coulait, ils avaient le sentiment que plus rien de fâcheux ne pouvait leur arriver. Julien recommença de descendre en ville, et ils reprirent leurs visites au jardin Briguiboul.

Il y avait des Allemands dans les casernes de la ville, ils les croisaient dans les rues et, un jour que Julien et Riter se trouvaient à la librairie Henry-IV, ils bavardèrent avec un étudiant en philosophie de l'université de Hambourg. C'était un garçon calme, à l'air maladif, et qui portait des lunettes à verres extrêmement épais. Il connaissait parfaitement la littérature française. Ils ne parlèrent pas de la guerre, mais, quand ils se retrouvèrent seuls, Riter dit à Julien :

— Ce mec a autant que moi envie de se battre.

Le père Cornut continuait à vendre de tout. Il avait procuré à Julien une carte d'identité au nom de Marcel Dubois, en disant qu'il y avait assez de Dubois pour qu'il fût inutile de changer le nom. Il l'avait seulement vieilli de trois ans et fait naître au Maroc. Et il avait dit : « N'oublie jamais cette vérité, que c'est en ville, au milieu de la foule, que tu es le mieux caché. Tu risques moins en plein centre de Toulouse ou de Lyon, que dans le bois le plus sauvage. » Il avait refusé tout argent, disant : « T'en fais pas, il y en a qui ont les moyens, ils paieront pour toi. » Et, toujours acide, Riter lui avait lancé, en guise de remerciement : « Avec ça, vous allez ramasser une fortune, et après la guerre vous réclamerez une décoration. » Le père Cornut avait souri. Il était de ces gens qui peuvent tout admettre, à condition qu'on ne nuise pas à leur commerce.

Ainsi passa l'été, paresseux et lent. Il arrivait à Julien de penser à ses parents, et il profita même d'une permission de Tisserand pour faire expédier de Toulon une simple carte : « Tout va bien. » Car tout allait bien dans sa vie en marge du monde. Il avait parlé plusieurs fois de quitter le poste pour ne pas continuer de vivre sur les rations des autres, mais ses camarades disaient : « Tu fais la cuisine, et avec toi, on bouffe bien. Alors reste... »

Les hommes continuaient d'écouter la B.B.C. et de lire les journaux. On parlait de défaites allemandes. Mais leurs contacts les plus directs avec la guerre restaient le passage des avions allemands, et les bruits qui couraient, toujours très vagues, sur l'organisation de groupes de résistance dans les montagnes. Pourtant, personne ne savait s'il s'agissait des monts de Lacaune, de la forêt de Nore ou de la Montagne Noire. Et, lorsque Julien parlait de cela avec Sylvie, elle le serrait contre elle, enfonçant à lui faire mal, ses ongles dans ses bras.

57

Au début de septembre, Sylvie fut invitée à passer un samedi et un dimanche chez une camarade dont les parents habitaient Arfons, un petit village sur la route du Lampy. Ce furent pour Julien deux jours interminables. A présent, c'était lui qui regardait avec anxiété du côté de la montagne. Durant tout l'été, ils avaient souvent contemplé ensemble sa masse changeante, et jamais elle ne leur avait paru menaçante. Mais, Sylvie là-bas, la montagne prenait un autre visage. Même au gros soleil, elle était une ombre dure, une bête tapie sur la terre qu'elle écrasait de son poids de nuit froide.

Mais Sylvie revint et dit que la montagne était plus calme que jamais. On y rencontrait seulement des paysans occupés de rentrer leur récolte. Certains avaient eu la visite de garçons réfractaires au Service du Travail obligatoire, et qui se cachaient dans les bois, mais ils étaient peu nombreux et restaient loin des villages et des routes. D'ailleurs, Sylvie revenait avec une nouvelle autrement importante et qui effaça la menace, les craintes, la guerre même. Sylvie avait obtenu la complicité de son amie pour voler à ses parents deux jours de liberté. Elle proposa qu'ils aillent au Bassin du Lampy où elle était assurée de trouver un endroit où ils seraient absolument seuls.

Lorsque Julien fit part de ce projet à ses camarades, Verpillat dit que c'était une folie. Mais, depuis longtemps, il avait eu l'occasion d'éprouver que lorsqu'il s'agissait de Sylvie, il était inutile de tenter quoi que ce fût pour ramener Julien à la raison. Et puis, Julien vivait avec eux, mais il n'était plus sous ses ordres.

Julien éprouvait bien une légère angoisse à la perspective de retrouver cette montagne, mais le Lampy était loin du lieu où était mort Carento. Et puis, là-bas, au cours des mois passés chez le bûcheron, il avait si souvent pensé à Sylvie qu'il avait un peu l'impression de s'approcher davantage d'elle en l'accompagnant sur ce coin de terre. Avec Sylvie, rien de fâcheux ne pouvait survenir. Elle serait là, avec lui, à lui seul, et ce serait plus agréable encore que leurs voyages à Albi.

Dans le débarras du poste de guet, il trouva une vieille bâche, coupa des branches de noisetier et parvint à fabriquer quelque chose qui ressemblait d'assez loin à une tente. Tout au long de ce travail, il dut se défendre contre le souvenir de Carento. Son regard malade était là. Il entendait sa toux sèche suivie d'un gargouillis de sang. La dernière nuit qu'ils avaient monté leur toile, Carento avait encore la force de plaisanter : « Je ne sais pas si tu es comme moi, mais je crois que je serai dégoûté du camping jusqu'à la fin de mes jours. »

Julien emprunta une bicyclette au jardinier à qui il avait donné du tabac, et ils partirent le samedi matin. Et il suffit de la présence de Sylvie pour que tout devînt clair et gai.

Le jour était à peine sorti de terre. Ils ne s'étaient jamais trouvés dehors ensemble à pareille heure. Et ce fut grisant dès le départ, de rouler côte à côte sur cette route déserte. Le monde était à eux. Tout leur appartenait. Devant eux, la vie s'ouvrait sur un avenir aussi transparent que le ciel où la lumière ne cessait d'augmenter.

Ils arrivèrent seulement à la fin de l'après-midi, à cause du besoin qu'ils éprouvaient de s'arrêter constamment pour s'embrasser.

Ils montèrent la tente, Sylvie s'extasiait.

— Tu es plein de génie, mon chéri. Tu es bien supérieur à Léonard de Vinci, tu sais. Je ne crois pas qu'il aurait su faire autant de merveilles avec des bouts de ficelle.

— Tu verras, lorsque nous serons mariés, je te fabriquerai tout ton mobilier avec des branches de noisetier et des bouts de ficelle.

Julien plaisantait, luttant contre le souvenir de Carento.

Elle se glissa sous la toile à quatre pattes.

— Mais je n'ai besoin de rien. Cette villa me suffit largement.

Ils n'avaient que deux grosses couvertures militaires, râpeuses et lourdes.

— Nous allons en étendre une par terre, et nous pourrons nous couvrir avec l'autre, dit-elle.

— Tu seras mal.

— Au contraire. C'est une sensation délicieuse. J'ai l'impression d'être un grenadier de la Grande Armée.

— Tais-toi, je déteste cet assassin de Bonaparte.

— Mais je suis un grenadier qui le déteste également.

— Et moi, je ne veux pas d'un grenadier.

Ils ne savaient que rire et s'embrasser.

Ils dînèrent assis sur l'herbe, devant leur tente. Le lac était déjà sombre au pied de la montagne et sous les arbres, mais plus clair que le ciel au milieu et le long de la rive proche. Le temps était calme et l'eau à peine ridée par larges plaques immobiles. Dans le vert-bleu des sapins, flambaient les taches de rouille des arbres à feuilles.

— Nous sommes peut-être seuls, dit Sylvie. Seuls tous les deux, mon chéri, sur des dizaines de kilomètres de terre, de forêt, de lac, de prés.

— Tu n'auras pas peur?

— Pas avec toi. C'est plus merveilleux que notre chambre d'Albi.

— Demain matin, tu ne diras pas la même chose. Tu auras mal partout.

— Non, il y a de l'herbe très épaisse. Notre chambre, c'est tout ce lac, cette forêt, ce ciel.

Il y avait, dans ce silence du soir, dans cette paix des bois et de l'eau, quelque chose de mystérieux. Julien le sentait. Il n'osait en parler. Ce qu'il éprouvait n'était pas de la peur, mais une angoisse qu'il ne parvenait pas à analyser, dont la raison véritable lui échappait.

Ils marchèrent un moment sur la rive, puis regagnèrent leur tente avant la tombée de la nuit. Déjà la fraîcheur montait lentement du lac. Ils fermèrent la bâche et attachèrent les ficelles aux piquets de noisetier.

— Nous sommes chez nous, dit Sylvie.

— Avec, partout, des fentes par où les bêtes pourraient entrer...

— Entrer et m'emporter très loin au fond des bois.

— Tu sais qu'il n'y a pas beaucoup de petites filles qui accepteraient...

Elle l'interrompit.

— Je ne suis pas une petite fille. Et puis, je sais que je suis une perle, inutile de me le rappeler, mon chéri. Moi, je ne te répète pas toutes les cinq minutes que tu es un génie plus grand que le grand Léonard.

Ils fourrèrent leurs habits dans deux sacs, pour confectionner des oreillers.

— Tu auras froid, répétait Julien. Je suis impardonnable de t'avoir amenée là.

— Allons ailleurs, si tu veux.

— Tu ne prends rien au sérieux, et pourtant, je t'assure que je suis inquiet. J'ai peur que tu aies froid.

— Mais j'espère bien avoir froid, pour que tu sois obligé de me réchauffer.

Dans la pénombre, Julien devinait son corps souple. Pour venir, à cause de la chaleur, elle avait relevé ses cheveux et noué un foulard autour de sa tête. Elle venait de l'ôter. Ses cheveux libérés coulèrent sur ses épaules, et toute la tente fut bientôt pleine de leur parfum. Julien l'attira contre lui et enfouit son visage au creux de son cou. Il respira longuement, et, lorsqu'il releva la tête, il sentit que son angoisse s'était dissipée. Il était bien, seul ici avec Sylvie. Le pays où il avait souffert avec Carento était un autre pays. Ce n'était pas cette montagne qui pouvait tuer. Carento était mort très loin d'ici, d'un mal qu'il portait sans doute en lui depuis des années. Ici la nuit n'était pas glacée, le ciel était tout constellé d'étoiles pareilles à celles qui éclairaient le regard de Sylvie.

La nuit était là, mais elle était faite pour l'amour, l'amour qui ne laissait pas de place à la mort. Le corps de Sylvie était brûlant de désir. La fièvre qui l'habitait était la même que celle qui incendiait le corps de Julien.

La nuit était là. Le filet de lumière qui marquait chaque angle de la tente était du même vert indéfinissable que les eaux du lac, où le jour avait oublié un reflet de ciel.

58

Julien fut réveillé par le grondement de l'orage. Il pensa d'abord qu'il avait rêvé, mais un éclair illumina la tente. Instinctivement, il se mit à compter les secondes; au bout de quinze le tonnerre roula. L'orage était loin, mais un peu de vent commençait de frôler la toile. Sylvie dormait, la tête posée sur le bras de Julien. Lentement, avec mille précautions, de sa main libre, il chercha sa montre et la lampe électrique. Il était 3 heures. Il y avait moins d'une heure qu'ils dormaient. Il éteignit. Un autre éclair courut et, cette fois, Julien ne put compter que jusqu'à treize. L'orage approchait. Le roulement éveilla un long écho, probablement contre les montagnes, de l'autre côté du lac. Le vent eut un sursaut qui fit claquer le devant de la tente contre le piquet de noisetier. Lentement, Julien souleva la couverture pour l'amener sur le visage de Sylvie. Sylvie soupira et sa main posée sur le flanc de Julien se crispa un peu. Il y eut encore un éclair suivi, quelques secondes plus tard, d'un craquement qui ébranla tout le val. Sylvie tressaillit.

— N'aie pas peur, murmura Julien. Ne bouge pas.

Il essayait de maintenir la couverture sur son visage, mais elle voulut l'ôter.

— J'ai chaud, dit-elle. Qu'est-ce qu'il y a?

Cette fois, l'éclair fut suivi presque aussitôt d'une détonation sèche qui les fit sursauter l'un et l'autre. Le vent secoua la toile qui se souleva au moment où un autre éclair illuminait l'herbe du pré. Julien voulut se déplacer pour maintenir la toile, mais Sylvie agrippa son bras. Elle s'accrochait comme l'avait fait Carento avant de mourir.

— Mon chéri, mon chéri. Reste là!

Elle tremblait. Sa voix était méconnaissable. Julien essayait de la couvrir vraiment en se penchant sur elle. Comme la foudre claquait encore, elle poussa un cri et mordit le bras de Julien.

Le vent s'acharnait sur la toile où d'énormes gouttes crépitaient comme des poignées de gravier. La tente semblait se comporter assez bien.

— J'ai peur, dit Sylvie. J'ai peur.

— Tu ne risques rien, ma chérie, je suis là.

— J'ai peur pour nous deux.

Chaque fois qu'un éclair passait, elle se blottissait plus fort contre lui et s'arrêtait de parler quelques instants. Puis elle recommençait :

— Oh! mon chéri, c'est très mal ce que nous avons fait ensemble. C'est très mal...

— Tais-toi, mon amour.

— C'est mal. Et si nous étions punis. Si...

— Je t'en supplie, n'aie pas peur, Sylvie.

— J'ai peur... Il faisait si beau... Cet orage, ce n'est pas naturel.

— Tais-toi. C'est toujours après les journées chaudes qu'éclatent les orages.

Il cherchait sa bouche pour l'embrasser, mais elle avait collé son visage contre sa poitrine et l'y maintenait avec force.

A présent, la pluie tombait serrée, et le vent soufflait en tourbillons qui semblaient venir tantôt du lac, tantôt de la forêt située sur leur droite.

— Ecoute, dit Julien, c'est fini. L'orage s'éloigne. On compte dix entre l'éclair et le bruit.

— Et alors?

— Calcule, ça fait plus de trois kilomètres.

— Mais c'est tout près.

— Sois raisonnable, tout à l'heure, c'était sur nous. Il s'éloigne.

— Et s'il revenait?

— Sylvie, mon amour, ce n'est pas possible.

Il sentit qu'elle avait cessé de trembler. Ils restèrent immobiles, écoutant la pluie sur la tente.

— Ta tente est solide, tu vois.

La pluie ne dura pas, mais le vent semblait s'attarder sur ce coin de vallée. Le tonnerre roulait encore dans le lointain, mais il était moins fort que le grondement de la forêt. Les arbres craquaient. Leur bruit se mêlait à celui des vagues.

— On dirait que la terre et le ciel sont enragés, dit Sylvie. Est-ce que tu crois vraiment que c'est à nous qu'ils en veulent?

— Ils ne nous en veulent pas. Au contraire, ils nous ont réveillés parce que nous n'avons pas le droit de dormir. Ils savent que nous n'avons qu'une nuit pour nous aimer.

Le vent continua, mais il cessa vite de les effrayer. Jusqu'au matin ils ne dormirent plus, et Julien comprit que ce vent les avait rendus fous. Jamais ils ne s'étaient aimés ainsi, avec cette rage qui montait en eux à longues vagues et les livrait l'un à l'autre; pleinement; sans retenue. Ils étaient ivres l'un de l'autre.

Ils s'aimèrent ainsi, et le matin les trouva épuisés, comme un seul être moulu de fatigue. A présent, ils n'avaient plus besoin de parler, de se regarder, de se toucher, ils n'étaient qu'une seule chair que l'amour avait longuement pétrie et battue, pour en faire un levain où palpitait la vie.

59

Ils sortirent de leur tente bien après le lever du jour. Le ciel était gris et blanc, tout parcouru de courants qui le déchiraient. L'herbe froide et mouillée se couchait sous le vent. De longues plaintes montaient des arbres d'où s'échappaient aussi de grands vols de feuilles rousses. Il y avait beaucoup de feuilles sur le lac, et de grosses vagues les poussaient en bancs serrés le long de la rive.

— Nous sommes vraiment seuls, dit Sylvie.

Ils marchaient sur la plage. L'eau clapotait.

— Il faut que je trouve un endroit pour me laver.

— Ce n'est pas l'eau qui manque, dit Julien.

Il enleva Sylvie en la prenant par la taille et sous les genoux, et se mit à tourner sur place.

— Je te lance dans l'eau.

— Oui, mais tu viendras avec moi.

Elle le tenait serré par le cou.

— Alors, il vaudrait mieux nous déshabiller.

— Vraiment, tu voudrais te baigner?

Il la reposa. Ils étaient pieds nus et entrèrent dans l'eau.

— Elle est chaude. Bien plus chaude que cette herbe glacée de pluie.

Elle avait juste passé sur son corps nu sa jupe et son pull-over qui moulait trop parfaitement ses seins. Elle regarda tout autour et demanda :

— Tu crois vraiment que nous sommes seuls?

— Bien sûr. Et puis, nous pouvons aller sous ces arbres.

Ils se prirent par la main et coururent jusqu'aux arbres dont les branches avançaient en voûte sur l'eau sombre.

— C'est un peu effrayant, chéri, tu ne trouves pas?

Ils furent vite dévêtus. Julien l'entraîna. La rive s'enfonçait rapidement et ils furent tout de suite obligés de nager. Le vent soulevait des vagues nerveuses qui leur giflaient le visage.

— C'est une sensation délicieuse, disait Sylvie.

— C'est mieux qu'Albi.

— La baignoire est plus grande.

— As-tu assez d'eau?

Ils riaient. Ils s'embrassèrent et Sylvie le

serra pour l'entraîner vers le fond. Julien eut peur, mais résista au désir de se débattre. Il avait l'impression de descendre rapidement, mais c'était une sensation fausse car, dès qu'elle le lâcha, il n'eut qu'à lever la tête pour émerger. Nageant sur le dos, Sylvie s'éloignait en riant. Il la rejoignit et se coucha dans l'eau, à côté d'elle. Il vit ses cheveux flotter comme des algues et ses seins pointer à la surface. Il la désira soudain intensément, mais ils ne purent s'aimer dans l'eau. En sortant, nus et mouillés, ils s'enfoncèrent sous les arbres et roulèrent enlacés sur un lit de feuilles mortes.

Leur fièvre apaisée, ils retournèrent dans l'eau pour se débarrasser des débris de feuilles collés à leurs corps. Ils nageaient lentement. L'eau était un baume à leur immense fatigue.

A présent, ils reviennent sur le pré, serrés l'un contre l'autre, sans forces, comme soutenus par ce vent qui les empoigne. Les cheveux encore humides de Sylvie retombent parfois sur son visage, elle tourne la tête et le vent les rejette sur le côté.

— Chéri, dit-elle, si je te disais que je pense à Verlaine, quels vers me citerais-tu?

— Je préférerais que tu penses à moi.

— Je ne peux pas penser à toi. Tu es en moi constamment. Tu es moi... Réponds à ma question.

— Mais je ne connais pas tout Verlaine par cœur.

Il réfléchit quelques minutes, la regarda et dit :

— Tu connais ce poème.

Nous étions seul à seule et marchions en rêvant,
Elle et moi, les cheveux et la pensée au vent.

Sylvie eut un sursaut de vigueur, elle l'embrassa avec fougue, puis elle dit :

— Oh! chéri, je te jure. Je te jure sur notre amour que c'est exactement à ces deux vers-là que je pensais. Tu me crois, hein? Tu me crois?

— Bien sûr, chérie.

— C'est ça, le véritable amour, n'est-ce pas? Tu vois que nous ne sommes vraiment qu'un seul être.

Ils étendirent les couvertures devant la tente.

— Elles sont mouillées et nous avons dormi dedans.

Elle sourit.

— Je n'ai rien senti... Et tu crois vraiment que nous avons dormi?

Ils mangèrent des fruits, du chocolat et du pain.

— Je vais sonner pour avoir du café, dit-elle.

— Pauvre chérie, tu en voudrais?

— Non, je voudrais marcher dans la forêt.

Ils traversèrent les prés.

— Est-ce que nous n'avons pas été fous, cette nuit?

— Nous sommes fous depuis le premier jour.

Elle s'arrêta pour le regarder.

— Mais je veux dire que nous avons certainement fait des sottises.

— Mais non, fit-il. C'est à présent que tu es folle.

— Tu es certain de n'avoir pas fait de bêtises?

— Non, chérie; sois tranquille.

Il mentait. Elle se remit à marcher en murmurant :

— J'ai été si heureuse, si heureuse...

Le vent apportait l'odeur de la forêt. L'herbe était déjà moins mouillée. Il y eut un grand tourbillon de feuilles qui s'éleva en passant près d'eux. Ils se retournèrent pour le regarder. Leur tente était déjà loin derrière eux, toute petite, comme perdue dans cet immense paysage où tout vivait. Les feuilles montèrent jusqu'à n'être plus que de minuscules points noirs sur le ciel gris. Le vent les soutint un moment avant de les éparpiller sur le lac.

Ce fut le calme. L'eau était une seule nappe de métal clair sous la masse dure de la montagne.

— Tu ne trouves pas que cette lumière a quelque chose d'irréel?

— Si. Et ce calme aussi, après tout ce vent.

— Le vent est parti.

— Non, regarde, il est seulement monté dans le ciel.

Elle renversa la tête en arrière contre l'épaule de Julien.

— C'est vrai, dit-elle.

Les nuages s'ouvraient çà et là, laissant voir d'étroits espaces de ciel bleu qui disparaissaient rapidement.

— Est-ce que tu n'as pas le sentiment de la fin du monde?

— Un peu, mais c'est une impression ridicule.

— Pourquoi? Et si nous étions seuls? Si tout ce qui est de l'autre côté des montagnes avait été anéanti par l'orage? Bien sûr, ce ne serait pas la fin du monde, puisque nous sommes là, tous les deux.

Il l'écoutait. Elle parla encore du ciel où elle voyait mille visages effrayants ou rassurants. Elle se tut un moment, puis, de sa voix la plus grave, elle demanda :

— Quand tu regardes le ciel, comme ça, et tout ce qui est autour de nous, est-ce que tu n'as pas vraiment la certitude d'une présence?

— Parfois, oui.

— Je n'ai jamais éprouvé vraiment la présence de Dieu dans une église, mais ici, je suis convaincue qu'IL nous voit.

Elle attendit un peu et, comme Julien ne répondait pas, elle demanda :

— Et toi, tu ne le crois pas?

— Je ne sais pas. Je suis troublé. Moi aussi, j'ai l'impression d'une présence.

— Est-ce que tu crois qu'IL nous comprend? Est-ce qu'IL nous condamne ou bien s'IL admet que nous ne pouvons pas résister?

— C'est peut-être lui...

Julien se tut. La pression de la main de Sylvie s'accentua. Ils avaient atteint les premiers arbres.

— Ecoute, fit-elle, le vent redescend.

Les cimes des arbres furent habitées un moment, puis le silence revint.

— Il est reparti. Il est seulement descendu voir si nous étions toujours là. Le vent est notre ami, tu sais.

— Tu n'aimerais pas mieux le soleil?

— Le vent est merveilleux. La pluie est merveilleuse...

— Même l'orage?

Elle le regarda intensément.

— Peut-être, murmura-t-elle.

Ils arrivèrent dans une clairière. De nouveau le ciel était là, sous le treillage des branches et des feuillages.

— On devait pouvoir être marié vraiment comme ça, dit Sylvie. Sans les hommes. Avec uniquement ce qui est là.

Son bras se leva lentement et décrivit un grand cercle souple, pour désigner tout ce qui était autour et au-dessus d'eux.

60

A présent, Julien vivait avec un espoir secret qui l'effrayait parfois. A chaque rendez-vous il redoutait l'instant où Sylvie paraîtrait. Dès qu'il l'apercevait, il interrogeait ses yeux. Un jour, elle dit :

— Tu n'es plus le même, on dirait que tu m'aimes moins.

— Oh! Sylvie. Tu peux penser une chose pareille?

— Non, mais il m'arrive d'avoir peur.

— Je t'aime mieux.

— Tu es moins fou.

— Peut-être.

— C'est le vent du Lampy qui a emporté ton rire, et t'a laissé cet air grave qui te fait ressembler à un professeur.

Deux semaines passèrent.

Un soir, au regard de Sylvie, Julien comprit qu'elle allait parler. Ils étaient au jardin du

Mail. Ils passèrent le petit pont en dos d'âne qui franchit le bassin. L'eau était noire.

— Je suis inquiète, dit Sylvie.

— Inquiète?

— Je ne voulais pas te le dire. J'espérais toujours, mais à présent, ça fait quatre jours. Ça ne m'était jamais arrivé.

Il ne répondit pas.

— Regarde-moi, chéri. Au Lampy, tu es sûr de n'avoir pas fait de sottises?

— Pourquoi appelles-tu toujours cela des sottises?

— Julien, regarde-moi et réponds-moi. Tu es sûr?

Il s'arrêta, se tourna vers elle et voulut l'embrasser.

Elle se déroba.

— Pas avant que tu m'aies répondu.

— Sylvie, est-ce que tu m'aimes vraiment?

Son regard se durcit, sa voix se fit plus âpre. Posant ses mains à plat sur la poitrine de Julien, elle fit un effort pour l'éloigner légèrement et lança :

— Julien, est-ce que tu te rends compte! Je suis probablement enceinte. Tu entends, ce que je te dis? On croirait que tu ne comprends pas. On dirait que ça te laisse indifférent.

— Oh! non, mon amour. Oh! non. Je te jure que non!

Il avait dit cela comme on vide son cœur, dans un souffle venu du fond de lui. Elle le regarda plus intensément encore, approchant du sien son visage douloureux.

— Julien. Ça n'est pas vrai, dis? Ce n'est pas possible. Tu ne l'as pas fait exprès?

Elle avait crié ces mots. Un vieillard qui passait se retourna. Julien le vit, mais sa pensée était ailleurs. Soudain crispée, Sylvie le prit par le revers de sa veste et le secoua en répétant :

— Réponds-moi, Julien. Je t'en conjure, si tu m'aimes réponds-moi.

Il avait baissé la tête. Il la releva, serra très fort les bras de Sylvie et murmura :

— Oui, chérie. Je l'ai voulu. Je l'ai voulu parce que j'ai trop peur de te perdre. Je...

— Tu es un monstre, tu es un monstre! Je te déteste. Je te déteste!

Elle était méconnaissable. Elle fit un effort et Julien dut resserrer son étreinte pour l'empêcher de se dégager.

— Laisse-moi, laisse-moi! cria-t-elle.

— Sylvie chérie. Sois raisonnable, écoute-moi.

Elle se débattit encore puis, comme elle ne pouvait lui échapper, elle fut tout entière secouée par un sanglot et se mit à pleurer. Sans ressort, elle se laissa conduire jusqu'à un banc où il la fit asseoir à côté de lui. Entre ses sanglots, elle ne savait que répéter :

— Je suis perdue... je suis perdue...

— Sylvie. Nous allons être heureux, au contraire. Nous partirons. Je ferai n'importe quoi. Un enfant de notre amour, Sylvie, c'est merveilleux.

— Tu es monstrueux. Tu es un monstre d'égoïsme... Je suis perdue... Je suis perdue et c'est toi qui l'as voulu. Et tu ne penses qu'à toi.

Il tenta vainement de la raisonner. Elle s'obstinait. Il sentait que son esprit était fixé sur l'idée de sa perte. Qu'elle ne voyait que ses parents, le scandale. Il savait qu'elle n'était plus en état de raisonner. Pourtant, lui-même demeurait lucide. Lorsque les larmes de Sylvie se furent apaisées, il lui prit le visage entre ses mains pour l'obliger à lever les yeux vers lui.

— Ecoute-moi, dit-il. Je ne te demande pas de réfléchir, mais seulement de m'écouter et de faire ce que je te dis. Demain matin, tu partiras de chez toi comme si tu allais travailler. Je t'attendrai à l'Evêché. Tu prendras le car pour Albi...

— Tu es fou.

— Laisse-moi parler. Tu iras chez Eliane, et tu attendras.

— Mais attendre quoi?

— Tu attendras et tu te tiendras prête à partir.

— Mais je veux savoir ce que tu vas faire.

— J'irai te rejoindre. Mais avant j'aurai vu tes parents.

Elle parut terrifiée.

— Julien, mon père te tuerait. Il nous tuerait tous les deux.

Il sourit.

— Allons, chérie.

— Tu ne le connais pas.

— A midi, j'irai chez toi. Je parlerai à tes parents. Je dirai que je t'ai cachée et que je te rendrai à eux lorsqu'ils m'auront promis de te laisser m'épouser.

Sylvie se remit à pleurer.

— Non seulement tu es un monstre, mais encore tu es fou, dit-elle. Complètement fou!

Elle pleura longtemps, appuyée contre l'épaule de Julien qui sentait ses larmes couler contre son cou. Très bas, d'une voix à peine perceptible, elle finit par murmurer :

— Si je retournais là-bas, ce serait pour aller dans la chambre de notre première nuit... Et pour te demander de tenir ta promesse.

Le soir tombait. Julien savait que l'heure était passée où Sylvie, habituellement, rentrait chez elle.

— Ma chérie, dit-il doucement, veux-tu que nous partions ce soir, tous les deux?

Elle parut se réveiller au sortir d'un cauchemar.

— Il fait presque nuit. Mais quelle heure est-il? Tu le vois et tu ne me dis rien. Tu veux donc me perdre? Tu veux donc absolument que je te déteste, dis? C'est donc ça, que tu veux? Parce que tu as peur de tenir cette promesse.

— Je veux que nous vivions, Sylvie. Je veux que tu sois heureuse.

Elle eut un rire aigre, plein de rancœur.

— Tu veux que je sois heureuse et tu fais exprès de me mettre enceinte... Mais je ne veux pas. Je ne veux pas. Je ne veux pas!

De ses deux poings crispés, elle martelait son ventre plat. Julien tenta de lui saisir les poignets, mais elle se leva d'un bond en criant :

— Ne me touche pas, ou j'appelle!

Elle se sauva dans l'allée sombre et déserte où il dut courir pour la rattraper.

— Laisse-moi, cria-t-elle encore. Je te défends de me toucher.

Comme il était parvenu à lui prendre un bras, de sa main restée libre, elle le gifla de toute sa force. Julien lâcha prise. Ils restèrent interdits, l'un en face de l'autre, dans la lueur faible qui venait de l'avenue, entre les branches basses des arbres. Ils se regardèrent. Julien sentit deux larmes rouler sur ses joues, mais il n'eut pas la force de lever la main. Vides d'abord, les yeux de Sylvie reprenaient vie peu à peu et Julien crut y lire une immense frayeur. Elle leva lentement ses mains, fit un pas en avant puis, se jetant contre lui, elle sanglota :

— Pardon... Pardon, mon amour.

61

Le lendemain, Sylvie dit à Julien qu'elle avait été grondée par son père pour l'heure de son retour et que sa mère lui avait posé des questions embarrassantes.

Les jours suivants, elle retrouva un peu de calme, mais leurs rencontres demeuraient tristes. Il leur arrivait de rester côte à côte, une heure durant, sur un banc de Briguiboul sans échanger un mot. Quelque chose était entre eux, qui semblait, tout à la fois, les attacher l'un à l'autre et les séparer. D'un commun accord, sans se consulter, ils évitaient le jardin du Mail. Julien ne sentait plus en lui ce grand espoir qu'il avait rapporté de leur nuit au bord du Lampy. Il avait beau se répéter que les parents de Sylvie finiraient par céder, qu'il suffisait d'attendre, il ne le croyait pas vraiment.

Un soir qu'il bruinait, Sylvie eut des frissons et il s'en rendit compte. Aussitôt il revit l'agonie de Carento, dont le souvenir ne s'endormait jamais tout à fait.

— Tu vas avoir froid, dit-il. Il vaut mieux rentrer.

— C'est la première fois que tu me chasses.

— Sylvie. Tu ne penses pas vraiment une chose pareille?

— Non. Je suis ridicule.

— Je ne veux pas que tu prennes froid.

— Si je pouvais mourir.

— Ne recommence pas, ma chérie.

Elle soupira. Autour d'eux, le parc s'égouttait avec un bruit continu et doux.

— Je ne dis pas cela pour t'effrayer, reprit-elle, mais si je mourais à présent, j'ai l'impression que je rendrais service à beaucoup de monde. Si seulement je pouvais prendre froid et en finir aussi vite que ton ami Carento.

— Sylvie! Je t'en supplie, tais-toi!

— Oh, je sais bien, toi, tu es fou; alors, sur le moment, tu serais très malheureux, mais un peu plus tard, tu comprendrais, tu serais délivré. (Très bas.) C'est si facile, d'en finir.

— Tu dis des sottises, et tu sais bien que je tiendrais ma promesse.

— Tu ne m'as rien promis pour le cas où je mourrais de maladie ou dans un accident.

— Pour moi, c'est la même chose. Ce qui compte, c'est de te suivre partout.

Un autre soir, comme ils marchaient côte à côte, elle s'appuya sur lui et se mit à sauter sur place, tapant très fort ses semelles sur le sol.

— Qu'est-ce que tu as? demanda Julien.

— Tu ne comprends pas que je voudrais le tuer. Le tuer avant qu'il grossisse, ce germe de monstre que tu as mis dans mon ventre.

— Sylvie!

Elle se mit à sangloter, mais il comprit qu'elle pleurait de rage, de dépit, d'impuissance peut-être.

— Sylvie, dit-il, tu n'as pas le droit de faire une chose pareille. Tu insultes notre amour. Si tu maudis ce qui vient de moi, c'est que tu me détestes aussi.

— Tu ne peux pas comprendre. Si je suis enceinte, je suis perdue.

Une fois de plus, il voulut lui faire entendre raison, mais elle s'obstinait.

— Je t'en veux de l'avoir fait exprès, disait-elle. Tu l'as voulu, moi j'ai le droit de vouloir m'en débarrasser.

— Sylvie, personne n'a le droit...

— Personne non plus n'a le droit de mettre une fille enceinte sans qu'elle le veuille!

— Je t'aime, Sylvie.

— Justement.

Ce soir-là, ils se quittèrent sans s'être vraiment réconciliés, et c'était la première fois que cela leur arrivait.

62

A présent, Julien vivait avec cette idée de la mort menaçant Sylvie, menaçant cet enfant qu'il avait voulu, dont il avait espéré qu'il lui permettrait de sauver leur amour.

Il vivait avec la peur.

Ses regards se portaient souvent du côté de la Montagne Noire. La peur l'avait rejoint. Les hommes avaient perdu sa trace. Il n'avait même plus à se méfier d'eux, mais la peur avait su le retrouver. Elle n'avait pas le même visage, elle n'était pas aussi brutale, mais il n'était plus, non plus, possible de la fuir. Il pensait en même temps à la montagne où était mort le Savoyard et aux rives du Lampy. Tout se rejoignait, se mêlait, se confondait, mais tout aboutissait à cette peur venue de là-bas et qui l'oppressait.

Une semaine passa, durant laquelle chaque rendez-vous avec Sylvie fut une heure de silence morne, dans le parc où l'automne empourprait les arbres et les allées, où les premiers feux de feuilles sèches laissaient traîner dans le soir de longues franges de fumée grise.

Et puis, un après-midi, un homme se présenta au poste de guet. A son accent, ils comprirent immédiatement qu'il venait du pays de Carento. Il avait profité d'un camion se rendant à Toulouse, pour entreprendre le voyage. Il paraissait une cinquantaine d'années. Il avait de grosses mains, dont il ne savait que faire, et un visage buriné et bronzé.

— On aimerait savoir, dit-il. Vous comprenez, nous n'avons rien su de précis. Quand la nouvelle est arrivée, la mère du pauvre gosse voulait venir, on l'a retenue. Elle n'était déjà pas forte. Et puis, les voyages sont chers, et pas faciles. On a peut-être eu tort. Enfin, on ne sait pas. Elle s'est alitée peu de temps après. Faut comprendre, elle n'avait que lui. Son homme l'avait quittée depuis des années, pour partir avec une peau. Faut comprendre. Elle aurait voulu savoir. Alors, je lui ai promis de venir. Elle est morte, mais comme l'occasion se présentait, je suis venu tout de même.

Il disait tout cela sur le même ton, avec de longs silences entre chaque phrase. Il les regardait tour à tour. Verpillat s'était placé à côté de Julien. Il lui serra le bras en soufflant :

— Tais-toi. Tais-toi.

L'homme continuait.

— Nous aussi, on aimerait savoir. Ma fille, avec le petit Francis, ils étaient un peu promis. Ça lui a fait un coup. Nous aussi, ça nous a tous remués. Surtout, mourir comme ça. On sait bien que les temps sont bizarres, mais déserteur, tout de même... Déjà, quand elle avait reçu la nouvelle de son départ...

— Faut pas vous figurer que Francis a...

Julien avait parlé malgré lui. Verpillat l'interrompit pour expliquer :

— Il a cru bien faire. Il refusait de collaborer. Il n'a pas compris qu'on peut résister même ici...

Julien s'était assis... A quoi bon? A présent, l'homme écoutait Verpillat. Il le regardait, le visage tendu, la bouche entrouverte, admirant sans doute ce sergent qui s'exprimait aisément. De temps à autre, il approuvait d'un hochement de tête. Il était donc le père de Georgette. Georgette, ce bonheur de Carento. Son dernier mot entre deux flots de sang. Julien eût aimé dire à l'homme que la dernière pensée de Carento avait été pour sa fille. Verpillat le devina sans doute.

— Il nous parlait toujours de sa fiancée, dit-il.

Il mentait. Carento n'avait jamais prononcé ici le nom de Georgette. Il n'était pas de ceux qui se confient.

— La petite, bien sûr, faut comprendre, bredouillait l'homme aux grosses mains.

Lorsque Verpillat se tut, le silence revint,

pesant, entre ces êtres qui n'avaient plus rien à se dire. L'homme but un quart de vin, roula une cigarette de tabac de troupe, accepta le paquet que lui offrit Verpillat, et partit en remerciant beaucoup.

Lorsqu'il fut sorti, Julien gagna le parc où Riter vint le rejoindre. Ils demeurèrent un long moment sans se regarder, assis sur la murette du bassin. Il faisait encore chaud. Sur la ville, stagnait un écran de buée, où se mêlaient quelques fumées.

— C'est la guerre, dit soudain Riter. Une saloperie de guerre qui n'est pas à la veille d'être finie.

Julien avait envie de parler, mais quelque chose le retenait encore. Il essayait de mettre de l'ordre dans ses idées, mais tout se brouillait de plus en plus. Son regard croisa celui de Riter, ils demeurèrent ainsi quelques instants puis, la voix angoissée, Julien demanda :

— Bon Dieu, Riter, toi qui es un type fort, un type qui réfléchit, crois-tu qu'on puisse avoir... avoir... enfin quoi, attirer le malheur? Porter la poisse aux gens, être celui qui...

Il se tut, à court de mots, ou effrayé par un mot. Riter eut un petit ricanement.

— Avoir ce que les gitanes nomment le mauvais œil?

— Ne rigole pas, souffla Julien. J'ai peur.

Riter se pencha pour mieux le voir.

— Vraiment, dit-il, tu es sérieux? Non mais, tu n'y es plus! Toi, le gaillard costaud, tu serais perméable à ce genre de foutaises!

— Tu appelles ça des foutaises?

— La mort de Carento t'a impressionné, mais celle de sa mère, que veux-tu...

Riter hésita et Julien dit :

— Ne prétends pas que ce soit normal. S'il n'était pas mort, sa mère vivrait.

— C'est possible. Mais c'est la guerre. La guerre ne tue pas qu'avec des fusils et des avions. Il y a beaucoup de gens qui meurent et tu n'y peux rien. Absolument rien. (Il ricana.) La guerre, c'est la haine. La haine libérée, débridée, pour tous et entre tous. Et toi, tu avais plus de raisons de tuer ton boucher clandestin, que le premier Allemand venu. Un type comme toi, et qui ne t'a rien fait.

Julien éprouvait le besoin de tout dire, comme s'il eût espéré de Riter un miraculeux remède. Il parla de tous SES morts. Du chef, du gars de Dombasle et surtout du prisonnier : le mari d'Odette. Là, Riter l'interrompit pour expliquer :

— Mais tu es fou, ce que tu dis là n'a aucun sens. Ce soir-là, à la même heure, à la même minute, il y a des centaines, peut-être des milliers d'hommes et de femmes qui sont morts. Il faut te reprendre. Voir les choses plus sainement. Si tu perds la tête pour de simples coïncidences, si tu te figures...

Julien le fit taire.

— Il y a encore autre chose, dit-il.

— Quoi?

— Riter... Sylvie va mourir.
— Qu'est-ce que tu dis?
— J'ai peur, Etienne. J'ai peur, je t'assure.
— Mais, bon Dieu, qu'est-ce qu'elle a? Explique-moi.

Julien raconta tout. Albi. Le Lampy. Cette nuit de folie du vent et de l'orage, puis l'attitude de Sylvie. Riter dit :

— Ce serait dégueulasse de t'accabler, mais je savais que ça finirait mal. Cette fille n'est pas pour toi.

— Si. J'en suis sûr. Mais à présent, elle va mourir. Et je serai responsable, et ce que je ferai me délivrera, mais rien ne sera...

— Tu vas la boucler, grand con!

Le Parisien s'était dressé soudain et, planté devant Julien, il l'obligeait à lever la tête vers lui.

— Tu me foutras peut-être sur la gueule, lança-t-il, mais tu ne m'empêcheras pas de te dire que tu es un con. Mille fois plus con que je ne pensais. Veux-tu que je t'explique ce qui va se passer? Ou bien c'est toi qui as raison, et la fille t'épousera parce qu'elle t'aime vraiment, ou bien c'est moi qui vois clair, et elle va trouver une faiseuse d'anges pour lui déboucher...

— Tais-toi, cria Julien.
— Tu vois autre chose?
— Mais je ne veux pas! Je ne veux pas!

Il marqua un temps, se leva et fit quelques pas avant d'expliquer :

— Ça fait un mois et demi que j'y pense, à

ce gosse. C'est comme s'il était déjà là. Avec moi. Avec elle aussi. Il vit. Je ne veux pas qu'il meure.

— Qu'est-ce que tu me chantes? Sais-tu seulement de quoi tu parles?

— Ce serait un mort tout de même.

Il avait répondu très bas. Il sentait que Riter ne pouvait pas comprendre. Pour lui seul, il murmura :

— Un mort de plus. Un tout petit mort, mais un mort tout de même.

Riter était absent. Dans le jardin, autour de Julien, seuls demeuraient présents l'oncle Pierre, le chef, Dominck, le gars de Dombasle, Guernezer, Carento, la mère de Carento... Il fit un effort pour ne plus les voir. A présent, ils étaient trop nombreux et trop proches de lui. Il regarda Riter en disant :

— Je te remercie. Tu as bien fait de me parler de ça.

— Ne va pas encore faire d'autres conneries. Je trouve que tu as déjà un beau palmarès.

Julien soupira.

— Si seulement j'étais parti avec Berthier.

Riter se mit à rire.

— Décidément, non seulement tu en fais en série, mais encore tu regrettes celles que tu as manquées. Mais sacrebleu, c'est sûrement la seule bonne chose que tu doives à cette fille.

Il leva la main, prit une pose de théâtre et se mit à déclamer :

J'ai voulu mourir à la guerre :
La mort n'a pas voulu de moi...

— Il n'est jamais trop tard, souffla Julien.

— Pour faire une connerie de plus, bien sûr que non.

Julien se leva et prit la direction du poste. Il avait à peine fait quelques pas, lorsque Riter le rappela et expliqua qu'il avait enfin trouvé un magasin pour exposer la peinture de son ami parisien.

— C'est une boutique où on vendait des bas, avant-guerre; à présent, ils n'ont plus rien à vendre. C'était fermé, c'est un peu sale, faudra nettoyer.

Il s'interrompit et se leva pour s'approcher de Julien qui demeurait immobile, le regard tourné vers la montagne.

— Je sais, reprit Riter, ça ne t'intéresse pas. Mais pour ce petit travail, j'aurai besoin de toi. Tu ne me refuseras pas un coup de main.

Julien se retourna pour répondre. Riter ne plaisantait plus, et Julien crut un instant retrouver dans ses yeux l'inquiétude qu'il avait lue si souvent dans le regard de sa mère.

63

Dès que Riter eut reçu l'argent expédié par son ami et versé un acompte sur le loyer du magasin, ils commencèrent à le nettoyer. En travaillant, Riter ne cessait de parler. Il parlait de son ami, des peintres, des poètes, du théâtre, du cinéma, avec un besoin évident de tenir constamment captif l'esprit de Julien. Mais Julien n'était guère présent, il attendait l'heure de rejoindre Sylvie. Il n'y avait plus, dans son attente, cette fébrilité qui l'avait si longtemps habité, mais une angoisse qui le faisait parfois hésiter au moment du départ.

Chaque soir, Sylvie parlait des questions de plus en plus pressantes de sa mère. Son visage était tiré, ses yeux cernés et son front barré de rides. Julien ne cessait de se répéter qu'il était responsable de tout et que Sylvie souffrait à cause de lui.

Le premier vendredi de novembre, lorsqu'il

rentra au poste, il comprit qu'une mauvaise nouvelle l'attendait. Ses camarades le regardaient, l'air gêné, et Verpillat hésita un moment avant de dire :

— Dubois, on est emmerdés.

Julien sourit. Plus rien ne pouvait l'atteindre.

— Tu vas être obligé de partir, reprit le sergent. Il arrive deux gars. C'est pour vous remplacer, tu comprends, Carento et toi... Ça devrait être fait depuis longtemps.

Julien écoutait, debout à côté de la table. Il sentait que Verpillat n'avait pas dit le plus difficile. Pour l'instant, il avait simplement compris qu'on les remplaçait, Carento et lui. Tous les deux en même temps, de la même façon. Deux morts, en quelque sorte.

— C'est bon, fit-il, je vais m'en aller.

— Oh! tu as le temps. Ils ne seront ici que lundi. Ils arriveront par le train de midi.

Le train de midi. Celui qui les avait amenés, Carento et lui. Julien réfléchit un instant. Deux ans, il y aurait deux ans le 10 novembre. Dans cinq jours. Existait-il vraiment des dates fatidiques? Sylvie aurait-elle raison, est-ce que des forces supérieures régiraient le destin des hommes?

— Si c'étaient des copains, qui arrivent, poursuivit le sergent, on aurait pu s'arranger. Mais il y en a un qu'on ne connaît pas, et l'autre... L'autre sera mon adjoint, comme chef de poste...

Il hésitait. Tisserand se leva d'un bond et cria :

— Dis-lui, quoi! Dis-lui que c'est l'ordure à qui il a fracturé la mâchoire, dans la cage à mites!

Ce cri du Toulonnais libéra la colère des autres. Tous se mirent à parler. Ils juraient de faire subir les pires traitements au caporal Vaudas. Verpillat les laissa crier puis, lorsqu'ils furent calmés, il expliqua qu'il n'avait pas encore reçu la note de service, mais que le capitaine avait téléphoné.

— Il m'a appelé d'un poste privé, précisa-t-il. Evidemment, il ne m'a pas parlé en clair, mais j'ai compris qu'il n'est plus vraiment le maître. Il a reculé tant qu'il a pu.

Verpillat s'arrêta. Là encore, il paraissait embarrassé. Pourtant, ayant respiré profondément, il dit tout d'une traite :

— Il prétend que tu dois pouvoir facilement gagner un maquis. Il dit que tu n'aurais pas dû rester si longtemps ici. Moi, tu sais bien que...

Le reste de la phrase fut couvert par les exclamations des hommes. Cette fois, ils s'en prenaient au capitaine. Selon eux, c'était à lui de trouver, puisqu'il était officier. Le désir de soutenir leur camarade les rendait injustes. Il fallait que leur colère se libérât. Ils crièrent encore un moment, puis se mirent à chercher un moyen d'aider Julien. Comme certains avançaient des adresses de camarades susceptibles de l'héberger, il les arrêta d'un geste.

— Non, dit-il. Il faut que je reste à Castres.

Il y eut un silence. Tous le regardèrent et Verpillat finit par dire :

— Tu es complètement fou. On ne sait pas jusqu'à quel point ils n'ont pas eu vent de ta présence ici. Ce mec est peut-être envoyé pour te repérer. Faut pas jouer avec le risque. Depuis quelque temps, on dirait que tu vis en dehors de l'actualité, mais tu vois bien qu'on arrête des gens pour des riens. (Il marqua un temps.) Et ceux qu'on arrête, on ne les revoit jamais.

Riter s'interposa.

— Ecoutez, dit-il. Dubois n'est pas un gamin. Il n'ira pas se foutre dans la gueule du loup. En attendant qu'on trouve une solution, il peut s'installer dans l'arrière-boutique du magasin que j'ai loué pour l'exposition de mon copain.

— Mais c'est trop risqué, dit Verpillat. Si l'autre descend en ville...

— Tu n'auras qu'à lui trouver du travail ici.

— Ou le consigner.

— Ou le pousser, pour qu'il se casse une patte en descendant l'échelle de la terrasse...

A présent, ils étaient tous partis à rire. Ils parlaient de ce caporal Vaudas comme d'une marionnette qui venait là pour être rossée. Ils allaient jusqu'à envisager de le livrer à Julien, pour une autre raclée. Mais Julien les écoutait à peine. Son sort se jouait en dehors de lui, et c'est sans le consulter que Riter décida que, dès le dimanche soir, il coucherait dans ce qu'il appelait SON salon d'exposition.

A présent, Julien regardait ce poste qu'il allait quitter pour la deuxième fois; il regardait ces hommes assemblés autour de cette table et avec qui il avait vécu deux années. Ne leur devait-il pas énormément? Avait-il jamais rien fait pour eux? A présent seulement il mesurait leur amitié. Il voulut le dire, les remercier, mais tous se récrièrent. Alors il se tut, et leur serra la main. Puis, comme il sentait son regard s'embuer, il monta dans la chambre.

64

Le samedi et le dimanche, Sylvie ne put sortir et Julien resta au poste. Il pleuvait. Riter lui demanda s'il ne voulait pas faire un portrait de lui; Julien essaya, mais renonça au bout de quelques minutes. Ce n'était pas le visage de son camarade qu'il voyait, mais celui de Sylvie. Sylvie seule. Car l'idée de ce départ ne le quittait plus. Chassé du poste, il restait sans argent et devrait forcément quitter Castres. L'exposition durerait quinze jours, le vernissage était prévu pour le samedi suivant... Julien calculait. S'il partait, que deviendrait Sylvie?

Le soir, il s'installa dans cette arrière-boutique sans fenêtre et qui sentait très fort le moisi. Il y avait partout des rayonnages vides. Julien s'enroula dans une couverture et dormit à même le plancher.

Les caisses de tableaux arrivèrent le lundi. Julien et Riter les déclouèrent, et la journée passa vite car chaque toile devait être époussetée, chaque cadre consolidé. Riter plaisantait :

— Sans toi, l'expo était foutue. Et puis, tu couches là et c'est une bonne chose. On pourrait voler les toiles. Cette paille va te faire une bonne litière. Une fois au moins, tu auras été servi par la peinture.

Il était persuadé que le peintre, qui serait là le samedi, trouverait une solution à l'avenir de Julien.

Le soir, lorsque Julien fit part à Sylvie de cette menace de départ, elle eut un geste vague et son rire triste. Elle était froide. Sur son visage fermé, il crut lire le signe d'une résignation dont il eût voulu connaître l'objet. Sylvie prétendit qu'elle était fatiguée et partit très tôt. Seul sur un banc du parc, Julien attendit la nuit pour regagner son arrière-boutique. Il était en proie à une crainte dont il ne pouvait cerner la raison précise. Il y avait l'état de Sylvie, bien sûr, et tout ce qu'il pouvait redouter d'elle à ce sujet. Il y avait aussi cette menace de départ, mais il y avait encore autre chose. Ce soir, Sylvie s'était montrée si distante, si peu semblable à la Sylvie des autres jours... Julien s'efforçait de lui trouver des excuses. Il tentait de l'imaginer chez elle, face à sa mère curieuse, à son père sans doute ignorant, mais intrigué par sa mine défaite. Est-ce qu'il ne fallait pas redouter le pire, de la part de cet homme dont Riter disait qu'il appartenait à la pire des races : celle des pas-tout-à-fait-bourgeois-et-qui-veulent-le-devenir?

A présent, il était seul, mais la boutique n'était plus aussi vide. Il y avait partout de la paille et des papiers froissés. Et puis, il y avait les toiles. Appuyées contre les quatre murs, elles s'alignaient tout autour de la pièce. Julien ne connaissait pas l'homme qui les avait peintes, mais il lui semblait qu'elles s'adressaient à lui, particulièrement. Riter avait déclaré :

— Tu sais, ce n'est pas de la grande peinture, mais le gars est un poète et un ivrogne magnifique... Autrement dit : un type épatant.

La lumière des toiles était étrange. Il y avait des lacs noirs au pied de rochers où des nymphes regardaient un soleil qui n'éclairait qu'elles seules; des matins aux brumes pleines de mystère; des cités antiques écrasées d'une lumière irréelle... Julien s'arrêta longtemps devant un pastel où l'artiste avait représenté Daphnis et Chloé. Un couple à demi-nu marchait vers un lac où se levait une aube fraîche de printemps. Julien demeura longtemps immobile. De loin en loin, il murmurait :

— Sylvie... Sylvie...

Certes, ce peintre n'était pas comparable aux Cézanne et autres Van Gogh qu'il admirait par-dessus tout, mais il se retrouvait dans ses compositions. Il y avait ce couple heureux, il y avait, illustrant Verlaine, un autre couple moins heureux dans un « *grand parc solitaire et glacé* ». Une toile pleine de regrets, au bord du désespoir. « *Ah! les beaux jours de bonheur indicible où nous joignions nos bouches...* » Ce peintre avait-il donc vécu les mêmes tourments, les mêmes maux que Julien? Avait-il en lui l'idée de la mort, qui le poussait à peindre Hamlet méditant sur le crâne de Yorick, ou bien cette tombe où s'asseyait « *cet étranger vêtu de noir...* »?

Julien se détourna soudain des toiles. Une phrase de Riter venait de lui revenir. « Le romantisme, c'est bien joli, mais il ne faut pas s'y enterrer vivant. »

Il vivait. Sylvie aussi vivait. Ils devaient vivre et être heureux. Il avait conscience de tenir entre ses mains leur bonheur commun. Il fallait se battre. C'était pour cela qu'il devait lutter avant tout. Lutter contre les parents de Sylvie, contre Sylvie elle-même s'il lui arrivait de connaître un instant de défaillance. Sa guerre à lui, elle était là. Grâce à l'amitié de Riter, il lui restait deux semaines de pain et de gîte assurées à Castres : il devait se battre.

Il quitta le magasin aux volets clos, éteignit les lampes et gagna l'arrière-boutique où il s'allongea sur la paille entassée entre les caisses vides.

65

Le lendemain matin, dès 7 heures et demie, Julien était au jardin de l'Evêché. Il faisait frais. Un peu de bise courait entre la terre rousse de feuilles mortes et le ciel tout gris. Julien se sentait calme, fort, prêt à imposer à Sylvie le combat pour leur bonheur. Depuis quelques jours elle n'était plus la même, mais c'était parce qu'elle avait trop lutté seule contre ses parents. Ce n'était pas autre chose. Elle allait venir. Il lui parlerait. Il ne dirait pas : « Veux-tu que j'aille voir tes parents? », mais, sans hésiter : « Je vais voir tes parents ». Il avait livré d'autres combats et ce n'était pas ce père « apprenti bourgeois » qui allait lui en imposer. Pour l'aider, il avait *leur enfant* dont il parlerait.

Il prendrait tout sur lui. Cela n'était rien à porter, si le bonheur était au bout de la route. Sylvie et un enfant de Sylvie.

Julien attendit jusqu'à 8 heures, mais elle ne vint pas. Pour se rendre à son travail, elle passait toujours par le Pont-Biais. Etait-il possible qu'elle empruntât, pour une fois, un autre chemin?

A 8 heures un quart, Julien était toujours dans le jardin, fixant le pont, lorsqu'il vit paraître Riter. Dès que le Parisien l'aperçut, son visage se contracta.

— Qu'est-ce que tu fous là?

— Il fallait que je la voie ce matin, dit Julien.

Riter porta la main à son front.

— Nom de Dieu, dit-il, mais tu es fou! Complètement fou! Depuis quelle heure es-tu là?

— 7 heures et demie.

— Ce fumier de Vaudas est descendu à 7 heures.

Riter dit cela lentement, puis il se tut. Cette simple phrase avait réveillé Julien, comme l'eût fait un seau d'eau glacée. Il s'efforça de rire.

— On a dû se manquer de peu, dit-il.

Riter paraissait horrifié.

— J'admets la connerie jusqu'à un certain niveau, fit-il. Mais toi, tu le dépasses largement. Risquer sa peau avec une telle inconscience. Tu mériterais... tu mériterais...

Il se tut. Ses petits poings s'étaient serrés, son visage maigre reflétait à la fois la colère et une angoisse de mère. Julien eut un geste, comme pour s'excuser, puis il suivit Riter qui marchait, quatre pas devant lui, prêt à lui faire signe au moindre danger.

Ils passèrent la matinée à accrocher des toiles. Julien s'efforçait de répondre à son camarade, cherchant à échapper à sa profonde inquiétude.

Pourtant, avant midi, il regagna le jardin de l'Evêché. Riter eut beau implorer et tempêter, ce fut en vain; il dut se résoudre à devancer Julien pour « ouvrir la route ». Avant de le laisser, il dit :

— Au moins, ne reste pas à proximité de la rue, planque-toi derrière les arbres. Cet après-midi, je suis de garde, je ne peux pas descendre; promets-moi de ne pas faire le con.

Julien promit. L'amitié de Riter lui était précieuse, mais il pensait à Sylvie. Sylvie qui ne venait toujours pas.

Il y eut l'heure morte et interminable de midi. L'heure où la vie des rues se fige, où tout s'endort. Il était impossible que Sylvie eût modifié par deux fois son itinéraire. Avait-elle été fatiguée, ou vraiment malade? Viendrait-elle à 2 heures?

Julien avait oublié le risque, oublié la promesse faite à Riter. Il ne quitta pas le jardin, observant le Pont-Biais et le débouché de l'avenue de Villeneuve. Le regard douloureux à force de fixité, il se tenait contre la balustrade. Il demeurait assez loin de la rue, mais ne recherchait plus la protection des arbres. Il ne quittait le pont des yeux que le temps de consulter sa montre. Il ne voyait que cette montre et cette sortie de rue où l'arrivée de chaque cycliste le faisait sursauter. Sa pensée s'était arrêtée. Cent fois il avait attendu là, à la même heure, mais jamais il n'avait aussi intensément regardé ce pont. Rien d'autre n'était en lui que la silhouette de Sylvie, telle qu'il l'avait vue paraître, le premier jour, à l'angle de cette maison. Obstinément, il regardait, tendu vers elle en un appel constant.

A 2 heures, elle n'était pas venue, et il commença de sentir sa fièvre augmenter. Ses ongles griffaient la pierre lisse de la balustrade dominant l'Agout. Il transpirait malgré la fraîcheur de l'air. Il tentait vainement de réfléchir à ce qu'il devait faire, mais son calme du matin l'avait abandonné. A présent, elle ne viendrait plus. Elle était sans doute chez elle, malade ou peut-être entre les mains de quelque bonne femme. Sylvie allait mourir à cause de lui. Elle allait mourir avec cet enfant qu'il avait voulu. Avec cet enfant qui devait les lier l'un à l'autre et qui allait la tuer.

Depuis le matin, vingt fois l'idée d'aller chez Sylvie lui était venue. La voix même de Sylvie l'avait retenu. « Ne fais jamais une chose pareille, je t'en supplie. »

Il irait chez elle, mais il ne pouvait y aller sans l'en avoir avisée. Il se souvenait de son regard, le soir qu'elle l'avait giflé. De temps à autre lui revenait l'idée de ce caporal qui pouvait le surprendre. Mais il la repoussait.

Sylvie. Il y avait Sylvie et rien d'autre.

Lorsqu'on marchait derrière lui, il se retournait pourtant. Il ne voyait que quelques promeneurs. Au delà du jardin : l'Odéon, l'Odéon où il avait rencontré Sylvie pour la première fois. « *Les sanglots longs — des violons — de l'automne...* »

Il se mordit le dos de la main.

— Sylvie! Sylvie! Si tu pouvais savoir!...

Pensait-elle à lui? Pouvait-elle supposer qu'il se trouvait là? Pouvait-elle deviner ce qu'il éprouvait? Avait-elle une idée de ce qu'il risquait pour elle? De ce qu'il souffrait? Demeurait-elle froide et lointaine comme ces jours derniers?

Si seulement il avait pu lui faire savoir qu'il l'attendait là...

Il s'accrocha soudain à cette idée. Une fois de plus il regarda sa montre. Il était 2 heures et demie. Elle ne pouvait plus venir. Elle... Il sursauta. Sur le Pont-Biais, deux hommes avançaient. Deux hommes vêtus de bleu marine, et portant un brassard blanc à lettres noires. Tisserand et Vaudas. L'odieux Vaudas. Tisserand regardait vers le jardin. Riter l'avait sans doute prévenu. L'amitié de Riter, bon Dieu! Cet ivrogne de Riter!

Julien fit demi-tour, et fila vers la ville.

66

Julien s'enferma dans la boutique. La peur l'avait suivi. Elle collait à lui, elle avait achevé de tuer son calme. Il s'affolait, tournait dans cette pièce où n'étaient que des toiles qu'il ne voyait même plus. Il ne redoutait pas vraiment la rencontre de Vaudas. S'il se trouvait face à lui, il n'hésiterait pas à l'assommer une nouvelle fois. Il aurait le temps de fuir. Il jouerait sa chance. Il savait que le mal qui le rongeait n'avait atteint ni ses réflexes ni sa force. Mais fuir, c'était abandonner Sylvie. Où était-elle? Que faisait-elle? Que pouvait-on faire de Sylvie? Peut-être était-elle séquestrée? Et si elle l'attendait? Si elle espérait de lui un secours? « Ne viens jamais chez moi, je t'en supplie. Ne viens sous aucun prétexte. » Devait-il encore tenir compte de cela?

Même s'il n'allait pas chez elle, il devait

tenter quelque chose. Demeurer ainsi, c'était abandonner Sylvie. C'était courir le risque de devenir fou. C'était lui laisser à penser qu'il ne l'aimait plus.

A 3 heures, il quitta le magasin et courut au bureau de poste. Ses mains tremblaient, il avait le front moite. Jusqu'à 17 heures, il ne risquait guère de voir Vaudas en ville. Depuis son arrivée au poste, Verpillat était contraint d'appliquer plus strictement le règlement, et si ce caporal était descendu en compagnie de Tisserand, c'était sans doute pour une mission, non pour une promenade en ville. Julien rédigea donc un télégramme à Sylvie. « Terriblement inquiet, suis à l'Evêché jusqu'à 17 heures. » Dès qu'il eut payé, il courut vers le jardin public.

De nouveau contre la balustrade, il ne guettait plus l'arrivée de Sylvie, mais le passage, dans le sens opposé, du porteur de dépêches. Il n'attendit pas longtemps. Sa petite sacoche noire au côté, le garçon en bleu passa bientôt sur sa bicyclette à guidon de course. Cinq minutes plus tard, il était de retour. L'idée vint à Julien d'aller l'arrêter pour lui demander s'il avait remis son pli à une jeune fille. Il se retint, recommençant de fixer l'extrémité du Pont-Biais. Il ne sentait plus la douleur de sa tête. Il avait cessé de percevoir les bruits de la rue. A présent, une grande peur le tenait. Sylvie lui avait tellement recommandé de ne jamais faire cela. Si son père lisait ce message, n'allait-il pas s'en prendre à elle?

N'était-ce pas à présent qu'il fallait la rejoindre, lui porter secours?

Après une heure interminable, une silhouette parut qui n'était pas celle de Sylvie, mais que Julien identifia immédiatement. La mère de Sylvie s'engageait sur le pont. Elle marchait posément, et ne semblait pas regarder le jardin. Sans la quitter des yeux, Julien recula de quelques pas. Devait-il rester là, aller au-devant d'elle, s'enfuir vers le centre de la ville? La sueur lui brûla les yeux, brouillant un instant sa vision. Mme Garuel était arrivée à hauteur de l'allée où il se trouvait. Elle marcha encore sur le trottoir, monta les trois marches donnant accès au jardin, puis disparut un instant derrière le kiosque, avant de reparaître pour se diriger droit sur Julien. Il ne bougea pas. Le seul bruit qu'il put percevoir était le battement de son propre cœur.

Lorsque Mme Garuel s'immobilisa devant lui, il fut incapable d'articuler un mot. Il avait conscience de son ridicule. D'une voix calme, presque douce, avec un sourire à peine crispé, Mme Garuel dit :

— Nous pourrions nous asseoir quelques minutes.

Elle ressemblait à Sylvie dont elle avait également la voix. Il eut envie de l'embrasser et de l'appeler « Maman ».

Elle s'assit très droite, mais le dos appuyé à la planche usée du dossier. Dès qu'ils furent installés, elle commença :

— Vous êtes très maladroit et très imprudent, mon garçon. Vous avez de la chance que ce soit moi qui ai reçu votre télégramme. Si mon mari s'était trouvé là, je ne sais pas ce qu'il aurait fait...

— Mais, madame... Sylvie...

Il bégayait.

— Sylvie est malade. Malade à cause de vous.

Comme il tentait d'intervenir, elle leva la main d'un geste plein d'autorité. Son regard s'était assombri et sa voix devint cassante.

— Je ne me suis pas dérangée pour vous entendre, fit-elle, mais pour vous parler. Je vous demande de laisser Sylvie en paix. J'ai été faible. Je lui ai accordé trop de liberté; je le regrette amèrement, croyez-moi. Mais c'est fini, vous comprenez!

— Mais, madame...

— Ne cherchez pas d'excuses. Moi-même, je n'en cherche pas.

— Je ne cherche pas d'excuses, dit-il très vite. Je veux épouser Sylvie. A présent, il le faut, nous ne pouvons plus attendre...

Elle eut un ricanement acide. Toisant Julien et prenant soudain un air hautain, elle lança :

— Qu'est-ce que j'entends là? N'allez surtout pas vous monter la tête; vous mettre des idées pareilles dans l'esprit! Quand je dis : Sylvie est malade, c'est bien d'une maladie qu'il s'agit. (Elle martela ses mots.) Une maladie, vous m'entendez!... Une maladie nerveuse dont vous êtes sans doute responsable...

— Mais, madame, elle ne vous a pas dit...

— Taisez-vous! Ma fille s'était fait du souci, ces jours derniers. Elle avait pu redouter... enfin, elle craignait une chose plus grave. Elle s'était trompée. Tout simplement. Ce sont des choses qui arrivent assez souvent, croyez-moi.

Julien se redressa. Sa poitrine était gonflée de mots qu'il ne pouvait plus retenir. Il interrompit Mme Garuel pour lancer :

— On n'a pas le droit, madame. Pas le droit de faire une chose pareille. C'était à Sylvie et à moi de...

— Allez-vous vous taire? Mais vous êtes complètement déséquilibré, mon pauvre garçon. Je ne vous permets pas de douter de ma bonne foi, entendez-vous? Quant au droit, comme vous dites, je crois savoir que vous vous trouvez dans une situation qui ne vous permet guère de vous montrer exigeant!

Elle avait lancé ces phrases, comme des gifles, approchant de Julien son visage tendu par la colère. Il vit que ses lèvres tremblaient. Il baissa la tête. Mme Garuel venait d'ouvrir son sac d'où elle tira lentement une enveloppe. Ses mains aussi tremblaient. Avec des sifflements, d'une voix qui avait du mal à passer ses lèvres, elle dit encore :

— Si vous ne me croyez pas, vous croirez peut-être Sylvie.

Julien prit l'enveloppe. Il reconnut l'écriture de Sylvie qui avait seulement inscrit : « Pour Julien. » Comme il allait ouvrir l'enveloppe, Mme Garuel l'arrêta.

— Vous lirez tout à l'heure. Je ne peux pas m'attarder davantage.

A présent, sa voix était différente. Plus calme, avec cependant un tremblement qu'elle devait s'efforcer de dissimuler. Julien eut l'impression qu'elle cherchait aussi à retenir ses larmes.

— Avant de vous laisser, reprit-elle, je voudrais seulement vous prier de croire que je ne suis pour rien dans cette lettre. Je ne l'ai même pas lue. (Elle soupira.) Vous devez bien savoir que Sylvie n'est pas libre. Qu'elle s'est engagée vis-à-vis d'un jeune homme qui est, en ce moment, dans un endoit où... où il risque... Où il essaie de tenir tête aux Allemands. Il y a des circonstances où on ne peut pas... Où il faut montrer un peu de dignité...

Julien sentit qu'elle ne trouvait pas ses mots; qu'elle voulait expliquer une chose sans doute très compliquée, ou bien à laquelle elle ne croyait pas réellement. Il eut un instant l'espoir de pouvoir enfin lui parler vraiment. Comme il essayait de le faire, elle se leva brusquement et dit très vite :

— Si vous avez un peu de... d'amitié pour Sylvie, ne vous manifestez plus d'aucune manière. C'est elle qui m'a chargée de vous le demander. De plus, je ne crois pas que mon mari serait aussi patient que moi. Et, quand on se trouve dans votre position, il vaut quelquefois mieux se montrer le moins possible... Vous comprenez ce que je veux dire...

Elle hésitait. Julien avait le sentiment que

cette femme faisait un effort considérable pour parler ainsi. Comme il se levait à son tour, elle le regarda d'un air sévère et douloureux, puis, plus lentement, elle ajouta :

— Vraiment, Sylvie m'a demandé de vous prier de ne rien tenter pour la revoir. Je vous en donne ma parole. Ma parole de maman qui veut vraiment le bonheur de sa fille... De sa fille qui a déjà trop souffert...

67

Dès que Mme Garuel l'eut quitté, Julien lut la lettre de Sylvie. Un grand vide se creusa brusquement en lui, emportant ses forces.

Lorsque Riter vint le chercher, il se leva et le suivit sans mot dire. Dans la boutique, Riter se mit à crier que tout finirait mal, que Julien cherchait vraiment la mort.

Julien souriait. Est-ce que la mort n'était pas le seul remède véritable à son mal?

Aussitôt après le départ de son ami, il prit le chemin de l'avenue de Villeneuve. C'était aussi le chemin du poste, celui où il risquait de rencontrer Vaudas. Il y pensait. Riter appelait cela chercher la mort. La mort de Julien ou celle de l'ignoble caporal? Pouvait-on se délivrer de tout, dans une telle bataille?

Il marcha jusqu'au bout de l'avenue, et s'adossa au bâtiment délabré de l'ancien octroi. Il observait à présent la haie de fusains dissimulant la maison de Sylvie. Il n'espérait rien. Il savait que personne ne sortirait de cette maison à pareille heure. Il regardait seulement pour s'emplir les yeux de ce lieu où vivait Sylvie. Que faisait-elle? Avait-elle souffert? Ici, on avait tué un enfant de lui. Un début d'enfant dont il avait tant espéré. Est-ce déjà tuer un enfant, qu'arracher à un ventre de femme ce germe d'amour? Est-ce qu'on ne risque pas de tuer également la mère? Est-ce qu'on ne tue pas quelque chose en elle?

Une pluie fine s'était mise à tomber, qui transperçait les vêtements. Dans l'obscurité, les feuilles de fusains luisaient vaguement. Au lieu de regagner directement la boutique, Julien monta le chemin des Fourches et marcha dans la campagne, bien au delà du poste de guet. En pleine nuit, la rencontre avec Vaudas était souhaitable. Mais le chemin restait désert. L'herbe des prés était invisible. Elle commençait à faire, sous les pas, comme un bruit d'éponge. Il était venu là souvent, avec Sylvie. Il marchait comme s'il eût espéré retrouver dans la terre l'empreinte de leurs deux corps allongés côte à côte.

Rentré dans la boutique, il feuilleta longuement le petit carnet de Sylvie. Il y retrouva une tige de ronce aux feuilles desséchées et aplaties.

Les jours qui suivirent furent terriblement vides. Riter essaya en vain de le raisonner. Julien souriait, hochait la tête et repartait. Il était une bête sans pudeur, que plus rien ne pouvait blesser et que n'habitait même plus cet instinct qui pousse à éviter le danger. Il allait d'un jardin public à l'autre, cherchant partout le souvenir de Sylvie.

De loin en loin, comme une vague lueur, lui arrivait le sourire triste de sa mère. Il tentait d'en fixer l'image, mais sans véritable conviction.

Il percevait également des éclairs douloureux : le cri d'Odette; son regard épouvanté; son visage métamorphosé par la haine, marqué et vieilli par cette mort perçue de si loin. Odette était là, qui le repoussait de toute sa douleur; Odette martyrisée par sa seule apparition.

Allait-elle avoir un enfant de lui? Cet enfant dont Sylvie avait accepté la mort, ce germe d'amour détruit, écrasé, Odette allait-elle lui donner la vie? Non, ce n'était pas possible. Et puis, Odette le haïssait. Il y avait entre eux ce mort lointain et inconnu de Julien. Ce mort qu'elle aimait. Ce mort qui revenait sans cesse. Ce garçon sans visage et qui finissait par avoir tous les visages.

La mort. La mort partout. Toujours la mort!

Sur les rives du Doubs, en un été de paix. Sur les rives de la Loue, en un autre été où l'on croyait la paix retrouvée. La mort dans des buissons où des garçons et des filles s'étaient aimés, avant que l'on n'y traçât cette ligne de démarcation. La mort dans la forêt.

Cette forêt immense de la Montagne Noire; cette forêt qui vient boire jusqu'aux rives du Lampy.

Le Lampy était-il fait pour l'amour ou pour la mort? Est-ce que ce n'était pas la même chose, puisque le fruit de leur nuit de folie au Lampy était mort? Mort tout autant que Carento. Ce tout petit être avait-il déjà rejoint Carento, et le chef, et l'oncle Pierre; et le mari d'Odette écrasé par les bombes; et la vieille mère de Carento; la vieille, morte toute seule?

A présent, tous ces morts n'étaient plus des compagnons paisibles. Ils étaient trop fidèles. Trop tyranniques. Morts, ils s'accrochaient à Julien comme l'avait fait Carento vivant; Carento quelques minutes avant de s'en aller. S'en aller, c'était l'expression de la mère Dubois, pour parler de la mort. Ce mot devait la gêner, lui faire mal. Elle disait : « Il s'en est allé... » et cela prenait une allure de promenade agréable.

Pourtant, le regard de Carento, au moment du départ, c'était quelque chose! Un regard pareil ne s'oublie pas. Etre là, à côté, et ne rien pouvoir tenter. Etre celui qui demeure figé sur la rive à regarder le copain qui perd pied, qui s'enfonce, qui vous lance un regard perdu parce qu'il sent la rive qui se dérobe au moment où il veut s'y accrocher encore. La vie, pour Carento, au dernier moment c'était un visage de fille, un prénom.

Julien avait-il fait l'impossible pour aider

Carento? L'impossible pour empêcher Sylvie d'accepter?...

A présent, il ne pouvait plus demeurer seul; les morts étaient tous là, même le dernier. Tout petit. Insignifiant. Inconnu. Plus présent peut-être que Carento lui-même.

Le lundi matin, Julien retrouva son banc du jardin de l'Evêché. A 8 heures, Sylvie ne vint pas. A midi non plus, mais Riter qui était descendu contraignit Julien à aller manger.

A 1 heure et demie, Julien revint. Cette fois, il avait le pressentiment que Sylvie passerait. Il n'entra pas dans le jardin, mais se planta sur la bordure du trottoir, à l'endroit exact où il s'était placé lorsqu'il l'avait attendue pour la première fois.

Il faisait frais, mais le ciel était clair. Le vent du nord arrachait au jardin des brassées de feuilles sèches qui traversaient la rue pour aller tourbillonner dans le caniveau, le long du trottoir. Parfois, accrochées au pied de la balustrade, elles restaient de longs moments à trembloter.

Etait-il possible de revivre le temps déjà vécu? Pouvait-on retrouver une heure enfuie depuis deux années?

Des cyclistes, de plus en plus nombreux, débouchaient de l'avenue de Villeneuve, passaient le pont et pédalaient vers la ville.

Peu avant 2 heures, Julien éprouva une longue douleur qui le contraignit à retenir son souffle. Sylvie venait de s'engager sur le pont. Très droite sur sa bicyclette, elle pédalait sans hâte. Le vent s'engouffra sous sa jupe qu'elle maintint d'une main. Ses cheveux défaits se soulevèrent, dégageant son cou, puis retombèrent sur ses épaules.

Avant d'arriver à hauteur de Julien, elle tourna légèrement la tête et le regarda fixement, sans rien modifier à son allure.

Julien leva à peine la main.

— Sylvie!

Il avait voulu crier, mais le son de sa voix franchit à peine ses lèvres. Ce prénom était resté prisonnier de sa poitrine serrée.

Il eut le temps de remarquer que Sylvie était pâle. Déjà, elle s'éloignait.

Comme le premier soir, son regard avait suffi.

Julien suivit des yeux la tache blanche et bientôt floue de sa veste de laine, qui disparut soudain, à l'angle du théâtre.

Alors, seulement, Julien comprit qu'il n'attendait plus rien. Il était venu là pour s'assurer qu'elle vivait. Mais tout était fini. La mort avait fait son œuvre, et c'était peut-être pire que si elle eût emporté Sylvie.

Lyon - Castres - Saint-Genis-l'Argentière,
1963-1964

Littérature extrait du catalogue *Dos blancs ou rouges*

ADLER Philippe
Bonjour la galère ! (1868★★)
Deux enfants « branchés » luttent pour sauver le ménage de leurs parents.

AKÉ LOBA
Kocoumbo, l'étudiant noir (1511★★★)
L'exil d'un jeune Africain au Quartier Latin.

ALLEY Robert
La mort aux enchères (1461★★)
Un psychiatre soupçonne de crime la cliente dont il est épris.

AMADOU Jean
Les yeux au fond de la France (1815★★★)
Ce bêtisier est une entreprise de salubrité publique.

ANDREWS Virginia C.
Fleurs captives :
- **Fleurs captives** (1165★★★★)
Quatre enfants séquestrés par leur mère...
- **Pétales au vent** (1237★★★★)
Libres, ils doivent apprendre le monde...
- **Bouquet d'épines** (1350★★★★)
... mais les fantômes du passé menacent.
- **Les racines du passé** (1818★★★★)
La fin de la terrifiante saga commencée avec Fleurs captives.

Ma douce Audrina (1578★★★★)
Elle voulait ressembler à sa sœur morte.

APOLLINAIRE Guillaume
Les onze mille verges (704★)
Une œuvre scandaleuse et libertine écrite par un grand poète.
Les exploits d'un jeune don Juan (875★)
Aucune femme, aucune fille ne lui résiste.

ARCHER Jeffrey
Kane et Abel (1684★★★ et 1685★★★)
Le heurt de deux destins que rien ne devait rapprocher.
La fille prodigue (1857★★★ et 1858★★★)
Elle va aimer le fils de l'ennemi mortel de son père.

AUEL Jean M.
Ayla, l'enfant de la terre (1383★★★★)
A l'époque préhistorique, une petite fille douée d'intelligence est élevée au sein d'une tribu moins évoluée.

AVRIL Nicole
Monsieur de Lyon (1049★★★)
Ce séduisant « monstre à visage de femme » n'est-il qu'un être de mort ?
La disgrâce (1344★★★)
A treize ans, Isabelle découvre qu'elle est laide ; pour elle, le monde bascule.
Jeanne (1879★★★)
Que serait don Juan aujourd'hui, sinon une femme ?

BACH Richard
Jonathan Livingston le goéland (1562★)
Une leçon d'art de vivre. Illustré.

BARBER Noël
Tanamera (1804★★★★ et 1805★★★★)
Au début du siècle, l'amour interdit d'un Anglais pour une beauté chinoise dans la fabuleuse Singapour.

BARNARD Christian
Les saisons de la nuit (1033★★★)
Un médecin doit-il révéler à une femme qu'il a aimée qu'elle est atteinte d'une maladie incurable ?

BAUM Frank L.
Le magicien d'Oz (The Wiz) (1652★★)
Dorothée et ses amis traversent un pays enchanté. Illustré.

BESSON et THOMPSON
La boum (1504★★)
A treize ans, puis à quinze, l'éveil de Vic à l'amour.

BINCHY Maeve
C'était pourtant l'été (1727★★★★★)
Deux jeunes femmes, tendres, passionnées, modernes.

BONTE Pierre
Histoires de mon village (1774★★)
Des histoires de clocher, mais des histoires vraies, proches de nous.

BORGES J.L. et BIOY CASARES A.
Nouveaux contes de Bustos Domecq (1908★★★)
Un regard faussement innocent sur la société de Buenos Aires.

BORY Jean-Louis
Mon village à l'heure allemande (81★★★)
Malgré l'Occupation, le rire garde ses droits.

BRENNAN Peter
Razorback (1834★★★★)
En Australie, une bête démente le poursuit.

BRISKIN Jacqueline
Paloverde (1259★★★★ et 1260★★★★)
En Californie, dans l'aventure du pétrole et les débuts d'Hollywood, deux femmes inoubliables.
Les sentiers de l'aube (1399 ★★★★ et 1400 ★★★★)
Où l'on retrouve les descendants des héros de Paloverde.

BROCHIER Jean-Jacques
Odette Genonceau (1111★)
Elle déchiquette à coups de bec ceux qui vivent autour d'elle.
Villa Marguerite (1556★★)
L'Occupation, la bouffe, les petits-bourgeois : une satire impitoyable.

BURON Nicole de
Vas-y maman (1031★★)
Après quinze ans d'une vie transparente, elle décide de se mettre à vivre.
Dix-jours-de-rêve (1481★★★)
Les îles paradisiaques ne sont plus ce qu'elles étaient.

CALDWELL Erskine
Le bâtard (1757★★)
Premier roman de Caldwell, Le bâtard *annonce déjà* La route du tabac.

CARS Guy des

La brute (47★★★)
Aveugle, sourd, muet ... et meurtrier ?
Le château de la juive (97★★★★)
Une ambition implacable.
La tricheuse (125★★★)
Elle triche avec l'amour et avec la mort.
L'impure (173★★★★)
La tragédie de la lèpre.
La corruptrice (229★★★)
La hantise du cancer.
La demoiselle d'opéra (246★★★)
L'art et la luxure.
Les filles de joie (265★★★)
La rédemption par l'amour.
La dame du cirque (295★★)
La folie chez les gens du voyage.
Cette étrange tendresse (303★★★)
Celle qui hésite à dire son nom.
La cathédrale de haine (322★★★)
La création aux prises avec les appétits matériels.
L'officier sans nom (331★★)
L'humilité dans le devoir.
Les sept femmes (347★★★★)
Pour l'amour et la fortune, accepteriez-vous de perdre une année de votre jeunesse ?
La maudite (361★★★)
L'effroyable secret de la dualité sexuelle.
L'habitude d'amour (376★★)
La passion d'un Européen et d'une Orientale, amoureuse-née.
Sang d'Afrique (399★★ et 400★★)
Jacques, l'étudiant noir, ramène dans son pays natal la blonde Yolande.
Le Grand Monde (447★★★★ et 448★★★★)
Agent secret français, Jacques découvre à Saïgon l'amour de Maï, la taxi-girl chinoise.
La révoltée (492★★★★)
Jeune et comblée, pourquoi a-t-elle abattu son père et tenté de tuer sa mère ?
Amour de ma vie (516★★★)
L'amour et la haine dans le monde du cinéma.
Le faussaire (548★★★★)
Le drame de ce grand peintre est d'être un faussaire de génie.
La vipère (615★★★★)
Il retrouve à Paris celle qui, en Indochine, a fait assassiner son meilleur ami.
L'entremetteuse (639★★★★)
Elle tient la première maison de rendez-vous de Paris, mais elle n'aime qu'un seul homme.
Une certaine dame (696★★★★)
Cette femme, belle, riche, adulée, est-elle une erreur de la nature ?
L'insolence de sa beauté (736★★★)
Une femme laide et intelligente a recours à la chirurgie esthétique. Conservera-t-elle sa séduction ?
L'amour s'en va-t-en guerre (765★★)
Trois femmes, trois générations, trois amours pleins de panache et d'élégance.
Le donneur (809★★)
Des milliers de femmes ont eu des enfants de lui, et pourtant il n'aime qu'Adrienne.
J'ose (858★★)
Un père parle à son fils, à cœur ouvert.
De cape et de plume (926★★★ et 927★★★)
Le roman d'une existence prodigieuse de vitalité, riche en rencontres étonnantes.
Le mage et le pendule (990★)
Grâce à son pendule, le mage sait voir à travers les âmes.

L'envoûteuse (1039*** et 1040***)
Elle change aussi facilement d'identité que de visage et possède le pouvoir d'envoûter, même à distance.

Le mage et les lignes de la main ... et la bonne aventure ... et la graphologie (1094****)
Les mystères du cœur féminin.

La justicière (1163**)
Deux mères s'affrontent : celle d'un enfant assassiné et celle de l'assassin.

La vie secrète de Dorothée Gindt (1236**)
Une femme caméléon à la vie prodigieuse.

La femme qui en savait trop (1293**)
Nadia la voyante fera tout pour gagner celui qu'elle aime.

Le château du clown (1357****)
Plouf, le clown, aime Carla, l'écuyère ; pour elle il veut acquérir le plus beau château du monde.

La femme sans frontières (1518***)
L'amour transforme une jeune bourgeoise en terroriste.

Le boulevard des illusions (1710***)
Des personnages fabuleux qui stupéfient les foules.

Les reines de cœur (1783***)
Le destin de quatre reines exceptionnelles de Roumanie. J'ai lu l'histoire.

La coupable (1880***)
Un escroc de génie exploite le sentiment de culpabilité.

CARS Jean des

Sleeping Story (832****)
Orient-Express, Transsibérien, Train bleu : grande et petite histoire des wagons-lits.

Haussmann, la gloire du Second Empire (1055****)
La prodigieuse aventure de l'homme qui a transformé Paris.

Louis II de Bavière (1633***)
Une biographie passionnante de ce prince fou, génial et pervers. J'ai lu l'histoire.

Elisabeth d'Autriche (1692****)
Le destin extraordinaire de Sissi. J'ai lu l'histoire.

CESBRON Gilbert

Chiens perdus sans collier (6**)
Le drame de l'enfance abandonnée.

C'est Mozart qu'on assassine (379***)
Le divorce de ses parents plonge Martin dans l'univers sordide des adultes. En sortira-t-il intact ?

La ville couronnée d'épines (979**)
Amoureux de la banlieue, l'auteur recrée sa beauté passée.

Huit paroles pour l'éternité (1377****)
Comment appliquer aujourd'hui les paroles du Christ.

CHOUCHON Lionel

Le papanoïaque (1540**)
Sa fille de quinze ans le rend fou de jalousie.

CHOW CHING LIE

Le palanquin des larmes (859***)
La révolution chinoise vécue par une jeune fille de l'ancienne bourgeoisie.

Concerto du fleuve Jaune (1202***)
Un autoportrait où le pittoresque alterne avec le pathétique.

CLANCIER Georges-Emmanuel

Le pain noir :
1 - Le pain noir (651★★★)
2 - La fabrique du roi (652★★★)
3 - Les drapeaux de la ville (653★★★★)
4 - La dernière saison (654★★★)
De 1875 à la Seconde Guerre mondiale, la chronique d'une famille pauvre à l'heure des premiers grands conflits du travail.

CLAVEL Bernard

Le tonnerre de Dieu (290★)
Une fille perdue redécouvre la nature et la chaleur humaine.
Le voyage du père (300★)
Le chemin de croix d'un père à la recherche de sa fille.
L'Espagnol (309★★★★)
Brisé par la guerre, il renaît au contact de la terre.
Malataverne (324★)
Ce ne sont pas des voyous, seulement des gosses incompris.
L'hercule sur la place (333★★★)
L'aventure d'un adolescent parmi les gens du voyage.
Le tambour du bief (457★★)
Antoine, l'infirmier, a-t-il le droit d'abréger les souffrances d'une malade incurable ?
Le massacre des innocents (474★)
La découverte, à travers un homme admirable, des souffrances de la guerre.
L'espion aux yeux verts (499★★★)
Des nouvelles qui sont aussi les souvenirs les plus chers de Bernard Clavel.
La grande patience :
1 - La maison des autres (522★★★★)
2 - Celui qui voulait voir la mer (523★★★★)
3 - Le cœur des vivants (524★★★★)
4 - Les fruits de l'hiver (525★★★★)
Julien ou la difficile traversée d'une adolescence sous l'Occupation.
Le Seigneur du Fleuve (590★★★)
Le combat, sur le Rhône, de la batellerie à chevaux contre la machine à vapeur.
Victoire au Mans (611★★)
Un grand écrivain vit, de l'intérieur, la plus grande course du monde.
Pirates du Rhône (658★★)
Le Rhône d'autrefois, avec ses passeurs, ses braconniers, ses pirates.
Le silence des armes (742★★★)
Après la guerre, il regagne son Jura natal. Mais peut-on se défaire de la guerre ?
Ecrit sur la neige (916★★★)
Un grand écrivain se livre à ses lecteurs.
Tiennot (1099★★)
Tiennot vit seul sur son île lorsqu'une femme vient tout bouleverser.
La bourrelle – l'Iroquoise (1164★★)
Au Québec, une femme a le choix entre la pendaison et le mariage.
Les colonnes du ciel :
1 - La saison des loups (1235★★★)
Un hiver terrible où le vent du nord portait la peur, la mort et le hurlement des loups.
2 - La lumière du lac (1306★★★★)
L'histoire de ce « fou merveilleux » qui bouleverse les consciences, réveille les tièdes, entraîne les ardents.
3 - La femme de guerre (1356★★★)
Pour poursuivre l'œuvre du « fou merveilleux », Hortense découvre « l'effroyable devoir de tuer ».

4 - Marie Bon Pain (1422★★★)
Marqué par la guerre, Bisontin ne supporte plus la vie au foyer.

5 - Compagnons du Nouveau Monde (1503★★★)
Bisontin débarque à Québec où il tente de refaire sa vie.

L'homme du Labrador (1566★★)
Un inconnu bouleverse la vie d'une servante rousse.

Terres de mémoires (1729★★)
Bernard Clavel à cœur ouvert.

Réponses à mon public (1895★★)
Tout ce que le public a toujours voulu savoir sur Bernard Clavel.

COLETTE

Le blé en herbe (2★)
Phil partagé entre l'expérience de Léa et l'innocence de Vinca.

CORMAN Avery

Kramer contre Kramer (1044★★★)
Abandonné par sa femme, un homme reste seul avec son tout petit garçon.

COUSSE Raymond

Stratégie pour deux jambons (1840★★)
Les réflexions d'un porc qu'on mène à l'abattoir.

CURTIS Jean-Louis

L'horizon dérobé :

1 - L'horizon dérobé (1217★★★★)
2 - La moitié du chemin (1253★★★★)
3 - Le battement de mon cœur (1299★★★)
Seule l'amitié résiste à l'usure des ans.

DAUDET Alphonse

Tartarin de Tarascon (34★)
Sa vantardise en a fait un héros immortel.

Lettres de mon moulin (844★)
Le curé de Cucugnan, la chèvre de M. Seguin... Des amis de toujours.

DÉCURÉ Danielle

Vous avez vu le pilote ? c'est une femme ! (1466★★★)
Un récit truculent par la première femme pilote de long courrier. Illustré.

DELAY Claude

Chanel solitaire (1342★★★★)
La vie passionnée de Coco Chanel.

DHÔTEL André

Le pays où l'on n'arrive jamais (61★★)
Deux enfants découvrent le pays où leurs rêves deviennent réalité.

DOCTOROW E.L.

Ragtime (825★★★)
Un tableau endiablé et féroce de la réalité américaine au début du siècle.

DORIN Françoise

Les lits à une place (1369★★★★)
... ceux où l'on ne dort pas forcément seul.

Les miroirs truqués (1519★★★★)
Peut-on échapper au réel et vivre dans l'illusion ?

Les jupes-culottes (1893★★★★)
Le roman des femmes qui travaillent et vivent à la manière des hommes.

DOS PASSOS John

Les trois femmes de Jed Morris (1867★★★★)
Des amours délicates avec tout le parfum de l'avant-guerre.

DUTOURD Jean

Mémoires de Mary Watson (1312★★★)
Venue pour consulter Sherlock Holmes, Mary Morstan épousera le Dr Watson. Elle raconte son histoire à sa manière.

Henri ou l'éducation nationale (1679★★★)
Un homme en révolte contre la bêtise.

DZAGOYAN René

Le système Aristote (1817★★★★)
La première guerre informatique où Etats-Unis et U.R.S.S., ensemble, se trouvent opposés à Aristote.

ESCARPIT Robert

Les voyages d'Hazembat (marin de Gascogne) (1881★★★★)
En 1793, Hazembat s'embarque pour les Antilles.

FERRIÈRE Jean-Pierre

Jamais plus comme avant (1241★★★)
En recherchant ses amis d'il y a vingt ans, Marina se trouvera-t-elle ?

Le diable ne fait pas crédit (1339★★)
Mathieu veut se venger d'un couple d'amants pervers.

FEUILLÈRE Edwige

Moi, la Clairon (1802★★)
En 1743 la Clairon jouait Phèdre. Edwige Feuillère met toute sa passion à la faire revivre.

FIELDING Joy

Dis au revoir à maman (1276★★★)
Il vient de lui « voler » ses enfants. Une femme lutte pour les reprendre.

La femme piégée (1750★★★)
Jill apprend qu'une jeune fille veut épouser son mari.

FLEISCHER Leonore

Annie (1397★★★)
Petite orpheline, elle fait la conquête d'un puissant magnat. Inédit, illustré.

A bout de souffle/made in USA (1478★★)
Une cavale romantique et désespérée.

Staying alive (1494★★★)
Quatre ans après, Tony Manero attend encore sa chance d'homme et de danseur.

FRANCOS Ania

Sauve-toi, Lola (1678★★★★)
Une femme lutte gaiement contre la maladie.

Il était des femmes dans la Résistance... (1836★★★★)
Le courage discret, modeste, obstiné de celles qui ont risqué leur vie pour en sauver d'autres.

FRISON-ROCHE

La peau de bison (715★★)
La passion des grands espaces pourra-t-elle sauver de la drogue cet adolescent ?

La vallée sans hommes (775★★★)
Dans le Grand Nord, il s'engage sur la Nahanni, la rivière dont on ne revient pas.

Carnets sahariens (866★★★)
Le chant du sable et du silence.

Premier de cordée (936★★★)
Cet appel envoûtant des cimes inviolées est devenu un classique.

La grande crevasse (951★★★)
La montagne apporte la paix du cœur à un homme déchiré.

Retour à la montagne (960★★★)
Pour son fils, Brigitte doit vaincre l'hostilité des hommes et des cimes.

La piste oubliée (1054★★★)
Dans les cimes bleues du Hoggar, Beaufort, l'officier, et Lignac, le savant, cherchent à retrouver une piste secrète.
La Montagne aux Écritures (1064★★★)
Où est la mission Beaufort-Lignac ? Le capitaine Verdier part à sa recherche.
Le rendez-vous d'Essendilène (1078★★★)
Perdue, seule au cœur du désert...
Le rapt (1181★★★★)
Perdue dans le Grand Nord, Kristina sera-t-elle sauvée ?
Djebel Amour (1225★★★★)
Devenue la princesse Tidjania, elle fut la première Française à régner au Sahara.
La dernière migration (1243★★★★)
La civilisation moderne va-t-elle faire disparaître les derniers Lapons ?
Peuples chasseurs de l'Arctique (1327★★★★)
La rude vie des Eskimos, chasseurs d'ours et de caribous, et pêcheurs de phoques. Illustré.
Les montagnards de la nuit (1442★★★★)
Une grande épopée de la Résistance.
Le versant du soleil (1451★★★★ et 1452★★★★)
La vie de l'auteur : une aventure passionnante.
Nahanni (1579★★★)
Une extraordinaire expédition dans le Grand Nord. Illustré.

GALLO Max

La baie des Anges :
1 - La baie des Anges (860★★★★)
2 - Le palais des Fêtes (861★★★★)
3 - La promenade des Anglais (862★★★★)
De 1890 à nos jours, la grande saga de la famille Revelli.

GANN Ernest K.

Massada (1303★★★★)
L'héroïque résistance des Hébreux face aux légions romaines.

GEDGE Pauline

La dame du Nil (1223★★★ et 1224 ★★★)
Elle fut pharaon et partagea un impossible amour avec l'architecte qui construisait son tombeau.
Les seigneurs de la lande (1345★★★★ et 1346★★★★)
Chez les Celtes, au 1er siècle après J.-C., deux hommes et deux femmes aiment et se déchirent tout en essayant de repousser l'envahisseur romain.

GIRARDOT Annie

Paroles de femmes (1746★★★)
Le récit de vies à la fois quotidiennes et exceptionnelles.

GRAY Martin

Le livre de la vie (839★★)
Cet homme qui a connu le plus grand des malheurs ne parle que d'espoir.
Les forces de la vie (840★★)
Pour ceux qui cherchent comment exprimer leur besoin d'amour.
Le nouveau livre (1295★★★)
Chaque jour de l'année, une question, un espoir, une joie.

GRÉGOIRE Menie

Tournelune (1654★★★)
Une femme du XIXe siècle revit aujourd'hui.

GROSSBACH Robert

Georgia (1395★★★)
Une fille, trois garçons, ils s'aiment mais tout les sépare. Inédit.

GROULT Flora

Maxime ou la déchirure (518★★)
A quarante ans, quitter Pierre, est-ce une défaite ou un espoir d'accomplissement ?

Un seul ennui, les jours raccourcissent (897★★)
... mais qu'ils sont passionnés encore pour une femme qui redécouvre l'amour.

Ni tout à fait la même, ni tout à fait une autre (1174★★★)
Elle ne subit plus son destin, elle le choisit.

Une vie n'est pas assez (1450★★★)
A Mexico, elle retrouve son premier amour.

Mémoires de moi (1567★★)
L'enfance et l'adolescence de l'auteur.

Le passé infini (1801★★)
Un portrait d'homme lucide, amer, aimant, parfois d'une impudique sincérité.

GUEST Judith

Des gens comme les autres (909★★★)
Après un suicide manqué, un adolescent redécouvre ses parents.

GURGAND Marguerite

Les demoiselles de Beaumoreau (1282★★★)
Arrivées en Poitou par le froid hiver 1804, elles deviennent bientôt l'âme du village.

GUTCHEON Beth

Une si longue attente (1670★★★★)
Alex, sept ans, parti pour l'école, disparaît.

HALEY Alex

Racines (968★★★★ et 969 ★★★★)
Triomphe mondial de la littérature et de la TV, le drame des esclaves noirs en Amérique.

HAYDEN Torey L.

L'enfant qui ne pleurait pas (1606★★★)
Le sauvetage d'une enfant condamnée à la folie.

Kevin le révolté (1711★★★★)
A quinze ans Kevin se cache et refuse de parler.

HAYS Lee

Il était une fois en Amérique (1698★★★)
Deux adolescents régnaient sur le ghetto new-yorkais ; un jour, l'un trahit l'autre.

HÉBRARD Frédérique

Un mari, c'est un mari (823★★)
... et une épouse un lave-vaisselle ?

La vie reprendra au printemps (1131★★)
Il a tout conquis, sauf la liberté.

La chambre de Goethe (1398★★★)
La dernière guerre vue à travers les yeux d'une petite fille.

Un visage (1505★★)
Le regard naïf et lucide d'une jeune fille sur le monde du théâtre.

HOWARD Joseph

Damien, la malédiction-2 (992★★★)
Damien devient parfois un autre, celui qu'annonce le Livre de l'Apocalypse.

HOWELL Michael et FORD Peter

Elephant man (1406★★★)
La véritable histoire de ce monstre si humain.

ISHERWOOD Christopher

Adieu à Berlin (Cabaret) (1213★★★)
L'ouvrage qui a inspiré le célèbre film avec Liza Minelli.

IVOI Paul d'

Auteur des célèbres « Voyages excentriques », Paul d'Ivoi fut le principal disciple de Jules Verne et l'écrivain français le plus lu du début du siècle.

La Diane de l'archipel (1404★★★★)
Une statue d'aluminium renferme le corps d'une jeune fille vivante.

La capitaine Nilia (1405★★★★)
Une jeune télépathe ordonne le détournement des eaux du Nil.

Les semeurs de glace (1418★★★★)
L'explosion de la montagne Pelée fut provoquée par des billes d'air liquide.

Corsaire Triplex (1444★★★★)
Ce corsaire en trois personnes sillonne le fond des mers.

Docteur Mystère (1458★★★★)
La traversée des Indes dans une forteresse électrique.

Cigale en Chine (1471★★★★)
Les stupéfiantes aventures du jeune Cigale et de la princesse Roseau Fleuri.

Les cinq sous de Lavarède (1512★★★★)
Un journaliste fait le tour du monde avec cinq sous en poche.

L'aéroplane fantôme (1527★★★★)
Où l'auteur invente le lance-embolie et le premier overcraft du monde.

La course au radium (1544★★★★)
Un duel pittoresque pour se procurer ce métal mortel, qui peut aussi guérir.

Les dompteurs de l'or (1596★★★★)
Un vaisseau aérien qui répand des nuages réfrigérants.

JACOB Yves

Mandrin, le voleur d'impôts (1694★★★)
L'histoire vraie d'un personnage célèbre. J'ai lu l'histoire.

JAGGER Brenda

Les chemins de Maison Haute (1436★★★★ et 1437★★★★)
Mariée de force à seize ans, elle lutte pour son bonheur.

Le silex et la rose (1604★★★★ et 1605★★★★)
La suite exceptionnelle des Chemins de Maison Haute.

JEAN-CHARLES

La foire aux cancres (1669★★)
Les perles de deux générations d'écoliers.

Le rire en herbe (1730★★)
Les trouvailles des humoristes du jeune âge.

La foire aux cancres continue (1773★★)
Un nouveau florilège de perles d'écoliers.

Tous des cancres (1909★★)
De nouvelles perles découvertes depuis La foire aux cancres.

JHABVALA Ruth Prawer

Chaleur et poussière (1515★★★)
En 1923, elle a tout quitté pour suivre un prince indien fascinant mais décadent.

JOFFO Joseph

Le cavalier de la Terre promise (1680★★★★)
Une fabuleuse chevauchée de l'empire des tsars à la Terre promise.

JYL Laurence

Coup de cœur (1524★★)
Comment rendre sa jeunesse à l'homme qu'on aime ?

KAHN James, présenté par Steven SPIELBERG

Goonies (1911★★★)
Des adolescents doivent trouver un trésor pour sauver leur village.

KAYE M.M.

Zanzibar (1551★★★ et 1552★★★)
Civilisations et races s'affrontent dans ce roman plein d'amour et dc fureur.

KEUN Irmgard

Gilgi, jeune fille des années 30 (1403★★)
A vingt et un ans, elle quitte tout pour rechercher ses vrais parents.

KOESTLER Arthur

Spartacus (1744★★★★)
Pendant deux ans, une troupe d'esclaves tint Rome en échec.

KONSALIK Heinz G.

Amours sur le Don (497★★★★)
Un journaliste allemand est aimé par la belle Helena, agent du K.G.B., et par Nioucha, la sauvage fille cosaque.

Brûlant comme le vent des steppes (549★★★★)
Un orphelin allemand est adopté en 1945 par un officier soviétique.

La passion du Dr Bergh (578★★★)
Un grand médecin voit sa carrière menacée par la haine d'une femme.

Docteur Erika Werner (610★★★)
Par amour, elle s'accuse à la place de son amant indigne.

Mourir sous les palmes (655★★★)
Sur une île déserte, deux hommes et une femme soupçonnés de meurtre.

Aimer sous les palmes (686★★)
Père et fils luttent contre le fanatisme des indigènes et la nature déchaînée.

Deux heures pour s'aimer (755★★)
Que faire d'une maîtresse clandestine morte dans vos bras ?

L'or du Zephyrus (817★★)
Deux filles et trois garçons s'affrontent lors d'une dramatique chasse au trésor.

Les damnés de la taïga (939★★★★)
Quatre hommes et deux femmes isolés dans l'immensité de la forêt.

L'homme qui oublia son passé (978★★)
Petit employé hollandais, il se réveille dans la peau d'un écrivain.

L'amour est le plus fort (1030★★★)
A Paris, un peintre sauve Eva du suicide. Pourra-t-elle le sauver à son tour ?

La caravane des sables (1084★★★)
Un voyage au pays de la soif, de la peur et de l'inconnu.

Une nuit de magie noire (1130★★)
Un sorcier indigène peut-il guérir leur fils atteint de leucémie ?

Le médecin de la tsarine (1185★★)
On murmure que Maria, la tsarine, est un démon déguisé en ange.

Amour cosaque (1294★★★)
A l'époque d'Ivan le Terrible, la passion indomptable d'une jeune Russe durant la conquête de la Sibérie.

Natalia (1382★★★)
Est-elle une meurtrière en fuite ou le fantôme d'une comtesse assassinée ?

Double jeu (1388★★★★)
Pourquoi cette ville peuplée d'Américains se trouve-t-elle en U.R.S.S. ?

Le mystère des Sept Palmiers (1464★★★)
Trois hommes puis une femme s'échouent sur une île déserte.
La malédiction des émeraudes (1565★★★)
En Colombie, un récit de passion et de mort.
L'héritière (1653★★)
La naïve Lyda a-t-elle épousé un espion ?
Amour en Camargue (1709★★★)
Jeune femme possédant voiture cherche compagnon de vacances.
Il ne resta qu'une voile rouge (1758★★★★)
Les amours d'une danseuse et du dernier tsar de toutes les Russies.
Bataillons de femmes (1907★★★★★)
Des bataillons de femmes russes se battirent contre des Allemands.

LAFFONT Patrice
Les visiteurs de l'été (1728★★★)
Le kidnapping d'un célèbre présentateur TV.

LAKER Rosalind
Mademoiselle Louise (1591★★★ et 1592★★★)
La naissance de la haute couture au siècle dernier.

LEEKLEY John
Les Bleus et les Gris (1742★★★)
Deux familles étaient liées par le sang, la foi et l'amour jusqu'au jour où éclata la guerre de Sécession.

LELOUCH Claude
Edith et Marcel (1568★★★)
L'amour fou de Piaf et Cerdan.

LEMELIN Roger
Les Plouffe (1740★★★★)
Une famille québécoise aux aventures bouffonnes et tendres.

L'HOTE Jean
Confessions d'un enfant de chœur (260★★)
C'est par amour que le fils de l'instituteur laïc devient enfant de chœur.

LIPMANN Eric
Paderewski, l'idole des années folles (1897★★★★)
La vie prodigieuse d'un artiste célèbre.

LOTTMAN Eileen
Riches et célèbres (1330★★★)
Le succès, l'amour, la vie, tout les oppose ; pourtant, elles resteront amies. Inédit. Illustré.
Dynasty (1697★★)
Un des plus célèbres feuilletons.
Dynasty 2 (1894★★★)
Blake Carrington est pris entre une accusation de meurtre et le retour de sa première femme.

LOWERY Bruce
La cicatrice (165★)
Le drame d'un enfant différent des autres et rejeté par eux.

LUND Doris
Eric (Printemps perdu) (759★★★)
Pendant quatre ans, le jeune Eric défie la terrible maladie qui va le tuer.

McCULLOUGH Colleen
Les oiseaux se cachent pour mourir (1021★★★★ et 1022★★★★)
L'épopée vécue par Meggie et Ralph au cours de cinquante ans d'aventures et de passions à travers le continent australien.

Tim (1141★★★)
L'histoire d'un amour que la société a condamné par avance.
Un autre nom pour l'amour (1534★★★★)
La présence d'une femme dans un camp de prisonniers, c'est le paradis ou l'enfer.

McNAB Tom
La grande course de Flanagan (1637★★★★ et 1638★★★★)
2 000 candidats, 5 000 km, 80 km par jour, une folie superbe.

MALPASS Eric
Mon ami Gaylord (380★★★)
L'univers de Gaylord est troublé par l'apparition de trois étranges cousins.

MARCO POLO
Véridiques Mémoires de Marco Polo (1547★★★)
Adapté en français moderne, voici le récit même du fabuleux voyageur.

MARKANDAYA Kamala
Le riz et la mousson (117★★)
Une mère hindoue devant le spectre de la famine

MARSHALL G. William
La sixième saison (Les années d'Hollywood) (1910★★★★)
La vie à Hollywood de celui qui fut le mari de Michèle Morgan, Micheline Presle et Ginger Rogers.

MAURE Huguette
L'aventure au masculin (600★★★)
Des conseils piquants et réalistes sur l'art d'aimer.
La cinquantaine au masculin (1745★★★)
L'âge et l'expérience mais aussi l'heure des bilans.

MESSNER Reinhold
Défi (Deux hommes, un 8000) (1839★★★★)
L'extraordinaire ascension d'un pic himalayen. Illustré.

MILLER Henry
Sexus (1283★★★★ et 1284★★★★)
A travers Mara-Mona, Miller découvre la plénitude de l'amour, et au delà, lui-même.

MODIANO Patrick et LE-TAN Pierre
Poupée blonde (1788★★★)
Un texte à la limite du fantastique qui se présente comme une pièce de théâtre.

MONETTE Paul
Scarface (1615★★★)
Pour devenir le roi de la pègre il n'hésite pas à tuer.

MORAVIA Alberto
1934 (1625★★★★)
Même à Capri le désespoir vous guette.
La Ciociara (1656★★★★)
Une femme et sa fille à travers l'exode et la guerre.
La belle Romaine (1712★★★★)
Elle rencontre le désenchantement, non l'amour.

MORRIS Edita
Les fleurs d'Hiroshima (141★)
Les souvenirs et les secrets des survivants de la bombe.

MYRER Anton
On ne peut vivre sans aimer (1583★★★★ et 1584★★★★)
Elle devra payer le prix d'une vie trop pleine de bonheur.

NATHAN Robert
Le portrait de Jennie (1640★★)
En quelques mois, Jennie grandissait de plusieurs années.

Achevé d'imprimer sur les presses de l'imprimerie Brodard et Taupin
58, rue Jean Bleuzen, Vanves. Usine de La Flèche,
le 30 octobre 1985
1106-5 Dépôt légal octobre 1985. ISBN : 2 - 277 - 12524 - 5
1er dépôt légal dans la collection : avril 1974
Imprimé en France

524
★★★★

Editions J'ai Lu
27, rue Cassette, 75006 Paris
diffusion France et étranger : Flammarion